中国法院

2019年度案例

国家法官学院案例开发研究中心◎编

刑事案例四

（妨害社会管理秩序罪、贪污贿赂罪、渎职罪）

中国法制出版社
CHINA LEGAL PUBLISHING HOUSE

《中国法院年度案例》通讯编辑名单

序

法律的生命在于实施，而法律实施的核心在于法律的统一适用。《中国法院年度案例》丛书出版的价值追求，即公开精品案例，研究案例所体现的裁判方法和理念，提炼裁判规则，为司法统一贡献力量。

《中国法院年度案例》丛书，是国家法官学院于2012年开始编辑出版的一套大型案例丛书，之后每年年初定期出版，由国家法官学院案例开发研究中心具体承担编辑工作。此前，该中心坚持20余年连续不辍编辑出版了《中国审判案例要览》丛书近90卷，分中文版和英文版在海内外发行，颇有口碑，享有赞誉。现在编辑出版的《中国法院年度案例》丛书，旨在探索编辑案例的新方法、新模式，以弥补当前各种案例书的不足。该丛书2012～2018年已连续出版7套，一直受到读者的广泛好评，并迅速售罄。为更加全面地反映我国司法审判的发展进程，顺应审判实践发展的需要，响应读者需求，2014年度新增3个分册：金融纠纷、行政纠纷、刑事案例，2015年度将刑事案例调整为刑法总则案例、刑法分则案例2册，2016年度新增知识产权纠纷分册，2017年度新增执行案例分册，2018年将刑事案例扩充为4个分册。现国家法官学院案例开发研究中心及时编撰推出《中国法院2019年度案例》系列丛书，共23册。

总的说来，当前市面上的案例丛书百花齐放，既有判决书网，可以查询各地、各类的裁判文书，又有各种专门领域的案例汇编书籍，以及各种案例指导、案例参考等读物，十分活跃，也各具特色。而《中国法院年度案例》丛书则试图把案例书籍变得“好读有用”，故在编辑中坚持以下方法：一是高度提炼案例内容，控制案例篇幅，每个案例基本在3000字以内；二是突出争议焦点，剔除无效信息，尽可能在有限的篇幅内为读者提供有效、有益的信息；三是注重对案件裁判文书的再加工，大多数案例由案件的主审法官撰写“法官后语”，高度提炼、总结案例的指导价值。

同时,《中国法院年度案例》丛书还有以下特色:一是信息量大。国家法官学院案例开发研究中心每年从全国各地法院收集到的上一年度审结的典型案例超过10000件,使该丛书有广泛的选编基础,可提供给读者新近发生的全国各地的代表性案例。二是方便检索。为节约读者选取案例的时间,丛书分卷细化,每卷下还将案例主要根据案由分类编排,每个案例用一句话概括裁判规则、裁判思路或焦点问题作为主标题,让读者一目了然,迅速找到需求目标。

中国法制出版社始终全力支持《中国法院年度案例》的出版,给了作者和编辑们巨大的鼓励。2018年新推出数据库增值服务,2019年继续提供数据库增值服务并充实完善数据内容。购买本书,扫描前勒口二维码,即可在本年度免费查阅使用上一年度案例数据库。我们在此谨表谢忱,并希望通过共同努力,逐步完善,做得更好,真正探索出一条编辑案例书籍、挖掘案例价值的新路,更好地服务于学习、研究法律的读者,服务于社会,服务于国家的法治建设。

本丛书既可作为法官、检察官、律师等司法实务工作人员的办案参考和司法人员培训推荐教程,也是社会大众学法用法的极佳指导,亦是教学科研机构案例研究的精品素材。当然,案例作者和编辑在编写过程中也不能一步到位实现最初的编写愿望,可能会存在各种不足,甚至错误,欢迎读者批评指正,我们愿听取建议,并不断改进。

曹士兵

目　录

Contents

一、妨害社会管理秩序罪

（一）扰乱公共秩序罪

（六）组织、强迫、引诱、容留、介绍卖淫罪

（七）制作、贩卖、传播淫秽物品罪

二、贪污贿赂罪

三、渎职罪

一、妨害社会管理秩序罪

（一）扰乱公共秩序罪

1

暴力袭击辅警是否属于法定“袭警”从重处罚情节

——吴某某妨害公务案

【案件基本信息】

1. 裁判书字号

江苏省南通市中级人民法院（2017）苏06刑终283号刑事裁定书

2. 案由：妨害公务罪

【基本案情】

被告人吴某某于2017年2月21日10时许，驾驶电动三轮车行至江苏省如皋市九华镇九华居28组外滩路时，被如皋市公安局九华中心派出所民警杜某某及辅警傅某某依法盘查。吴某某为逃避处罚，强行驾车冲撞正在协助执行职务的被害人傅某某，致其受伤，吴某某驾车离开现场，后被公安机关抓获归案。经鉴定傅某某左侧胫骨远端及左侧内、外踝骨折，损伤程度属轻伤一级。案发后，吴某某能如实供述自己的罪行；吴某某的家属代为与傅某某达成调解协议，共赔偿傅某某经济损失共计人民币三万元，取得了被害人的谅解。如皋市公安局自吴某某处扣押电动三轮车一辆，暂存于该局。

【案件焦点】

1. 吴某某在本案中的行为构成故意伤害罪还是妨害公务罪；2. 能否适用《刑法》第二百七十七条第五款关于“袭警”从重处罚的规定对吴某某从重处罚。

【法院裁判要旨】

江苏省如皋市人民法院经审理认为：被告人吴某某以暴力方法阻碍国家机关工作人员依法执行职务，其行为已构成妨害公务罪。案发后，吴某某能如实供述自己的罪行，依法可以从轻处罚。吴某某已赔偿被害人的经济损失，取得了被害人的谅解，均可酌情从轻处罚。吴某某有劣迹，且造成被害人轻伤，酌情从重处罚。

江苏省如皋市人民法院依照《中华人民共和国刑法》第二百七十七条第一款、第六十七条第三款、第六十四条之规定，作出如下判决：

一、被告人吴某某犯妨害公务罪，判处有期徒刑一年；

二、公安机关扣押被告人吴某某的电动三轮车一辆，由公安机关依法处理。

一审判决后，吴某某以原审量刑过重为由提起上诉。

江苏省南通市中级人民法院经审理认为：吴某某明知交警杜某某、辅警傅某某在对非国标电动（机动）三、四轮车进行专项整治，且已对其发出停车接受检查的口头指令，被害人傅某某下车在车前阻拦，依法执行公务，其不仅未予配合，反而为逃避检查，驾驶电动三轮车强行冲撞，致傅某某轻伤一级，并逃离现场，行为性质恶劣。原审判决综合其坦白、赔偿损失取得谅解，以及劣迹、致被害人轻伤一级等法定、酌定量刑情节，在法定刑幅度内量刑，并无不当。故吴某某的上诉理由不能成立，不予采纳。

江苏省南通市中级人民法院依照《中华人民共和国刑事诉讼法》第二百二十五条第一款第一项[①]之规定，作出如下裁定：

驳回上诉，维持原判。

【法官后语】

本案有两个问题需要厘清：一是对被告人吴某某的行为，是以故意伤害罪还是以妨害公务罪定罪处罚；二是能否适用《刑法》第二百七十七条第五款关于“袭

① 对应2018年《刑事诉讼法》第二百三十六条第一款第一项。

警”从重处罚的规定对吴某某从重处罚。

关于第一个问题，根据《刑法》的规定，妨害公务罪的犯罪对象是正在执行公务的“国家机关工作人员”，故严格依字面解释，辅警显然不能直接归入。对此，《刑法》第九十三条第二款又规定：“国有公司、企业、事业单位、人民团体中从事公务的人员和国家机关、国有公司、企业、事业单位委派到非国有公司、企业、事业单位、社会团体从事公务的人员，以及其他依照法律从事公务的人员，以国家工作人员论。”实践中，辅警在工作时虽然不具有人民警察身份，不具备单独的执法资格，但其受招聘在人民警察的指挥和监督下，依法协助人民警察履行维护社会治安、开展行政管理等公务职责，履职的行为后果也由所在公安机关承担，与人民警察具有行为上的“一体性”，因而其履职行为具有公务属性，进而可认定为刑法所规定的“其他依照法律从事公务的人员”，对其应以国家工作人员论。此时，以暴力、威胁方法阻碍辅警履职并造成人身伤害的，不仅侵害了参与执法辅警的人身权利，更是侵犯了国家正常管理活动的法益，属于复杂客体，应以妨害公务罪论处。故意伤害罪所保护的是人身权利这一单一客体，以故意伤害罪定罪无法准确评价本案的全部社会危害性、法益符合性。本案中，吴某某为逃避处罚，明知辅警傅某某正在配合人民警察依法执行盘查的警务工作，仍采用强行驾车冲撞的方式暴力袭击傅某某，致傅某某受伤，经鉴定构成轻伤一级，其行为依法应以妨害公务罪追究刑事责任。

关于第二个问题，在本案审理中争议较大，主要有两种意见：第一种意见认为，辅警配合民警从事警务执法活动，应视为人民警察，对暴力袭击辅警的行为也应当依照《刑法》第二百七十七条第五款的规定从重处罚；第二种意见认为，应严格依照《人民警察法》对人民警察的界定，对暴力袭击协助人民警察执行职务辅警的行为，不能适用袭警从重规定。经研究，笔者同意第二种意见。理由如下：

法律对于“人民警察”的身份及职权有明确规定。《人民警察法》第二条第二款规定：“人民警察包括公安机关、国家安全机关、监狱、劳动教养管理机关的人民警察和人民法院、人民检察院的司法警察”，该法第二章则专章规定了人民警察的职权。公安部于2016年12月1日公布的《人民警察法（修订草案稿）》第二条第二款则对人民警察身份作出了更为明确的规定：“本法所称人民警察，是指公安机关中依法履行治安行政执法和刑事司法职能且被授予人民警察警衔的工作人员。”

2018年3月28日，中央全面深化改革委员会第一次会议审议通过了《公安机关执法勤务警员职务序列改革方案（试行）》《公安机关警务技术职务序列改革方案（试行）》等文件，人民警察步入了分类管理、专门管理的轨道。

近年来，随着警务工作发展和缓解警力不足的现实需要，辅警成为协助人民警察执法的重要力量，对辅警身份及岗位职责的规定也逐步趋于完善。国务院办公厅印发的《关于规范公安机关警务辅助人员管理工作的意见》规定，警务辅助人员是根据社会形势发展和公安工作实际需要，面向社会招聘，为公安机关日常运转和警务活动提供辅助支持的非人民警察身份人员，勤务辅警负责协助公安机关执法岗位人民警察开展执法执勤和其他勤务活动。同时，《关于规范公安机关警务辅助人员管理工作的意见》还明确了警务辅助人员不得从事的工作。《人民警察法（修订草案稿）》第七十五条也对警务辅助人员专门作出规定："……警务辅助人员协助人民警察依法履行职责的行为受法律保护，履行职责行为后果由所在公安机关承担。……警务辅助人员的职责、权利、义务和管理，由国家另行规定。"可见，不论是现行法律法规，还是可见的立法前瞻，对人民警察身份的界定显然更为严格，人民警察享有的职权也更为广泛，与辅警在身份范围及职权方面有明显差异。在妨害公务罪中如将辅警等同于人民警察，适用袭警从重规定，显然超出了立法的涵摄，有违罪刑法定原则。因此，审理中未适用《刑法》第二百七十七条第五款的袭警从重规定，直接依照该条第一款对被告人吴某某定罪量刑。

诚然，辅警协助人民警察奋战在维护社会稳定的一线，本身面临着一定职业风险，对其人身权利和岗位工作也应予以相应保护。因此，对于暴力袭击正在协助民警执行职务的辅警的，虽不适用袭警从重规定，但在案件审理过程中，可结合行为人实施的阻碍手段、工具、社会影响、伤害后果等因素，在量刑时酌情予以考虑。本案中，被告人吴某某的袭击行为不但扰乱了正常的国家管理活动，还导致了辅警傅某某左侧胫骨远端及左侧内、外踝骨折，损伤程度构成轻伤一级。故量刑时综合全案以妨害公务罪判处其有期徒刑一年。

编写人：江苏省南通市中级人民法院　杜开林　李梦龙

2

具有盗窃嫌疑的行为人实施轻微暴力妨害公务不宜认定为抢劫罪

——刘永某、管国某妨害公务案

【案件基本信息】

1. 裁判书字号

北京市第三中级人民法院（2017）京03刑终870号刑事裁定书

2. 案由：妨害公务罪

【基本案情】

被告人管国某于2016年10月18日10时30分许，在北京市朝阳区地铁八通线管庄站东南口外欲盗窃一辆红色电动自行车（经鉴定价值人民币2300元）时被民警发现，被告人刘永某驾驶摩托车载被告人管国某逃离现场时遭民警拦截，为抗拒抓捕将民警王某撞伤，致王某“右第三指近节基底骨折，多发软组织损伤”（经鉴定为轻微伤）。被告人刘永某、管国某被当场抓获。民警在现场路边起获管国某丢弃的自制钢锥三把，从管国某的摩托车座椅下起获自制扳手一把。

【案件焦点】

在具有盗窃嫌疑的前提下实施轻微的暴力妨害公务的行为如何定性。

【法院裁判要旨】

北京市朝阳区人民法院经审理认为：在案证据足以证明被告人管国某实施了盗窃行为，在其被抓捕过程中，被告人刘永某帮助其逃离现场，二被告人客观上有骑车冲撞行为，对于民警正常执法进行暴力抗拒，主观上均有通过抗拒逃离现场的故意，可认定二被告人实施了妨害公务的行为；在民警执法过程中，现场无利害关系的目击者证实民警已表明身份，故被告人并无成立假想防卫的余地，因此对被告人各自的辩解不予采纳。被告人刘永某、管国某暴力阻碍国家机关工作人员依法执行职务，其行为触犯了刑法，已构成妨害公务罪，依法应予惩处。故判决：

一、被告人刘永某犯妨害公务罪，判处有期徒刑一年二个月；

二、被告人管国某犯妨害公务罪，判处有期徒刑一年二个月；

三、在案之钢锥三把，予以没收；扳手一把，退回北京市朝阳区人民检察院。

宣判后，二被告均不服，提起上诉。

北京市第三中级人民法院经审理认为：上诉人刘永某、管国某暴力阻碍国家机关工作人员依法执行职务，均已构成妨害公务罪，依法应予惩处。关于上诉人刘永某所提其不构成妨害公务罪的相关上诉理由及上诉人管国某所提其不知道有警察执行公务的上诉理由，经查，在案证人证言可相互印证，证明民警系在表明身份的情况下对具有违法犯罪嫌疑的二人实施阻拦，系依法执行职务，刘永某、管国某冲撞民警，均具备妨害公务的主观故意和客观行为，构成妨害公务罪，故上述上诉理由不予采纳。关于管国某所提原判量刑过重的上诉理由，经查，一审法院系根据其犯罪事实和情节对其判处刑罚，量刑符合法律规定，该上诉理由亦不予采纳。故裁定：

驳回刘永某、管国某的上诉，维持原判。

【法官后语】

对刘永某、管国某的行为认定存在三种可能：一是构成“盗窃加暴力”的事中转化型抢劫；二是构成盗窃罪（未遂）、妨害公务罪（既遂）的数罪并罚；三是仅构成妨害公务罪一罪。二审法院经审理采纳了第三种观点，分析如下：

首先，“嫌疑”与“行为”存在区别。在行为认定上，要成立“盗窃加暴力”的转化型抢劫或盗窃罪、妨害公务罪的数罪并罚，前提在于行为人实施了或欲实施盗窃行为①，而后又实施了暴力行为。在行为数量上，行为人至少需要具备符合两个行为认定的条件：即既遂或未遂的盗窃行为与暴力行为。法院认为，具有盗窃嫌疑与实施盗窃行为还是有本质区别的。

---

① 关于该行为是否应达到“数额较大”的标准，目前尚有争议。最高人民法院2005年发布的《关于审理抢劫、抢夺刑事案件适用法律若干问题的意见》及2016年发布的《关于审理抢劫刑事案件适用法律若干问题的指导意见》将未达到“数额较大”的五种情形拟制为抢劫罪。

在理论法学上并不存在“嫌疑”的概念，其更多的是体现在现实案件的办理过程中。“嫌疑”指的应该是一种客观上不能确认的状态，是办案人员根据已有的事实、办案的经验等对行为人进行的一种主观上的怀疑和判断。而“行为”是能够用客观可知的证据加以证明的，它始于行为人的行为着手终于行为完成，无论在行为时间线上的任何一个点停止都能将其称为“行为”。简言之，折射到具体案件中“嫌疑”与“行为”的重点区别就在于证据链条是否能实现完整映射。在本案中，根据在案证据，仅可证明管国某在将一辆无锁的电动车（经鉴定价值为人民币2300元）推行了近两米，民警在向其喊话表明身份后，管国某、刘永某驾驶摩托加速行驶并撞击民警。根据管国某的供述，其辩称系因为看到电动车摔倒故将车扶起，刘永某则称其仅知道管国某去上厕所对电动车一事完全不知情。而公安机关经工作既未找到电动车的主人亦无其他客观证据证明管国某、刘永某具有盗窃行为。因此，仅从管国某具有在极短距离内推、扶车的行为并不能认定其主观上具有占有他人财物的目的，现有证据不能认定更不能推定其二人具有盗窃行为，而是仅具有盗窃的嫌疑，故二人的行为不能成立转化型抢劫或盗窃罪、妨害公务罪的数罪并罚。

其次，在定罪上，尽管刘永某、管国某的行为在法律上没有构成盗窃罪，但是民警在执法过程中发现二人具有作案嫌疑，在民警表明身份的前提下，要求管、刘二人予以配合，接受询问。根据《人民警察法》第九条第一款的规定，为维护社会治安秩序，公安机关的人民警察对有违法犯罪嫌疑的人员，经出示相应证件，可以当场盘问、检查，故民警属于依法执行公务，管国某、刘永某二人应当予以配合。而本案中，二人不但没有停车，反而加速驾驶摩托车对执勤民警进行撞击，导致一名民警受轻微伤，二人的行为已构成妨害公务罪，依法应予惩处。

最后，在量刑上，从罪刑相适应的基本原则出发，判处刘永某、管国某构成妨害公务罪更加符合法理及刑法“宽严相济”的刑事理念。根据《刑法》第二百六十九条的规定，犯盗窃罪为抗拒抓捕而当场使用暴力的，依照《刑法》第二百六十三条的规定定罪处罚，《刑法》第二百六十三条规定，“以暴力、胁迫或其他方法抢劫公私财物的，处三年以上十年以下有期徒刑……”，而妨害公务罪则应处三年以下有期徒刑、拘役、管制或罚金，二罪之间刑罚轻重差异较大。以刘永某、管国某二人的犯罪行为来看，其与以暴力威胁方式抢劫他人财物的行为无论是从人身危险性还是社会危害性都是不对等的，机械适用法律以有期徒刑三年作为量刑起点显然是不妥的。罪刑相适应是刑事审判的重要原则，是对行为人法律评价的综合体现，是惩罚与预防相结合的要求，更是使法院的裁判充满生命力的前提。以事实为依据，以法律为准绳，罪刑均衡，罚当其罪，才能使每个案件都经得起历史的考验。

编写人：北京市第三中级人民法院　魏彤

3

受国家机关的委托实施的行为是否属于公务行为的延续

——王立某妨害公务案

【案件基本信息】

1. 裁判书字号

北京市石景山区人民法院（2017）京0107刑初336号刑事判决书

2. 案由：妨害公务罪

【基本案情】

2017年6月11日15时许，北京市交通执法总队第六执法大队检查发现被告人王立某名下公司所有的大型客车（车牌号为京AL××××）非法运营，将该车辆依法扣押，后移交给协作单位的押运员李富某将车辆开回停车场予以暂扣。

同日16时许，王立某得知该情况后，驾驶小汽车将正在北京市石景山区西五环八大处出口迤北约200米主路上行驶的大型客车别停，其强行登上车辆后，辱骂及威胁押运员李富某，并将车辆强行开走。次日0时许，在民警驾驶警车抓获王立某的过程中，为摆脱追捕，王立某驾驶小汽车冲撞警车后逃跑。同年6月12日，王立某前往公安机关投案。

【案件焦点】

接受国家机关的委托从事行政执法活动的人员的协助执行行为能否认定为公务

行为的延续。

【法院裁判要旨】

北京市石景山区人民法院经审理认为：被告人王立某在明知涉案车辆因非法运营被正在执行公务的国家机关工作人员依法扣押的情况下，仍采取暴力、威胁手段拦获、截取车辆，阻碍受国家机关的委托从事行政执法的人员执行职务，其行为已构成妨害公务罪，依法应予惩处。北京市石景山区人民检察院指控被告人王立某犯妨害公务罪的事实清楚，证据确实、充分，指控的罪名成立。鉴于被告人王立某自动投案，到案后能够如实供述自己的罪行，系自首，可以依法从轻处罚。辩护人关于被告人王立某系自首，认罪悔罪态度较好的辩护意见，与法院查明的事实一致，法院予以采纳；其他辩护意见，法院不予采纳。

北京市石景山区人民法院依照《中华人民共和国刑法》第二百七十七条第一款、第六十七条第一款、第六十一条之规定，判决如下：

王立某犯妨害公务罪，判处有期徒刑八个月。

【法官后语】

本案具有类案性质，目前从受委托人员处截获自己被行政机关扣押财物的现象较多，针对这些行为应如何处理，在司法实践中各不相同，有的认为构成抢夺罪，有的认为构成妨害公务罪。笔者认为构成妨害公务罪比较适宜。

那么，受委托人员从事行政执法活动时受到暴力、威胁方法侵害，如果认定侵害人构成妨害公务罪，关键在于判断受委托人员实施的委托事项是否属于公务行为的延续。

妨害公务罪，是指以暴力、威胁的方法，阻碍国家机关工作人员依法执行职务、旅行职责的行为。根据《刑法》第九十三条的规定，国家工作人员是指国家机关中从事公务的人员。国有公司、企业、事业单位、人民团体中从事公务的人员和国家机关、国有公司、企业、事业单位委派到非国有公司、企业、事业单位、社会团体从事公务的人员以及其他依照法律从事公务的人员，以国家工作人员论。本案中，协作单位的押运员李富某虽然不属于国家机关工作人员，但其接受国家机关的委托从事行政执法活动，行使国家机关工作人员的职权，履行国家机关工作人员的职责。如果行为人以暴力、威胁方法阻碍他依法执行职务，与阻碍国家机关工作人员行政执法并无区别。

妨害公务罪侵犯的客体是国家机关的公务活动。这里所指的公务活动是指国家机关工作人员依照法律、法规的规定所进行的职务活动。它要求必须是正在执行职务，即已经着手执行职务而尚未结束。如果国家机关工作人员或者受国家机关委托人员从事的活动不是依法正在进行的职务或者职责范围内的活动，或者超越职权范围的活动，或者滥用职权侵犯国家和群众利益的活动，受到他人阻止的，则不构成此罪。具体判断职务行为是否执行完毕，应根据职务行为的具体执行状况和内容综合判断，不宜将本身具有连续性的行为分割开来判断。比如，本案中，北京市交通执法总队第六执法大队依法查处涉案车辆并予以扣押，然后移交给协作单位的押运员李富某将车辆开回停车场予以暂扣，这一过程具有连续性，故押运员李富某受北京市交通执法总队第六执法大队的委托将车开到暂扣地点的行为，属于协助执行职务，属于行政执法人员执行公务活动的延伸，且仍处于执行过程中，尚未执行完毕。

因此，受国家机关委托从事行政执法活动应属于公务行为的延续，如果明知受国家机关委托从事行政执法活动的编制外人员协助执行职务，而故意对他们实施暴力或者威胁，阻碍他们执行行政执法职务的，可以对侵害人以妨害公务罪定罪量刑。

编写人：北京市石景山区人民法院　张渝瑊

4

伪造企业印章罪中犯罪客观方面的认定

——龚某伪造企业印章案

【案件基本信息】

1. 裁判书字号

北京市东城区人民法院（2017）京0101刑初164号刑事判决书

2. 案由：伪造企业印章罪

【基本案情】

被告人龚某于2016年6月23日，在北京市朝阳区甲银行青年路支行附近指使他人制作了盖有伪造的“中国甲银行股份有限公司北京朝阳北路支行业务办讫章”及“中国甲银行股份有限公司北京朝阳北路支行业务专用章”的中国甲银行回单、中国甲银行个人存款证明、中国甲银行银行卡交易明细清单，并向相关人员出示，用以获取资金操作费用。经鉴定，上述印文与该行相关印鉴印文不是同一枚印章盖印形成。被告人龚某于2016年6月25日被抓获归案。被告人家属已赔偿相关经济损失。

【案件焦点】

被伪造的印章没有办理登记备案等行政手续，在实体假章没有被查获的情况下能否认定被告人的行为构成伪造企业印章罪。

【法院裁判要旨】

北京市东城区人民法院经审理认为：对于辩护人所提龚某指使他人制作的是文件，而非印章，且涉案印章不在刑法保护范围之内，故本案事实不清、证据不足的辩护意见，经查，在案证据能够证实，被告人龚某明知他人能够伪造企业印章并制作盖有该伪造印章的相关材料，而主动与之联系，设计材料内容并出资购买，其行为符合伪造企业印章罪的犯罪构成，辩护人的上述辩护意见无事实及法律依据，不予采纳。被告人龚某无视国法，伪造企业的印章，其行为妨害了社会管理秩序，已构成伪造企业印章罪。鉴于被告人龚某能够自愿认罪，且其在家属的协助下积极弥补相关人员的经济损失，对其酌予从轻处罚。

北京市东城区人民法院依照《中华人民共和国刑法》第二百八十条第二款、第五十二条、第五十三条、第六十四条，作出如下判决：

一、被告人龚某犯伪造企业印章罪，判处有期徒刑一年六个月，并处罚金人民币二千元；

二、未随案移送的扣押在案的物品，由扣押机关依法处理。

【法官后语】

本案中，龚某因涉嫌犯合同诈骗罪被逮捕，公诉机关在审查起诉阶段将涉嫌罪名变更为伪造企业印章罪，并向法院提起公诉。在庭审过程中，控、辩双方围绕罪与非罪展开了激烈交锋，合议庭评议时也对案件定性产生了不同意见，并将本案提交专业法官会议讨论。本案的裁判关键是如何正确理解伪造印章罪的客观方面，以及厘清此罪与其他犯罪的分界。

1. 龚某的行为能否构成伪造企业印章罪

印章承载的是公共信用，在社会经济文化交往中证明一个单位行为的真实性、权威性，确保社会秩序正常运转，这是刑法分则该条款设置的初衷和保护的法益。认清这一立法原意，就不会人为地将印章的范围封闭化，导致对印章类犯罪的惩处不力。本案具体涉及的问题包括：

第一，未经备案的印章是否在刑法保护范围之内？企业印章一般指法定名称章和冠以法定名称的合同、财务、税务、发票等业务专用章，且应当在公安机关办理准刻及备案等手续。而在实际的经济交往中，未经备案而刻制企业内部印章、业务专用章的情况非常普遍，甚至比制作、管理程序严格符合行政法规的印章使用率更高。本案中，公诉机关虽无法提供证据证明涉案印章办理了上述手续，但甲银行朝阳北路支行在独立对外开展业务时，加盖有“业务办讫章”“业务专用章”的凭单即可发生法律效力、发挥证明作用。在市场经济条件下，行政机关未及介入的领域有很多，但这些领域也需要刑法保护，如果将保护的对象仅限于备案登记过的印章，会不当缩小伪造印章类犯罪的打击范围。

第二，能否仅凭印文认定构成伪造企业印章罪？在本案审理过程中，辩护人多次以没有起获实体印章作为抗辩理由，认为伪造印章类犯罪惩罚的只是私刻假印章的行为，不应将“印章”扩大解释为盖印所成的印文。但龚某通过街边小广告获得信息，明知他人能够伪造印章并提供盖有该伪造印章印文的相关材料，而主动与之联系，由龚某设计材料内容并支付费用。其完成了伪造印章的“通谋”，对伪造印章行为具有主观故意，应当与具体实施伪造印章的人构成共犯。且经过补充侦查，公诉机关重新提交的鉴定意见能够证实伪造的印文是由实体印章盖印形成，因此有足够理由推定确实存在伪造的实体印章。在司法实践中，不乏在未起获实体印章情况下仍以本罪论处的判例，这是因为加盖在纸面上的印文足以使人陷入错误的认识，侵犯了伪造印章类犯罪保护的客体，即使是利用数码手段形成的印文，也只是与传统的伪造方式不同，亦符合该罪的构成要件。

第三，本罪中的“公司、企业、事业单位、人民团体”应如何理解？本案中所涉及印章的主体为甲银行朝阳北路支行，其虽没有营业执照，不属于独立的公司法人，但确是甲银行的分支机构，可以代表甲银行独立对外开展业务，在金融行业具有重要主体资格，对该单位印章信用的侵害具有相当的社会危害性，应当属于刑法保护的范围。

第四，伪造虚构的印章能否构成本罪？本案中的一枚伪造印章盖印形成的印文为甲银行朝阳北路支行“业务专用章”，而根据甲银行工作人员的证言，该支行的章印应为“业务公章”，也就是说所伪造的假章在现实中并没有“真身”，这种情况能否构成本罪？我们认为，虽然真伪印章不完全一致，但均冠以甲银行朝阳北路支行名称，一般公众无法辨别这种细微区别，其足以达到欺骗效果，产生侵害企业公众信誉的危害性，不应当影响构成本罪。

2. 伪造印章罪与其他犯罪的牵连与选择

合议庭在评议本案时，有一种观点认为，伪造印章只是龚某达到非法占有目的的手段行为，是向事主虚构事实、隐瞒真相的一种方法，其最终目的是得到一天的资金“摆账”费用，对于这种手段行为与目的行为的牵连犯，应当从一重罪（诈骗罪）论处。但是，本案行为人的主观目的缺乏证据支持，龚某曾辩解称伪造材料是出于对资金安全的考虑，且其本人确实具备“摆账”的能力，“摆账”费用也未在其控制之下。基于证据裁判原则，认定其目的行为构成诈骗罪的事实不清，证据不足，应当单独将伪造印章的手段行为判定一罪。

另外，在专业法官会议讨论时，另有本案构成伪造金融票证罪的意见，认为龚某伪造的甲银行回单、个人存款证明及银行卡交易明细可以归于《刑法》第一百七十七条第一款第二项的“其他银行结算凭证”。但是，笔者认为龚某伪造的上述单据只具有证明或者事后检查作用，不具有货币给付和资金清算作用，不属于结算凭证，且在案有甲银行工作人员就此事进行答复的说明，足以证实。况且，被告人伪造的银行凭证金额达到1.2亿元，可能判处十年以上有期徒刑，以伪造金融票证罪论处可能导致罪责刑不一致。

编写人：北京市东城区人民法院 张若枫

5

提供虚假身份信息，通过他人非法获取公安机关制作的有效身份证件行为的，是否构成伪造身份证件罪的间接正犯

——翁巧某伪造身份证件、偷越国（边）境案

【案件基本信息】

1. 裁判书字号

福建省泉州市安溪县人民法院（2017）闽0524刑初361号刑事判决书

2. 案由：伪造身份证件罪、偷越国（边）境罪

【基本案情】

2008年4月，被告人翁巧某在广东省东莞市提供了自己的照片和虚假的身份信息，通过他人办理了东莞市公安局签发的“翁巧某”的身份证（号码为44162519891027××××，有效期限为2008.04.29~2018.04.29）1张，并使用该身份证分别于2009年8月31日、2013年10月15日、2014年5月8日在广东省东莞市申请办理港澳通行证2本（证号分别为W33777×××、W92716×××）普通护照1本（护照号：E3190××××），且在2010年5月1日至2016年4月5日，因探亲及工作需要，持该普通护照或港澳通行证先后出入国（边）境38次。

公诉机关认为，该行为是故意伪造居民身份证件行为，应以伪造身份证件罪论处。辩护人认为，伪造身份证件罪是指无身份证件制作权人制作虚假的身份证件。被告人翁巧某提供虚假身份信息在广东省东莞市办理居民身份证。根据《中华人民共和国身份证法》第十六条、第十七条的规定，该行为属于行政违法行为而非伪造身份证件罪的犯罪行为。

【案件焦点】

对被告人翁巧某提供本人照片和虚假的身份信息，通过贴墙广告联系他人制作1张虚假却又有效的“翁巧某”的身份证的行为性质应该如何认定。

【法院裁判要旨】

福建省泉州市安溪县人民法院经审理认为：被告人翁巧某违反法律规定，伪造居民身份证，其行为已构成伪造身份证件罪；其还违反出入国（边）境管理法规，隐瞒真实身份骗取出入境证件多次出入国（边）境，情节严重，其行为已构成偷越国（边）境罪。公诉机关指控被告人翁巧某犯伪造身份证件罪、偷越国（边）境罪的犯罪事实及罪名成立。被告人翁巧某在判决宣告前一人犯数罪，应数罪并罚；其在犯罪以后自动投案，归案后如实供述自己的罪行，是自首，依法予以从轻处罚。鉴于被告人翁巧某具备社区矫正条件，且符合缓刑的规定，予以宣告缓刑。

辩护人提出的被告人翁巧某犯伪造身份证件罪不能成立及其犯罪已过追诉时效期限的辩护意见，因被告人翁巧某联系户外小广告并提供照片、虚构虚假信息通过公安民警制作身份证，不论公安民警系过失或无罪过行为，其均为伪造身份证件的间接正犯，应该负起直接责任甚至全部责任。其于2009年使用伪造的身份证办理港澳通行证W33777×××，并于2010年5月1日至2011年3月24日使用超过3次，故前罪追诉期限从2011年3月24日起计算，未超5年时效期限。之后其使用港澳通行证W33777×××及又先后办理的港澳通行证W92716×××和普通护照E31900×××至2016年3月28日共出入国（边）35次，其犯罪行为处于连续或者继续状态，故追诉期限从犯罪行为终了的2016年3月28日起计算，至2016年9月26日本案案发立案，未超5年时效期限。故该辩护意见，与法律规定不符，不予采纳；其他辩护意见与事实、证据、法律规定相符，予以采纳。

福建省泉州市安溪县人民法院依照《中华人民共和国刑法》第二百八十条第三款、第三百二十二条、第六十七条第一款、第六十九条第二款及第三款、第七十二条第一款及第三款、第七十三条第二款及第三款、第六十四条和《最高人民法院、最高人民检察院关于办理妨害国（边）境管理刑事案件应用法律若干问题的解释》第五条第二项，作出如下判决：

一、被告人翁巧某犯伪造身份证件罪，判处拘役二个月，并处罚金人民币一千元；犯偷越国（边）境罪，判处有期徒刑八个月，并处罚金人民币一万元，决定执行有期徒刑八个月，缓刑一年，并处罚金人民币一万一千元（已缴纳）；

二、没收被告人翁巧某被扣押的身份证1张（号码为44162519891027××××）、护照1本（证件号码：E31900×××）和港澳通行证2本（证件号码：W33777×××、W92716×××）。

【法官后语】

本案中，被告人翁巧某的行为构成伪造身份证件罪。理由如下：

1. 间接正犯的理解适用

行为人提供本人照片、虚假身份信息，非法通过他人从有身份证件制作权人处获取有效身份证件，该身份证件仍是虚假的，其为该虚假身份证件的制作积极创造条件，构成伪造身份证件罪的间接正犯。

间接正犯是大陆法系国家的概念。它是指行为人利用他人作为犯罪工具以实现自己犯罪目的而构成的犯罪。间接正犯具有三个基本特征：（1）主观上有利用他人的直接故意；（2）本人不直接实施犯罪行为，而以他人作为犯罪工具；（3）行为人行为与危害结果间具有因果联系。我们之所有将间接正犯认定为正犯，是因为行为人假借他人之手实现了自己的犯罪目的，这种行为完全具备正犯直接实行的行为性，与自己直接实施犯罪行为造成的危害后果是一致的，毫无差别。因此，应当认定其客观上实施了符合犯罪构成要件的行为并引起了刑法所禁止的结果，且具备主观故意要件。目前刑法学界的通说认为，被利用者一般都是无刑事责任能力的，在整个犯罪的过程中，被利用者只是作为一种“工具”，不具有特定的意思联络，也没有共同的犯罪目的和共同的犯罪故意。笔者认为，本案可以构成间接正犯。通说观点认为在一般情况下，被利用者都是无刑事责任能力的。那么，是不是只有被利用者都是无刑事责任能力的情况下，即被利用者“无辜”时，行为人才构成间接正犯呢？本案中，翁巧某提供本人照片、虚假身份信息，并通过他人从有身份证件制作权的公安部门获取有效的身份证件，在公安部门户籍工作人员以行为人翁巧某提供的身份信息材料为依据，制作有效身份证件的行为性质尚未查清的情况下，其行为是不是就不构成伪造身份证件罪呢？我们认为不然。行为人翁巧某为获取虚假而有效的身份证件，积极创造条件，虽然尚未查清作为直接、有权制作身份证件的直接实行人的公安部门户籍工作人员的主观状态是故意或者过失，难以对其进行法律评判，但此时，其行为的本质等同于正犯，同样扰乱了国家居民身份证管理制度，具有同样的违法性认识，甚至比提供虚假信息给无权直接实行人制造虚假、无效的身份证件行为的社会危害性更加明显，更需要刑事法律加以评判。如果不对该行为进行刑事评价，客观上会使其他人滋生侥幸心理，产生犯罪成本低、法律监管不严的错误认识，难以达到法律规制、警告、震慑和预防的效果，也会在更大程度上影响国家对居民身份证制造、使用、监督的正常管理秩序。

2. 行政违法行为与犯罪行为的区分把握

《居民身份证法》第十六条规定："有下列行为之一的，由公安机关给予警告，并处二百元以下罚款，有违法所得的，没收违法所得：(一) 使用虚假证明材料骗领居民身份证的……"。《居民身份证法》第十七条第一款规定："有下列行为之一的，由公安机关处二百元以上一千元以下罚款，或者处十日以下拘留，有违法所得的，没收违法所得：(一) 冒用他人居民身份证或者使用骗领的居民身份证的；(二) 购买、出售、使用伪造、变造的居民身份证的。"据此，本案辩护人关于翁巧某的行为仅是行政违法行为的理由能够成立吗？

我们认为，区分是否需要对某一行为进行刑事评价时，应当主要从该行为是否具有明显的社会危害性，以及行为人是否具有明显的违法性认识入手考量。如果某一行为具有明显的社会危害性，可以认定行为人具有明显的违法性认识，则应当以刑罚论处。本案中，翁巧某对于提供本人照片、虚假身份信息，非法通过他人从公安部门来获取有效身份证件的违法性认识是明显的，而客观上，其通过获取的虚假、有效的身份证件从事其他违法犯罪活动，所产生的社会危害性甚至比直接伪造身份证件的直接实行人更大。从罪责刑相适应原则的角度出发，亦应对其行为以伪造身份证件罪论处。

编写人：福建省泉州市安溪县人民法院　谢晓凤　陈秋香

6

盗窃服务类门户网站账户应认定为非法获取计算机信息系统数据罪

——王中祥等非法获取计算机信息系统数据案

【案件基本信息】

1. 裁判书字号

北京市朝阳区人民法院（2017）京0105刑初25号刑事判决书

2. 案由：非法获取计算机信息系统数据罪

【基本案情】

1. 2016年5月至7月，被告人王中祥、贾强强共谋盗取甲网账号贩卖牟利。被告人贾强强找到被告人王某，约定使用王某在北京乙信息技术有限公司（即甲网）工作的客服权限并支付报酬。被告人王中祥对自己在58同城赶集网找的手机号码账号操作点击验证码登录，并将该手机号码发送给贾强强。被告人贾强强每次向王某索要客服登录权限的验证码后，登录王某在58同城赶集网的客服端，查看王中祥所提供手机号码的验证码并告诉王中祥。被告人王中祥根据该验证码登录客户账号，并更改此账号的密码和绑定的手机号码；查看账号内余额后，按照余额8%的价格在网上售出。被告人王某在贾强强多次使用自己客服账号后，知道其客服权限被用于盗取客户账号，仍然向贾强强提供客服登录验证码。被告人王中祥、贾强强按照事先约定的比例分赃。经统计，被害单位网站的669个账号被王中祥贩卖后，致账号内充值余额损失共计1001349.1元，赠送余额损失共计1463538.55元。

2. 2016年5月至7月，被告人王中祥找到被告人杨某，让其介绍能帮助查看手机验证码的甲网客服。被告人杨某将被告人王洪磊介绍给王中祥，并从双方处收取好处费。被告人王洪磊利用其在北京乙信息技术有限公司（即甲网）工作的客服权限，根据王中祥提供的手机号码查看对应的手机验证码并告诉王中祥，按照查看验证码的条数向王中祥收费。被告人王中祥根据该验证码登录客户账号，并更改此账号的密码和绑定的手机号码；查看账号内余额后，按照余额8%的价格在网上售出。经统计，被害单位网站507个账号被王中祥贩卖后，致账号内充值余额损失共计635769.06元，赠送余额损失共计1453143.39元。

被告人王中祥获利人民币12万元，被告人贾强强获利人民币5万元，被告人王某获利人民币1840元，被告人王洪磊获利人民币25530元（其中5950元转给了杨某），被告人杨某获利人民币6950元（含王洪磊的5950元）。

2016年7月5日，被告人王中祥、贾强强被民警抓获归案；2016年7月6日，被告人王某、王洪磊、杨某被民警查获归案。起获移动电话机6部、银行卡2张、电脑主机1台、笔记本电脑1台。

【案件焦点】

1. 网络服务类门户网站账号内的资源是否属于虚拟财产；2. 通过获取验证码进而获取他人服务网站账户，应认定为盗窃罪还是非法获取计算机信息系统数据罪。

【法院裁判要旨】

北京市朝阳区人民法院经审理认为：一、涉案网站账号的充值额系虚拟财产。根据被害单位提供的报案材料和一般社会常识，被害单位经营的网站提供网络营销服务，其网站客户账号的管理依托该公司的计算机系统。诚然，被害单位依据自己向客户提供的网站服务收费；但其财产权（即提供网络服务的对价），在和客户签署合同时已取得。被害单位在客户向其交纳服务费用后，在相关网站为其建立账号，设定相应数据方便客户使用其网站的网络资源（只能在该网站使用）。尽管被害单位数据设置的依据是客户交纳的人民币，但从被害单位提供的合同及兑付比例说明等证据，不难发现网站客户的账号充值额由网站运营商自行确定，不是根据市场交易规定形成的，不能用于自由流通交易，不具有财物的交换属性，不属于刑法盗窃罪中的“财物”；而且在该网站的使用有时效性，网站可以对该数值进行设置、更改、找回等操作，更不等同于一般意义上客户自己掌握的“财物”。涉案网站账号内的资源都是被害单位的计算机信息系统中的数据，并非一般意义的财产，是虚拟的财产。二、本案侵犯的客体是普通计算机信息系统数据。被告人是通过获取被害单位经营的网站所提供的电子验证码，修改网站客户的资料从而控制客户账号，并将该账号出售；实际消耗网站客户账号内资源（网站的电子数据服务）的人是被盗账号的购买者。被害单位在客户账号被盗后，可以对该网站中客户账号的数据进行找回、变更、增补等操作，更说明被盗账号的电子数据属性。这种验证码、资源是一种电子数据，在刑法上的属性是计算机信息系统数据。三、被告人具有侵犯普通计算机信息系统数据的主观故意。尽管被告人王洪磊、杨某否认自己盗窃账号的故意，但均如实供述了参与提供电子数据的行为。在案证据能够证明，被告人王中祥、贾强强、王洪磊、王某、杨某具有非法获取普通计算机系统数据的故意；且各被告人对于自己伙同他人实施犯罪行为系明知。四、刑法谦抑性的要求。随着网络时代的到来，网络领域的秩序、财产也需要维护，但该领域的刑法保护必须坚持罪刑法定，不能简单等同于普通犯罪。我们注意到，被告人的犯罪行为给被害单位造成了损失，而现行刑法关于保护普通计算机信息系统数据的规定足以体现对被告人的罪刑相适应，也更有利于保护信息网络环境。故公诉机关指控罪名不妥，本院予以纠正。

北京市朝阳区人民法院对被告人王中祥、贾强强、王洪磊依照《中华人民共和国刑法》第二百八十五条第二款、第二十五条第一款、第二十六条第一款及第四款、第六十七条第三款、第四十五条、第四十七条、第五十二条、第五十三条、第六十四条之规定，对被告人王某、杨某依照《中华人民共和国刑法》第二百八十五条第二款、第二十五条第一款、第二十七条、第六十七条第三款、第四十五条、第四十七条、第五十二条、第五十三条、第六十四条之规定，作出如下判决：

一、被告人王中祥犯非法获取计算机信息系统数据罪，判处有期徒刑五年，罚金人民币五万元；

二、被告人贾强强犯非法获取计算机信息系统数据罪，判处有期徒刑四年，罚金人民币四万元；

三、被告人王洪磊犯非法获取计算机信息系统数据罪，判处有期徒刑三年六个月，罚金人民币四万元；

四、被告人王某犯非法获取计算机信息系统数据罪，判处有期徒刑一年六个月，罚金人民币二万元；

五、被告人杨某犯非法获取计算机信息系统数据罪，判处有期徒刑一年六个月，罚金人民币二万元；

六、追缴被告人王中祥违法所得人民币十二万元（含在案人民币十一万元），同被告人贾强强缴纳的人民币五万元、被告人王洪磊缴纳的人民币一万九千五百八十元、被告人王某缴纳的人民币一千八百四十元、被告人杨某缴纳的人民币六千九百五十元，一并没收；在案移动电话机六部、银行卡二张、电脑主机一台、笔记本电脑一台，予以没收；被告人王中祥银行账户内的冻结款用于追缴违法所得和折抵罚金。

【法官后语】

在本案的审理过程中，关于本案的定性主要有两种观点：盗窃罪和非法获取计算机信息系统数据罪。检察机关以盗窃罪提起公诉，辩护人则认为被告人的行为构成非法获取计算机信息系统罪。

笔者认为本案应按非法获取计算机信息系统数据定罪处罚：

1. 本案侵犯的对象是虚拟财产。虚拟财产与刑法上的财产的区别在于：(1) 虚拟财产具有虚拟性，不能外化为物，刑法上的财产具有现实性，能为人所感知，外化为物；(2) 虚拟财产具有可再生性，不会因使用而有所减少，刑法上的财产具有唯一性，使用后即消耗，无法复制。① 而虚拟财产和刑法上财产的根本性区别在于网络运营商对数据控制的终局性，即虚拟财产是网络运营商掌控的数据，可以对用户能够使用的数据进行开户变更消除；刑法上的财产由用户终局掌握，具有排他性。本案中，网站提供给客户的服务，尽管具有现实交互性，但仅是提供的网络电子服务，并不能外化为物，其属性仍是电子数据（不同于电商平台的购物，可外化为物）；客户资源被盗后网站可以为客户再次确定充值额，网站资源的电子数据具有可再生性、可复制性，并未消耗；网站对数据具有最终控制权，在客户账户被盗后可以帮助客户找回被盗账户、重新确定充值额等。而本案被告人盗取的验证码、更改密码等操作，完全是基于该网络平台的电子数据平台操作；即使是卖出的账号被使用，也是在该网站发布电子数据。

2. 符合立法本意。最高人民法院研究室《关于利用计算机窃取他人游戏币非法销售获利如何定性问题的研究意见》中梳理了网络盗窃、网络盗窃虚拟财产的有关问题，提到在《刑法修正案（七）》的研究过程中，针对非法获取他人账号、身

---

① 臧德胜、付想兵：《盗窃网络虚拟财产的罪名认定》，载《人民司法》2017年第7期。

份认证信息、个人网上银行账号、密码的犯罪问题有关专门表述；提到了一部分窃取网上银行账号者不亲自实施盗窃资金的行为，而是将窃取的信息在网上提供给他人，对窃取和提供信息的人员难以以盗窃罪的共犯追究，建议立法者将此类行为规定为犯罪。立法者充分借鉴境外成熟立法在《刑法》第二百八十五条增设了第二款。[①] 本案被告人实施的也是盗窃网络用户名和密码并出售给他人的行为，并非自己使用账号内资源，完全符合立法者在设立此款的本意。而其更改用户名和密码的行为，其实是一种控制行为，在立法中已明确规定在该罪中。

3. 符合罪刑法定原则。盗窃罪的对象是财物，财物一开始仅是有体物，进入工业化社会后水电气等也被接受为盗窃罪的一般对象；随着科技进步、社会发展，电信服务也被接受成为盗窃罪的对象，在我国《刑法》中单列条文规范，区别于一般财物。盗窃虚拟财产是互联网时代的新事物，各国均努力将网络犯罪的相关内容写入刑法规范，但关于盗窃网络虚拟财产的认定处于探索中，各国鲜有直接按照盗窃罪定罪处罚的。生活中，我们往往是付出了财物才获得了相应的虚拟财产，具有对价性，会觉得虚拟财产就是相应的财物。但虚拟财产只存在于网络世界，我们付出的对价其实购买的是一种网络服务。服务，并不是盗窃罪的对象；电信服务能成为盗窃罪的对象，是因为有《刑法》的规定。虚拟财产作为一种服务，《刑法》在盗窃罪中未对其明确规范时，不能成为盗窃罪的对象。《关于办理盗窃刑事案件适用法律若干问题的解释》在起草过程中，研究认为虚拟财产与金钱财物等有形财产、电力燃气等无形财产存在明显差别，将其解释为公私财物超出司法解释的权限；虚拟财产的法律属性是计算机信息系统数据，对于非法获取计算机信息系统数据的行为当然可以适用非法获取计算机信息系统数据罪定罪量刑。[②] 该部分虽不是司法解释中的内容，但是对我们裁判此类案件提供了指引，本案不能轻易按盗窃罪定罪，按非法获取计算机信息系统数据罪定罪量刑更为稳妥。

4. 罚当其罪。网络虚拟财产在现实生活中有对应的财产数额，但是该虚拟财

---

① 黄太云：《〈刑法修正案（七）解读〉》，载《人民检察》2009年第6期，转引自最高人民法院研究室、喻海松：《关于利用计算机窃取他人游戏币非法销售获利如何定性问题的研究意见》，载《司法研究与指导》2012年第2辑。

② 胡云腾、周加海、周海洋：《〈关于办理盗窃刑事案件适用法律若干问题的解释〉的理解与适用》，载《人民司法》2014年第15期。

产的实际交易价格网络服务提供者单方确定或者与用户协商确定，并没有客观的计算标准，一旦脱离该网络服务商该“财产”就失去了价值（对于非网络使用者一文不值）。虚拟财产没有也不可能有一个能够被普遍接受的价值计算方式。[①] 而且，由于网络虚拟财产不具有唯一性，可以不断再生、复制，实践中涉及的数额往往特别巨大，如果按照网络服务商的价格认定盗窃罪将造成明显的罚过其罪，判决结果难以为社会公众所接受。《刑法》第二百八十五条第二款规定，获取计算机信息系统中存储、处理或者传输的数据，或者对计算机信息系统实施非法控制，情节严重的处三年以下有期徒刑或拘役，并处或者单处罚金；情节特别严重的，处三年以上七年以下有期徒刑，并处罚金。而《最高人民法院、最高人民检察院关于办理危害计算机信息系统安全刑事案件应用法律若干问题的解释》对非法获取计算机信息系统数据罪明确了定罪量刑标准：“具有下列情形之一的，应当认定为刑法第二百八十五条第二款规定的‘情节严重’：……（四）违法所得五千元以上或者造成经济损失一万元以上的……”；“情节特别严重”是上述标准的五倍以上。可见，适用非法获取计算机信息系统数据罪，并不会放纵盗窃网络虚拟财产的行为，而且能够对其罚当其罪。

编写人：北京市朝阳区人民法院　丁旭　王向明

7

监守自盗网络虚拟财产及其共犯的认定

——朱某、王某非法获取计算机信息系统数据案

【案件基本信息】

1. 裁判书字号

北京市石景山区人民法院（2017）京0107刑初96号刑事判决书

① 最高人民法院研究室、喻海松：《关于利用计算机窃取他人游戏币非法销售获利如何定性问题的研究意见》，载《司法研究与指导》2012年第2辑。

2. 案由：非法获取计算机信息系统数据罪

【基本案情】

被告人朱某伙同王某利用在北京市石景山区八角东街××号甲创意中心B座北京乙数码技术有限公司（该公司与北京丙网络技术有限公司系关联关系公司）从事“丁”网络游戏软件运营的工作便利，在不从事该游戏相关工作后利用其私自开通的管理员账户侵入该游戏系统，通过“zhujia”“root”“wangzheng”管理员账户，未经公司许可，获取“丁”游戏系统中的数据，向“丁”游戏论坛版主周某洋及多名游戏玩家进行充值、发放游戏道具、月卡等操作，并线下交易获利。2015年12月至2016年8月，朱某实施上述操作获取违法所得共计人民币26万余元，其中2015年12月至2016年4月王某参与且分得人民币3万余元。

2016年10月18日，被告人朱某被抓获；2016年12月7日，被告人王某被抓获。被告人朱某、王某与北京乙数码技术有限公司达成和解，朱某补偿北京乙数码技术有限公司人民币23万元，王某补偿北京乙数码技术有限公司人民币3.5万元；北京乙数码技术有限公司对被告人朱某、王某予以谅解。

北京市石景山区人民检察院认为，被告人朱某、王某的行为触犯了《中华人民共和国刑法》第二百八十五条第二款之规定，已构成非法控制计算机信息系统罪，且情节特别严重，提请法院依法惩处。

被告人朱某对公诉机关指控的事实不持异议，当庭自愿认罪，但对罪名提出异议。其辩护人对公诉机关指控的事实不持异议，主要的辩护意见为：被告人朱某的行为构成职务侵占罪，系初犯，如实供述犯罪行为，积极退赃，得到受损单位的谅解，认罪悔罪态度较好，建议对其从轻处罚并适用缓刑。

被告人王某对公诉机关指控的事实不持异议，当庭自愿认罪，但对罪名提出异议。其辩护人主要的辩护意见为：被告人王某与朱某不构成共同犯罪，应以掩饰、隐瞒犯罪所得罪定罪处罚，王某认罪悔罪态度较好，得到受损单位的谅解，建议对其从轻处罚。

【案件焦点】

1. 朱某的行为定性，朱某构成职务侵占罪、非法控制计算机信息系统罪，还是非法获取计算机信息系统数据罪；2. 王某的行为定性，王某构成朱某的共犯，还是掩饰、隐瞒犯罪所得罪。

【法院裁判要旨】

北京市石景山区人民法院经审理认为：被告人朱某、王某违反国家规定，侵入国家事务、国防建设、尖端科学技术领域以外的计算机信息系统，采取技术手段，获取该计算机信息系统中储存的数据，情节特别严重，二被告人的行为均已构成非法获取计算机信息系统数据罪，依法应予惩处。在共同犯罪过程中，被告人朱某起主要作用，系主犯，应按其所参与的全部犯罪处罚；被告人王某起辅助作用，系从犯，结合本案情况应予减轻处罚。北京市石景山区人民检察院指控被告人朱某、王某犯罪的事实清楚，证据确实、充分，唯指控罪名不当，法院予以更正。

对于朱某辩护人所提朱某的行为构成职务侵占罪的辩护意见，法院认为：首先，网络游戏中道具、元宝等虚拟财产与传统意义上的财物存在明显差别，该虚拟财产的价值数额之认定缺乏能够被普遍接受的计算方式，虚拟财产的法律属性是计算机信息系统数据，对于非法获取此类数据的行为，适用非法获取计算机信息系统数据罪定罪量刑，罚当其罪；其次，朱某在离开该游戏项目后，不再拥有管理员账户使用权限，其为继续实施犯罪私自创设其他账户并利用该账户侵入游戏系统获取数据的行为，亦不符合职务侵占罪之客观方面利用自己主管、经管、负责的职务便利的构成要件。

对于王某辩护人所提王某不构成共同犯罪，应以掩饰、隐瞒犯罪所得罪定罪处罚的辩护意见，法院认为，此种情形认定构成共同犯罪还是构成掩饰、隐瞒犯罪所得罪，关键在于确认事先有无通谋。事先通谋的，则应以共同犯罪论处。王某及朱某在侦查阶段以及法庭审理中的供述等证据均能够相互印证，足以证实二人事先通谋，王某作为朱某的主管为朱某实行上述犯罪提供方便，予以辅助，二人系共同犯罪。

鉴于被告人朱某到案后能够如实供述所犯罪行，且系初犯，积极退赃并得到受损单位谅解，故法院对其依法从轻处罚。鉴于被告人王某到案后能够如实供述所犯罪行，且系从犯、初犯，积极退赃并得到受损单位谅解，故法院对其依法减轻处罚。

北京市石景山区人民法院依照《中华人民共和国刑法》第二百八十五条第二款，第二十五条第一款，第二十六条第一款、第四款，第二十七条，第六十七条第三款，第五十二条，第五十三条，第六十一条及《最高人民法院关于适用财产刑若干问题的规定》第五条之规定，判决如下：

一、被告人朱某犯非法获取计算机信息系统数据罪，判处有期徒刑三年，并处罚金人民币一万元；

二、被告人王某犯非法获取计算机信息系统数据罪，判处有期徒刑十个月，并处罚金人民币三千元。

【法官后语】

1. 朱某的行为定性

对于朱某的行为定性，在审理过程中有三种意见：第一种意见认为，朱某通过管理员账号登陆游戏系统的行为不应认定为非法“侵入”，因此不构成非法控制计算机系统罪或非法获取计算机信息系统数据罪，朱某系利用职务便利侵占公司利益，应认定为职务侵占罪；第二种意见认为，朱某的行为系对计算机信息系统的非法控制，构成非法控制计算机信息系统罪；第三种意见认为，朱某的行为系侵入计算机信息系统非法获取计算机信息系统数据，构成非法获取计算机信息系统数据罪。

笔者同意第三种意见，理由如下：

（1）朱某的行为不构成职务侵占罪。职务侵占罪是指公司、企业或者其他单位的人员，利用职务上的便利，将本单位财物非法占为己有，数额较大的行为，犯罪对象是单位“财物”。本案中，朱某利用因职务便利获取的管理员账户、密码进入游戏系统，非法获取游戏币、游戏道具的行为属于“监守自盗”，但其侵占的对象不是单位“财物”，而是游戏币、游戏道具等网络虚拟财产。网络游戏装备等虚拟财产，实际上是计算机信息系统的电子数据（或电磁记录），① 与金钱财物等有形财产、电力燃气等无形财产存在明显差别，② 且缺乏能够被普遍接受的价值计算方

---

① 刘明祥：《窃取网络虚拟财产行为定性探究》，载《法学》2016年第1期。

② 关于有形财产和无形财产的区分，学界有两种观点：一种将电力、燃气等归入无形财产，另一种认为电力、燃气与金钱财物一样，都是可以客观感知的存在，应归入有形财产，只把知识产权、债权等可产生财产权利的归入无形财产。本文持第一种观点。关于有形财产与无形财产的不同观点，不影响将虚拟财产认定为计算机信息系统数据的判断。

式，目前通说认为，其法律属性是计算机信息系统数据，而非传统意义上的财物。[①]《最高人民法院研究室关于利用计算机窃取他人游戏币非法销售获利如何定性问题的研究意见》中“利用计算机窃取他人游戏币非法销售获利行为目前宜以非法获取计算机信息系统数据罪定罪处罚”，[②] 亦可支持以上观点。因此，朱某的行为欠缺职务侵占罪的构成要件，不构成职务侵占罪。

（2）朱某的行为不构成非法控制计算机信息系统罪，而构成非法获取计算机信息系统数据罪。非法获取计算机信息系统数据罪和非法控制计算机信息系统罪，均规定于我国《刑法》第二百八十五条第二款，是指违反国家规定，侵入国家事务、国防建设、尖端科学技术领域的计算机信息系统以外的计算机信息系统或者采用其他技术手段，获取该计算机信息系统中存储、处理或者传输的数据，或者对该计算机信息系统实施非法控制，情节严重的行为。两罪的构成均包含两个部分：①侵入系统；②获取数据或者实施非法控制。朱某的行为构成何罪，应从其具体行为构成来分析：

首先，朱某的行为属于“侵入”计算机信息系统。“侵入”计算机信息系统是指，违背被害人意愿、非法进入计算机信息系统的行为，其表现形式既包括采用技术手段破坏系统防护进入计算机信息系统，也包括未取得被害人授权擅自进入计算机信息系统，还包括超出被害人授权范围进入计算机信息系统。[③] 本案中，朱某登陆公司游戏系统后，擅自获取游戏币、游戏道具并向游戏玩家发放的行为，明显超出正常授权范围，属于“侵入”计算机信息系统的一种表现形式，应认定为“侵入”计算机信息系统。

其次，朱某的行为系非法获取计算机信息系统数据，而非对计算机信息系统实施非法控制。对计算机信息系统实施非法控制，是指在非法侵入计算机信息系统后，并未破坏计算机信息系统的功能或者数据，而是通过控制计算机信息系统实施

---

① 胡云腾、周加海、周海洋：《〈关于办理盗窃刑事案件适用法律若干问题的解释〉的理解与适用》，载《人民司法》2014 年第 15 期。

② 《最高人民法院研究室关于利用计算机窃取他人游戏币非法销售获利如何定性问题的研究意见》，载《司法研究与指导》2012 年第 2 辑。

③ 最高人民检察院第九批指导案例——检例第 36 号：卫梦龙、龚旭、薛东东非法获取计算机信息系统数据案。

特定操作的行为，很多攻击者通过控制大量计算机信息系统形成僵尸网络（Botnet）。[①] 非法控制计算机信息系统比较常见的是，行为人利用网站漏洞将木马植入到网站上，在用户访问网站时，利用客户端漏洞将木马移植到用户计算机上，或在互联网上传播捆绑有木马的程序或文件。[②] 本案中，朱某侵入系统后获取游戏币、游戏道具等数据的行为，显然不是对计算机信息系统的非法控制，而应认定为非法获取计算机信息系统数据。

综上，朱某通过非法获取计算机信息系统数据并牟利，依法构成非法获取计算机信息系统数据罪。

2. 王某的行为定性

对于王某的行为如何定性，审理过程中有两种不同意见：第一种意见认为，王某没有与朱某共同犯罪的故意和行为，不构成朱某的共犯，王某系明知是犯罪所得而予以掩饰、隐瞒，应认定为掩饰、隐瞒犯罪所得罪；第二种意见认为，王某事前与朱某通谋，犯罪过程中实施了帮助行为，应以非法获取计算机信息系统数据罪的共犯论处。

笔者同意第二种意见，理由是：

第一，客观上，王某为朱某的犯罪行为提供了帮助，对犯罪结果的发生起到了促进作用。首先，王某作为朱某的主管，对朱某的职务行为有监督管理的职责，在知道朱某有监守自盗的行为时，王某有因职务要求而产生的防止结果发生的特别义务，但王某却对朱某的违法行为不予阻止、放任不管，即以不作为的方式参与了犯罪；[③] 其次，在朱某离开涉案游戏项目后，王某同意朱某用其系统账号“root”创建管理员账号用于继续犯罪，系以积极作为的方式参与朱某的犯罪行为。王某的帮助行为，在心理上使朱某可以安心实施犯罪行为，在客观上阻止了被害单位及时发现该行为，对犯罪结果的发生有很强的原因力，起到了促进作用。

第二，主观上，王某有与朱某共同犯罪的故意。从认识因素来看，王某作为涉案

---

① 何帆主编：《最高人民法院司法观点集成·刑事卷IV》，中国法制出版社2017年版，第1737页。

② 周道鸾、张军主编：《刑法罪名精释》（第四版），人民法院出版社2013年版，第705页。

③ 陈兴良、张军、胡云腾主编：《人民法院刑事指导案例裁判要旨通纂》，北京大学出版社2018年版，第1118页。

游戏项目的运营主管，在朱某向其说“这款游戏也没有其他人监管，可以利用卖装备大家一起挣些钱”时，王某应该明白朱某的犯罪意图和手段，知道放任不管朱某的行为可能造成的危害后果；从意志因素来看，王某不仅对朱某的行为不予阻止，而且同意朱某用其“root”系统账号创建管理员账号用于继续实施犯罪行为，并多次收受朱某的红包，可见王某对其行为结果至少持放任态度。王某明知自己的行为可能发生危害社会的结果，并且放任这种结果发生，由此可认定王某有帮助朱某实施犯罪的故意。

综上，王某系朱某的共犯，依法构成非法获取计算机信息系统数据罪。

编写人：北京市石景山区人民法院　侯丽雅

8

游戏币代充值业务的定性

——陈某某、武某某非法获取计算机信息系统数据案

【案件基本信息】

1. 裁判书字号

北京市第一中级人民法院（2017）京01刑终80号刑事裁定书

2. 案由：非法获取计算机信息系统数据罪

【基本案情】

2015年4月至8月28日，同案犯杨某某掌握了利用被害单位北京某某公司所开发并负责运营的苹果客户端手机游戏《甲》《乙》充值系统漏洞从而非法获取系统内的数据（游戏币）的方法，同时通过被告人陈某某、武某某向玩家出售获利，杨某某在不实际支付货币的情况下对玩家上述两款游戏账号进行反复充值，以此获利人民币877750元。同年8月28日，杨某某被抓获并以非法获取计算机信息系统数据罪被判刑。

被告人陈某某、武某某在明知杨某某所经营的用于代充值《甲》《乙》两款游

戏中游戏币系非法途径取得的情况下，仍在网络上向玩家出售，并通过将玩家欲充值游戏账号及密码告知杨某某，由杨某某完成充值后，二被告人收取玩家钱款，赚取差额的方式获利。其中被告人陈某某销售总额共计人民币109280元，获利共计人民币1475元；被告人武某某销售总额共计人民币105575元，获利共计人民币1425元。经被害单位报案，被告人陈某某、武某某于2015年9月1日被公安机关抓获。

公诉机关认为二被告人的行为均触犯了《中华人民共和国刑法》第三百一十二条第一款之规定，构成掩饰、隐瞒犯罪所得罪。

被告人陈某某辩称其并不知道杨某某所经营的游戏币代充值业务系违法所得，其从杨某某处购买的价格经常变动且高。辩护人认为公诉机关指控陈某某犯掩饰、隐瞒犯罪所得罪的证据不足，理由为现有证据不能证明被告人陈某某知悉杨某某游戏币充值业务系非法行为，被告人陈某某关于是否知道杨某某游戏币来源的不合法性的供述前后矛盾，杨某某所销售给陈某某的游戏币价格并未明显过低，被告人陈某某收购有正当理由。

被告人武某某亦辩称其与杨某某合作时并不知道他所经营的业务是违法的。辩护人认为被告人武某某的行为不构成犯罪，理由是武某某是通过合法平台与杨某某进行交易，其有理由相信杨某某出售的涉案游戏币有合法来源；杨某某出卖的游戏币并没有明显低于成本价，不能以价格低就简单推定被告人武某某存在明知；被告人武某某只是将需要充值的游戏玩家的账号和密码发送给杨某某，由杨某某实施了进入玩家系统、进行充值操作，以及阻止手机销毁票据、更换新账号、多次发起支付等利用漏洞充值的关键行为，武某某并没有实施掩饰、隐瞒犯罪所得的行为。

【案件焦点】

对进行游戏币代充值业务、将玩家账户信息提供给他人后由他人利用系统漏洞实际完成充值以最终赚取差额牟利的行为性质如何认定。

【法院裁判要旨】

北京市海淀区人民法院经审理认为：被告人陈某某、武某某违反国家规定，分别协助同案犯杨某某利用他人计算机系统的漏洞侵入被害单位的计算机系统，以获取该计算机信息系统中存储、处理、传输的数据，并通过变卖非法获取的数据（游戏币）获利。二被告人的行为均已构成非法获取计算机信息系统数据罪，且与同案犯杨某某的犯罪行为构成共同犯罪。法院对起诉书中所指控的掩饰、隐瞒犯罪所得罪罪名依法予以变更。理由如下：

从主观上看，被告人陈某某、武某某分别与同案犯杨某某具有共同的行为意思。所谓共同的行为意思，是指行为人具有和他人共同实施行为的意思，且不要求一定以明示的方法产生，只要行为人相互之间形成默契即可。被告人陈某某、武某某长期从事游戏币代充值业务，知悉利用外币礼品卡充值是获取最大利润的方式，杨某某所出售的游戏币价格明显低于利用礼品卡充值的价格，且与被害单位出售的游戏币价格相差巨大，而且杨某某进行游戏币充值的方式与被害单位发布的充值方式有明显的差别，被告人陈某某及武某某应当明知杨某某所销售的游戏币来源不合法。同时，被告人陈某某、武某某明知需要由其向杨某某提供玩家游戏账户信息，由杨某某操作才能最终完成充值，虽然二被告人并未与同案犯杨某某协商如何充值的具体方式，但很明确的是二被告人和杨某某都具有将非法获取的游戏币变卖从而获利的主观目的。因此，二被告人对杨某某的协助行为与杨某某利用非法手段最终完成充值的行为间具有概括性的犯罪故意，即二被告人明知自己的行为会导致非法获取的游戏币予以销售而希望、放任这种结果的发生，故可认定为与杨某某存在共谋。

从客观行为上看，被告人陈某某、武某某分别与同案犯杨某某具有共同实施行为的事实。所谓共同实施行为的事实，是指行为人对构成要件的实现起到了重要或者关键作用。本案中，同案犯杨某某利用计算机信息系统的漏洞非法获取系统内数据（游戏币）的行为的完成，需要被告人陈某某及武某某的协助，即二被告人对外向玩家发布出售游戏币代充值业务，由玩家提供预充值游戏的账号及密码，后由二被告人将玩家游戏账户告知杨某某，由杨某某操作，利用计算机信息系统的漏洞最终完成充值。可见，二被告人出售游戏币代充值业务及向杨某某提供玩家账户信息的行为，与杨某某利用计算机信息系统漏洞完成对玩家账户充值以最终牟利的行为是相互衔接、相互配合且缺一不可的。

综上，被告人陈某某、武某某在主观上明知需要由其协助同案犯杨某某利用非法手段完成游戏币充值而予以配合，客观上造成了被害单位游戏币虚拟数据的丢失，依法应以非法获取计算机信息系统数据罪论处。因其二人并未具体实施利用计算机系统漏洞侵入被害单位的计算机系统从而获取该系统内数据的行为，故应当认定为从犯。其中，被告人陈某某伙同杨某某获取违法所得人民币110755元，情节特别严重；被告人武某某伙同杨某某获取违法所得人民币107000元，情节特别严重。二被告人均可因从犯情节的认定而得到减轻处罚。

北京市海淀人民法院依照《中华人民共和国刑法》第二百八十五条第一款、第二款，第二十五条第一款，第二十七条，第五十三条，第六十四条之规定，判决如下：

一、被告人陈某某犯非法获取计算机信息系统数据罪，判处有期徒刑一年六个月，罚金人民币一万元；

二、被告人武某某犯非法获取计算机信息系统数据罪，判处有期徒刑一年六个月，罚金人民币一万元；

三、追缴被告人陈某某非法所得人民币一千四百七十五元予以没收；追缴被告人武某某非法所得人民币一千四百二十五元予以没收。

后二被告人均以事实不清、证据不足为由提出上诉，北京市第一中级人民法院同意一审法院裁判意见，裁定如下：

驳回上诉，维持原判。

【法官后语】

本案的焦点和难点体现在如何对进行游戏币代充值业务、将玩家账户信息提供给他人后由他人利用系统漏洞实际完成充值以最终赚取差额牟利的行为性质进行认定。

实践中，这种在网络上从事游戏币代充值业务者较多，将玩家账户信息提供给他人、后由他人利用系统漏洞最终实施充值以赚取差额牟利的行为方式较为常见。根据2011年8月1日《最高人民法院、最高人民检察院关于办理危害计算机信息系统安全刑事案件应用法律若干问题的解释》第七条的规定："明知是非法获取计算机信息系统数据犯罪所获取的数据、非法控制计算机信息系统犯罪所获取的计算机信息系统控制权，而予以转移、收购、代为销售或者以其他方法掩饰、隐瞒，违法所得五千元以上的，应当依照刑法第三百一十二条第一款的规定，以掩饰、隐瞒犯罪所得罪定罪处罚。实施前款规定行为，违法所得五万元以上的，应当认定为刑法第三百一十二条第一款规定的'情节严重'。单位实施第一款规定行为的，定罪量刑标准依照第一款、第二款的规定执行。"该解释看似对游戏币代充值者这种代为销售非法获取的计算机信息系统数据犯罪所获取的数据的行为在定性上做出了明确规定，应当以掩饰、隐瞒犯罪所得罪论处，但此类游戏币代充值业务通常有一个鲜明特点，即涉案的销售金额与实际的获利金额二者间数额相差较大，若僵化适用该解释极易出现游戏币代充值者与利用系统漏洞实际进行游戏币充值者之间在量刑上不均衡的问题，以及因销售金额达到“情节严重”标准而被判处三年以上有期徒刑却实际获利较少从而导致罪责刑不相适应的问题。因此，有必要重新审视游戏币代充值者的行为方式。

首先，游戏币代充值者对外发布出售游戏币代充值业务的信息，由玩家提供预充值游戏的账号及密码，后游戏币代充值者将玩家提供的上述游戏账户信息告知实际充值者，并由实际充值者实际操作，利用计算机信息系统的漏洞以最终完成充值，游戏币代充值者从中赚取差额牟利。游戏币代充值者与利用系统漏洞实际完成充值者的行为间是相互衔接、相互配合且缺一不可的关系，明显有别于待上游犯罪行为完成后再进行下游销赃行为的传统销赃犯罪行为。

其次，主观上，游戏币代充值者明知实际充值者所出售的游戏币并非被害单位所发布的官方充值方式，而仍旧向其提供玩家的账户信息，以促成其实际操作，利用计算机信息系统的漏洞以最终完成充值，二者间均追求将非法获取的游戏币变卖以从中获利的主观目的，故可据此认定游戏币代充值者与利用系统漏洞实际完成充值者间存在概括性的犯罪故意；客观上，游戏币代充值者向实际充值者提供玩家账户信息的行为，确实配合并协助了实际充值者的非法行为，因此，鉴于代充值者并未实际利用计算机信息系统的漏洞实施充值行为，并未实际侵入被害单位的计算机信息系统并从中获取数据，故应将代充值者的行为认定为非法获取计算机信息系统数据罪的从犯。

综上，本案的关键点实际在于，对于计算机犯罪案件，如直接适用法律及相关司法解释的规定将出现量刑不均衡或者罪责刑不相适应的情况时，应以刑法总则的罪行相适应原则为基石，及时调整审判思路。

编写人：北京市海淀区人民法院　孙蕾

9

“撞库”行为的法律定性

——顾汶非法获取计算机信息系统数据、提供侵入计算机信息系统的程序案

【案件基本信息】

1. 裁判书字号

北京市海淀区人民法院（2017）京0108刑初238号刑事判决书

2. 案由：非法获取计算机信息系统数据罪、提供侵入计算机信息系统的程序罪

【基本案情】

2015年12月至2016年4月，被告人顾汶使用“××账号改密”“××扫号机——自用”等专门用于侵入计算机信息系统的程序及包含大量用户名密码的样本数据，对甲公司的计算机信息系统实施“撞库”攻击，非法获取了甲公司储存的用户身份认证信息4674组。在此期间，被告人顾汶还将上述专门用于侵入计算机信息系统的程序通过QQ群、网站等出售给他人，违法所得共计人民币31000元。

2016年6月15日，甲公司向公安机关报案称发现有人公开出售账号扫号器并非法获取大量甲公司数据库内储存的甲账号信息。经侦查，公安机关发现被告人顾汶有重大嫌疑。同年6月21日，公安机关将被告人顾汶抓获归案，其到案后如实供述了上述事实。

【案件焦点】

1. 使用“撞库”软件获取用户账号和密码的行为是否是非法获取计算机信息系统数据罪的行为；2. 该行为是否构成侵犯公民个人信息罪；3. 被告人的行为是否是吸收犯。

【法院裁判要旨】

北京市海淀区人民法院经审理认为：被告人顾汶违反国家规定，采用技术手段获取计算机信息系统中储存的数据，情节特别严重，其行为已构成非法获取计算机信息系统数据罪，应予惩处；被告人顾汶提供专门用于侵入计算机信息系统的程序，情节特别严重，其行为亦构成提供侵入计算机信息系统的程序罪，应与其所犯非法获取计算机信息系统数据罪并罚。北京市海淀区人民检察院指控被告人顾汶犯非法获取计算机信息系统数据罪、提供侵入计算机系统的程序罪事实清楚，证据确凿，指控罪名成立。关于辩护人发表的吸收犯的辩护意见，法庭认为，吸收犯的数个犯罪行为之间应具有紧密的联系，而本案中被告人顾汶通过“撞库”软件“撞库”非法获取甲公司大量用户身份认证信息的行为与出售“撞库”软件之间的行为并不存在这种紧密联系的关系，故上述行为均应单独评价、数罪并罚；关于辩护人发表的自首的辩护意见，法庭认为，甲公司向公安机关报案时已提及了在网上销售“撞库”软件的线索，即公安机关已经掌握相应的罪行，而后抓获被告人顾汶，因此被告人顾汶并无自首情节；关于辩护人发表的立功的辩护意见，法庭认为，现有证据无法证明被告人顾汶有立功表现；故辩护人的上述辩护意见无事实和法律依据，均不予采纳。被告人顾汶到案后如实供述犯罪事实，可以对其依法从轻处罚。辩护人的相关意见本院酌予采纳。

北京市海淀区人民法院《中华人民共和国刑法》第二百八十五条第二款及第三款、第六十九条、第六十七条第三款、第五十三条、第六十四条之规定，作出如下判决：

一、被告人顾汶犯非法获取计算机信息系统数据罪，判处有期徒刑三年，罚金人民币六千元；犯提供侵入计算机信息系统的程序罪，判处有期徒刑三年六个月，罚金人民币四万元，决定执行有期徒刑五年，罚金人民币四万六千元；

二、继续向被告人顾汶追缴违法所得人民币三万一千元，予以没收；

三、扣押在案的台式电脑机箱一台，予以没收。

【法官后语】

根据《刑法》第二百八十五条第二款规定的非法获取计算机信息系统数据罪和2011年出台的《最高人民法院、最高人民检察院关于办理危害计算机信息系统安全刑事案件应用法律若干问题的解释》的规定，非法获取计算机信息系统数据的数据包括“用于确认用户在计算机信息系统上操作权限的数据，包括账号、口令、密码、数字证书等身份信息”，本案中被告人获取甲公司用户的账户号与密码是属于身份信息，并且获取数量超过五百组，因而能否认定“非法获取”就成为是否构成犯罪的关键。

1. 违法性评价

“撞库”是一种针对数据库的攻击方式，“撞库”软件的作用是帮助攻击者比对已知信息进而获得用户未知但潜在的信息的行为，这一行为本身就具有违法性。

本案中，顾汶先是获得了用户的信息，此信息的来源虽然无法证明是否合法，但是顾汶利用已知的用户信息去测试获取用户可能存在的其他账号和密码，在没有获得甲公司和用户许可的情况下，通过技术手段比对获得正确的用户信息，这已经违反了《网络安全法》，具有违法性。

此外，顾汶还将“撞库”软件进行贩卖，通过贩卖这种窃取网络数据的程序以获利，贩卖这种软件的行为也是违法的。

2. 行为性质评价

非法获取计算机信息系统数据罪所要惩戒的是用非法手段获取计算机信息系统数据的行为，或者说是行为人没有得到授权或者超出授权获得数据的行为。“撞库”这种获取数据和用户信息的方式，需要用已知的数据库去比对未知的数据库，其比对的原理是基于用户使用同一账号和密码注册登录不同网站的习惯，获取这种数据没有经过用户和甲公司授权，没有经过任何一方的许可就获得数据，这一行为是符合犯罪构成客观要件的。故辩护人提出顾汶是在常规渠道获得的用户信息和数据，这一行为不能认定为非法获取的理由不能成立。

此外，使用“撞库”将用户的账号和密码确认后，再售卖用户信息、修改密码、盗取账号中的财物等行为，则可能构成侵犯公民个人信息罪、盗窃罪、破坏计算机信息系统罪等罪名，可以与本罪数罪并罚。

3. 与他罪区分

“撞库”行为在定性上除了罪与非罪的争议，还存在与侵犯公民个人信息罪的区分。侵害公民个人信息罪的犯罪方式是“非法获取、出售或者提供公民个人信息”，这两个罪名最重要的区别是非法获取的对象，公民个人信息更偏向于与公民身份和特定活动有关系的数据，而计算机信息系统数据则是一个范围更为广泛的上位概念，如本案中数据的拥有者是甲公司，使用者是用户，这些用户账号和密码也是该公司的数据资源，这些用户账号和密码不能直接反映自然人身份和特定自然人活动情况，所以作为计算机信息系统数据更为合适。

4. 是否作为吸收犯

吸收犯的数个犯罪行为之间应具有紧密的联系，而本案中被告人顾汶通过“撞库”软件撞库非法获取甲公司大量用户身份认证信息的行为与出售“撞库”软件之间的行为并不存在这种紧密联系的关系，所以予以单独评价、数罪并罚。

该案中顾汶出售的“撞库”软件正具有避开密保措施，未经授权或超越授权获取计算机信息系统数据的功能。所以出售提供此类软件的行为是符合犯罪构成要件的，依法应予以定罪。

编写人：北京市海淀区人民法院　谭轶城　杨茜

10

聚众斗殴罪与寻衅滋事罪的区分

——李承科、曹毅聚众斗殴案

【案件基本信息】

1. 裁判书字号

湖南省常德市澧县人民法院（2018）湘0723刑初48号刑事判决书

2. 案由：聚众斗殴罪

【基本案情】

2017年10月16日23时30分，史某与张某（均另案处理）在澧县甲广场乙酒店KTV为女服务员发生争执，被告人李承科、曹毅及郭不某、毛某（均另案处理）等人为帮助张某，分别持杀猪刀、匕首与史某、郑某某吵闹、推搡，并要求史某、郑某某赔礼道歉；王某等人脚踢史某，混乱中，史某被刺伤手指等处（轻微伤）。后KTV工作人员对双方进行调解后双方散开，但张某等人要求史某及郑某某道歉，后史某以喊郑某某为由离开了酒店。

史某等离开乙酒店后，张某带领被告人李承科及同伙郭不某、毛某等人来到澧县晓钟街东段丙烧烤店，强行要求店主在室外摆放桌椅等候史某等人到来，准备与之斗殴。史某离开酒店后与杨某、王飞某等人汇合后，从杨某车上拿五连发猎枪一把、王飞某拿单发自制猎枪一把、杨某拿手枪一把，于当晚23时50分来到烧烤店，与张某等人发生斗殴，史某开枪将张某、郭不某、毛某等三人打伤；被告人李承科持刀斗殴中被王飞某开枪打伤；王飞某在斗殴中被人用刀刺伤。被告人曹毅在开枪后赶到现场，并持匕首与史某揪扭，被杨某持枪逼退，后被告人曹毅持匕首将向焱某小轿车的右前后轮胎扎破。后斗殴双方逃离现场。

被告人李承科、曹毅对公诉机关指控其在本案中分别持杀猪刀、匕首挥舞斗殴，且曹毅持匕首刺破向焱某小轿车轮胎的事实不持异议。但二被告人均辩解其不构成聚众斗殴罪。

【案件焦点】

被告人李承科和曹毅是否构成聚众斗殴罪。

【法院裁判要旨】

湖南省常德市澧县人民法院经审理认为：被告人李承科、曹毅伙同他人，持械聚众斗殴，其行为已构成聚众斗殴罪，应依法惩处。公诉机关指控二被告人聚众斗殴罪罪名成立。但指控二被告人犯寻衅滋事罪罪名不当。其理由如下：本案犯罪是一个连续行为，二被告人及同伙的犯罪行为一直处于继续发展过程中，寻衅滋事行为是聚众斗殴行为的必经阶段，二行为密不可分，应重罪吸收轻罪以一罪论处，不宜数罪并罚。本案系共同犯罪，在共同犯罪中，被告人李承科、曹毅起次要作用，均系从犯，依法应当从轻、减轻或者免除处罚；二被告人归案后均对其在本案中各自的行为予以供述，二被告人对其不构成聚众斗殴罪的辩解，不影响如实供述犯罪事实，认罪态度尚好的认定；被告人曹毅犯罪后主动投案，系自首，可依法从轻或者减轻处罚；被告人李承科如实供述可依法从轻处罚；被告人曹毅有犯罪前科，应酌情从重；对二被告人不构成聚众斗殴罪的辩解，虽本案没有明显的预谋、邀约，但本案形成聚众斗殴的事实，被告人曹毅在本案犯罪过程中虽有劝解、阻止事态发展的行为，但被告人曹毅和李承科在本案中均有持械参与斗殴的行为，认定其行为构成聚众斗殴罪证据确凿，因此，对二被告人不构成聚众斗殴罪的辩解本院不予采信。根据本案犯罪事实、情节、危害后果，结合二被告人在本案中的地位、作用及悔罪态度，依法决定对二被告人从轻处罚。据此，依照《中华人民共和国刑法》第二百九十二条第一款第四项、第二十五条第一款、第二十七条、第六十七条第一款及第三款之规定，作出如下判决：

一、被告人李承科犯聚众斗殴罪，判处有期徒刑三年；

二、被告人曹毅犯聚众斗殴罪，判处有期徒刑三年。

【法官后语】

聚众斗殴罪和寻衅滋事罪均为1979年《刑法》第一百六十条流氓罪分解出来的罪名，两者侵犯的客体都是社会公共秩序，两罪亦是司法实践中经常出现的罪名。但对于两罪的区分，实践中，司法者有不同的认识，容易造成混淆，出现同案不同判的情形，需要对其作出区分。《刑法》关于聚众斗殴罪和寻衅滋事罪的规定在第二百九十二条和第二百九十三条。关于聚众斗殴罪采取简单罪状的方式进行规定，这也是导致聚众斗殴和寻衅滋事罪易混淆的原因之一。从文义解释来看，聚众斗殴应满足聚众行为和斗殴行为两个要求，聚众行为中三人以上才为“众”。据此，聚众斗殴罪和寻衅滋事罪主要从以下几个方面区分：

1. 从犯罪主体方面来看，构成聚众斗殴罪必须有聚众方，纠集的人数必须达到三人以上，其犯罪主体仅限于首要分子和积极参加者；而寻衅滋事罪不需要聚众，只要单个人实施了《刑法》所规定的寻衅滋事行为，即可以构成此罪。

2. 从犯罪主观方面来看，聚众斗殴罪大多存在着斗殴争霸或报复他人等故意，往往针对特定对象实施行为，行为人对聚众斗殴犯罪的发生在心理上是有准备的，是能够预见的；而寻衅滋事罪的作案动机不明确，更不针对特定对象，行为人对寻衅滋事犯罪的发生心理上无准备，是随意的、突发的。

3. 从犯罪客观方面来看，聚众斗殴行为必须有聚众行为和斗殴行为。聚众既可包括预谋的纠集行为，也可包括临时的纠集行为，斗殴表现为殴打、攻击；而寻衅滋事行为不以聚众为要件，且表现形式多样，不仅有随意殴打他人，还有追逐、拦截、辱骂他人，强拿硬要、毁损、占用公私财物，起哄闹事等表现形式。

4. 从犯罪客体方面来看，两罪虽然侵犯的客体都是社会公共秩序，但是一般来说，聚众斗殴罪的主观恶性更大，且造成的危害后果更为严重，社会危害性也更大。

本案中，从犯罪主体方面，无论是被告人一方还是对方参与人员均在三人以上；从犯罪主客观方面，被告人一方与对方之前就因事发生口角和争执，甚至有殴打的行为，两方人员对聚众斗殴犯罪的发生在心理上都是有准备和有目标的。被告人李承科在张某的带领下来到丙烧烤店，明知将发生聚众斗殴行为，仍积极参与，并持刀与对方斗殴。被告人曹毅在本案犯罪过程中虽有劝解、阻止事态发展的行为，但其赶到现场后，很快地参与到了聚众斗殴行为中来，并持匕首与史某揪扭，其主观故意也是明显的。二被告人作为积极参与者，持械在公共场所聚众斗殴，造成严重后果，扰乱了公共秩序，故本案二被告人均符合聚众斗殴的犯罪构成要件，应以聚众斗殴罪定罪。

编写人：湖南省常德市澧县人民法院　谭灿

11

单方聚众斗殴的行为也可以构成聚众斗殴罪

——张夏某等聚众斗殴案

【案件基本信息】

1. 裁判书字号

福建省福州市闽清县人民法院（2017）闽0124刑初156号刑事判决书

2. 案由：聚众斗殴罪

【基本案情】

2015年10月31日，被告人张夏某、余广某、朱鸿某、毛敏某及高绍某五人经协商合股成立一个“黑的”车队，成立之初由三部私家轿车与两部甲公司出租车组成。在甲公司出租车合约到期后该车队股东又集资购买了两部私家车，并聘请他人及随带车辆投入运营。该车队的运营模式为每部私家车由车主自行维修保养，合股购买车辆由使用车辆人员负责维修保养，每日运营所收票款定期统一平均分配给每个股东。截至2017年2月，该车队已拥有7部私家车。

在运营车队过程中，该车队五名股东因猜疑有人侵吞售票款项而产生嫌隙，后分为张夏某、高绍某两人与余广某、朱鸿某、毛敏某三人相互对立的两方。2017年2月19日，双方约定分家运营，但是运营的线路及候车地点不变。双方在分家后因客源等问题发生过多次摩擦，2017年3月11日9时，毛敏某在东桥镇政府门前因揽客问题与黄昌某（被告人张夏某所雇用驾驶员）发生冲突，后黄昌某打电话告诉被告人张夏某事情经过。被告人张夏某闻讯后就纠集了张道某（另案处理）、林守某、黄春某、曾其某等人在镇政府门前等候毛敏某，意图教训毛敏某。当日12时许，被告人毛敏某从福州回来后，在东桥镇政府门前遭到被告人张夏某等五人的围殴，被告人毛敏某之后有持火钳还击。被告人毛敏某被打后电话通知被告人余广某与朱鸿某回来，意图报复。当日14时30分许，被告人毛敏某与从福州赶回的余广某、朱鸿某一起在东桥镇街头寻找殴打他的张夏某等五人，后在东桥镇街头一五金店门前遇到黄春某与林守某，并殴打了黄春某与林守某，后黄春某与林守某逃离现场，此时张道某也被毛敏某等人发现并被毛敏某等人追赶。后张道某跑至位于闽清县东桥镇义由新村舅舅谢学某的家中躲藏并电话联系父亲张夏某，当日14时45分许，被告人张夏某从家中前往义由新村接张道某、谢学某（另案处理）返回街上寻找毛敏某等人，后在闽清县东桥镇政府门前与余广某、毛敏某、朱鸿某三人相遇，被告人张夏某一方三人持柴刀、菜刀、伸缩棍等器械，被告人毛敏某一方三人持棍棒等器械，双方在镇政府附近的三叉路口处相互斗殴。经福州市公安局物证鉴定所临床法医学检验鉴定，毛敏某属轻微伤；黄春某属轻伤二级；谢学某属轻伤二级。

当日，被告人张夏某向闽清县东桥派出所报案，并前往东桥派出所接受询问。2017年3月12日，被告人林守某、黄春某、张道某、曾其某前往东桥派出所接受询问；2017年3月13日，被告人余广某、朱鸿某前往东桥派出所接受询问；2017年3月17日，被告人张夏某、黄春某、曾其某再次前往东桥派出所接受询问；2017年3月18日，被告人林守某、张道某、余广某、朱鸿某再次前往东桥派出所接受询问；2017年3月21日，被告人毛敏某前往东桥派出所接受询问。被告人张夏某、张道某、曾其某、林守某、黄春某、毛敏某、朱鸿某、余广某等人在以上时间段接受询问时均未被闽清县公安局采取强制措施。2017年3月22日，被告人张夏某、张道某、曾其某、林守某、黄春某、毛敏某、朱鸿某、余广某等人接到民警通知，前往东桥派出所接受调解，后在东桥派出所被抓获。

2017年7月14日，参与斗殴的双方人员被告人张夏某、张道某、曾其某、林守某、黄春某与被告人毛敏某、朱鸿某、余广某相互达成谅解；谢学某也对被告人张夏某、张道某、曾其某、林守某、黄春某、毛敏某、朱鸿某、余广某八人的行为表示谅解。

【案件焦点】

本案被告人张夏某等五人于2017年3月11日12时许围攻被告人毛敏某一人的行为是否构成聚众斗殴。

【法院裁判要旨】

福建省福州市闽清县人民法院经审理认为：被告人张夏某、毛敏某纠集多人结伙进行持械斗殴，在聚众斗殴中起策划、组织作用，属首要分子；被告人曾其某、黄春某、林守某、余广某、朱鸿某在他人的纠集下结伙进行斗殴，其中被告人余广某、朱鸿某持械参与斗殴，均属于积极参加者。七名被告人的行为均构成聚众斗殴罪。公诉机关指控的罪名成立。被告人张夏某、曾其某、黄春某、林守某、毛敏某、余广某、朱鸿某案发后能主动投案，并如实供述自己的犯罪事实，系自首，依法可以从轻或减轻处罚；被告人张夏某、曾其某、黄春某、林守某、毛敏某、余广某、朱鸿某互相取得了对方的谅解，可酌情从轻处罚。根据《中华人民共和国刑法》第二百九十二条第一款、第二十五条第一款、第六十四条、第六十七条第一款之规定，判决如下：

一、被告人张夏某犯聚众斗殴罪，判处有期徒刑二年八个月；

二、被告人毛敏某犯聚众斗殴罪，判处有期徒刑二年六个月；

三、被告人朱鸿某犯聚众斗殴罪，判处有期徒刑二年三个月；

四、被告人余广某犯聚众斗殴罪，判处有期徒刑二年二个月；

五、被告人曾其某犯聚众斗殴罪，判处有期徒刑九个月；

六、被告人黄春某犯聚众斗殴罪，判处有期徒刑九个月；

七、被告人林守某犯聚众斗殴罪，判处有期徒刑九个月；

八、扣押在案的柴刀一把予以没收，由扣押机关闽清县公安局上缴国库。

【法官后语】

关于本案被告人张夏某等五人于2017年3月11日12时许围攻被告人毛敏某一人的行为是否构成聚众斗殴的问题。聚众斗殴罪，是指为了称霸一方、报复他人或者其他不正当的目的，纠集他人成帮结伙地互相进行斗殴、破坏公共秩序的行为。该罪在客观方面具有复合性，一是聚众，即必须人数在三人以上，成立必要的共犯关系；二是斗殴，即直接或间接地参与暴力形式的互相搏斗的行为。我国刑法并未明确限定聚众斗殴必须是双方人数均达三人以上，如果斗殴双方都出于泄愤报复或者争夺地盘、市场等需求，且行为指向对方势力中的成员，那么，即使一方人数只有二人或一人，对聚众方的首要分子与积极参加者，也构成聚众斗殴罪。本案中的被告人张夏某与毛敏某之前因争夺闽清东桥的“黑的”市场摩擦不断，发生于2017年3月11日12时许的斗殴，也是因为被告人张夏某一方的人员与毛敏某因客源问题产生矛盾，被告人张夏某纠集多人报复毛敏某所致，毛敏某在被张夏某一方五人围攻后，并未伺机离开，而是持火钳反击，主观上也具备了斗殴的故意，故被告人张夏某一方五人虽为聚众的单方，但其客观上实施了聚众斗殴的行为，主观上具有为泄愤报复而聚众斗殴的故意，其行为不仅侵害了他人的人身权利，还破坏了公共秩序，同时相对方在主观上也具备了斗殴的故意，故发生于2017年3月11日12时许的斗殴应以聚众斗殴罪予以定性。

编写人：福建省福州市闽清县人民法院　黄勤鑫

12

持械聚众斗殴罪中未持械者刑事责任的认定

——李甲、李乙聚众斗殴案

【案件基本信息】

1. 裁判书字号

北京市丰台区人民法院（2017）京0106刑初625号刑事判决书

2. 案由：聚众斗殴罪

【基本案情】

2016年9月29日，张某（在逃）与高某在北京市大兴区甲购物中心工作时因争抢顾客发生口角冲突。2016年9月30日，被告人李甲受张某纠集，其又纠集被告人李乙、“小某”（在逃）前往张某工作的商场与韩某（高某的男友）进行理论，因此与韩某、郑某（均另案处理）等人发生矛盾，被告人李乙约韩某一方去北京市丰台区新发地市场强农门门口斗殴。当晚22时30分许，被告人李甲、被告人李乙、“小某”纠集的十余人与韩某、郑某纠集的十余人在新发地市场强农门门口斗殴，李甲一方持械将对方的韩某、程某、张某打伤。经法医鉴定，韩某、程某的身体损伤程度属轻微伤。案发后，被告人李甲、李乙等人逃离现场，二被告人于2016年12月8日向北京市丰台区新发地派出所投案。

【案件焦点】

聚众斗殴中，被告人李乙一方多人持械参与聚众斗殴，而李乙本人未持械，是否应对其按照“持械聚众斗殴”定罪处罚。

【法院裁判要旨】

北京市丰台区人民法院经审理认为，被告人李甲持械斗殴，并致多人受伤，构成聚众斗殴罪，被告人李乙称自己并没有持械的辩解意见及其辩护人认为本案不应认定“持械”聚众斗殴的辩护意见，经查，虽在案证据不足以认定李乙在斗殴过程中有持械行为，但在案证据可以证实被告人李乙是本次聚众斗殴的直接提议者，主动向对方“约架”，确定斗殴地点，之后前往“约架”地点积极参与斗殴，其在本起犯罪中起到组织、策划作用，系首要分子，在本次犯罪中起主要作用，是主犯，应对全部犯罪承担刑事责任，故对上述辩护意见不予采纳；其辩护人认为李乙系从犯的意见，亦与事实不符，不予采纳。鉴于被告人李乙自动投案，到案后能如实供述主要犯罪事实，有自首情节，认罪态度较好，积极赔偿对方伤者的经济损失，依法对被告人李乙减轻处罚；辩护人对此提出的意见，予以采纳。辩护人建议对被告人李乙适用缓刑的意见，不予采纳。

北京市丰台区人民法院依照《中华人民共和国刑法》第二百九十二条第一款第四项、第二十五条第一款、第二十六条第一款、第九十七条、第六十一条之规定，对被告人李乙依照《中华人民共和国刑法》第二百九十二条第一款第四项、第二十五条第一款、第二十六条第一款、第九十七条、第六十七条第一款、第六十三条第一款、第六十一条，作出如下判决：

一、李甲犯聚众斗殴罪，判处有期徒刑三年；

二、李乙犯聚众斗殴罪，判处有期徒刑二年。

【法官后语】

我国《刑法》第二百九十二条第一款规定，聚众斗殴的，对首要分子和其他积极参加的，处三年以下有期徒刑、拘役或者管制，持械聚众斗殴的，对首要分子和其他积极参加的，处三年以上十年以下有期徒刑。持械聚众斗殴是法定刑升格的情形之一，其属于聚众斗殴罪加重的犯罪构成。

实践中，聚众斗殴罪中经常出现的一种情况是，有部分人员持械，而部分人员未持械，在对未持械人员是否适用升格的法定刑问题上往往存在争议，这也是本案的争议焦点之一。有观点认为，对未持械聚众斗殴的人员，一律应当适用三年以下有期徒刑、拘役或者管制；也有观点认为，根据共同犯罪的处罚原则，对未持械聚众斗殴人员应同样适用升格的法定刑，只不过可以适当从轻处罚。笔者认为，对此应当根据不同的情况区别对待，不应一概而论。而其中主要应当考察持械聚众斗殴这种加重犯罪构成的主观方面，即未持械人员对于他人的持械行为是处于何种主观状态。由于聚众斗殴罪中的首要分子和积极参加者内部之间是典型的共同犯罪关系，故应着重考察未持械人员与持械人员是否具备持械的共同故意。按照共同犯罪意思联络形成的时间先后，共同犯罪可分为事前有通谋的共同犯罪和事前无通谋、事中通谋的共同犯罪。因此，明确未持械人员与持械人员对持械行为是否形成通谋以及形成通谋的时间是认定未持械人员是否适用升格的法定刑的关键因素。

笔者认为，未持械人员对于持械行为事前有通谋的，或者虽事前无通谋，但对于持械人员事中的持械行为明知且积极参与并配合的，应当适用升格的法定刑。这是因为，一方面，根据共同犯罪“部分行为、全部责任”的处罚原则，二者对持械已经形成了共同犯意，对未持械人员适用升格的法定刑是毫无疑问的；另一方面，根据主客观相一致的原则，未持械人员明知他人持械聚众斗殴而积极参与，体现了其对于持械行为及可能造成的犯罪后果是持积极追求或者完全放任的心理态度的，意味着其主观恶性的加深，且持械的行为是未持械者的强力后盾，使得己方斗殴的威慑力和攻击力增强，己方在斗殴中由此获得更为有利的地位，两者相互借势，积极推动犯罪结果的发生，行为的侵害程度和现实危险性得到进一步提升。

下面笔者根据部分人员持械的聚众斗殴罪在实践中的不同情形，进行具体分析。

1. 未持械者与持械者就持械行为进行事前通谋后实行聚众斗殴，对未持械者当然应当认定为是持械聚众斗殴。该情形下，参与斗殴者一般会进行内部分工以达到相互配合的效果，未持械者对于持械行为及可能造成的伤害后果均有明确认知，甚至追求伤害后果的发生，主观恶性较大。

2. 未持械者事前明知己方有人持械而未加阻止并继续参与聚众斗殴，对未持械者应认定为持械聚众斗殴。该情形下，未持械者与持械者对持械行为虽未进行言语上的意思联络，但实际上未持械者已经在斗殴过程中以自己积极参加的行为和持械者完成了主观上的意思联络，两者在客观行为上相互配合共同完成犯罪。

3. 对于持械行为无事前通谋，部分人员私自携带器械或者在斗殴前、斗殴现场或斗殴过程中临时起意“就地取材”找到器械并使用，在该情形下需要考虑持械者是否构成实行过限。实际上，在共同犯罪中，共同犯罪人对他人的实行过限行为是负有阻止义务的。若未持械者对此明知且未加阻止并积极参与的，对未持械者当然应认定为持械聚众斗殴。相反地，若未持械者虽积极参与斗殴但对此不明知，亦无相互配合的客观行为，对未持械者不应认定为持械聚众斗殴。此时持械是持械者的个人行为，超出了共同犯罪的故意，不能要求未持械者对此承担责任。但由于聚众斗殴罪现场的混乱性和行为的复杂性，未持械者在斗殴过程中往往无暇他顾，对于他人是否持械甚至何时开始持械可能未必知情，若无监控录像和目击证人，对该情节的认定只能凭借其本人供述，具有极大的不确定性，在司法认定上存在一定难度。

我国《刑法》对持械聚众斗殴的量刑幅度较大，可以说对于未持械者和持械者刑罚适用的问题，有足够的量刑空间可供司法者裁量，即使对二者均适用升格的法定刑，也可以做到区别对待、罚当其罪。总之，对未持械者适用升格的法定刑并不违反责任主义，反而更能够实现对未持械者人身危险性和社会危害性的综合评价。

综上所述，聚众斗殴罪中对持械行为的责任认定，必须坚持主客观相一致的原则和共同犯罪的原理，不能简单归罪，应当严格掌握，结合个案、针对案情具体分析，关键是考察未持械者对于持械行为是否主观明知，客观上是否有默认或者配合的行为，做到罪刑相适应、不枉不纵。

编写人：北京市丰台区人民法院　李洋　胡洋

13

临时起意打砸公私财物的定性

——黄继某寻衅滋事案

【案件基本信息】

1. 裁判书字号

广西壮族自治区桂平市人民法院（2017）桂0881刑初226号刑事判决书

2. 案由：寻衅滋事罪

【基本案情】

2016年12月26日凌晨2时许，被告人黄继某和朋友在桂平城区甲酒吧喝酒。其间，被告人黄继某等人与他人因琐事发生冲突。随后，被告人黄继某打电话将事情经过向他人诉说。十多分钟后，“柳州五”（在逃、另处理）等十多名男子手持竹棍来到甲酒吧，欲帮助被告人黄继某教训与其发生冲突的人。被告人黄继某便伙同“柳州五”等人手持竹棍冲进甲酒吧去找人，甲酒吧的保安见状后，遂关上大门阻止被告人黄继某等进入，被告人黄继某等遂用竹棍砸打甲酒吧门口的玻璃，并冲入酒吧内砸打酒吧的吊灯、台灯、液晶显示器、2扇前大门、2扇后大门、2个电脑灯、刷卡POS机及一大批玻璃器皿、酒吧餐具，之后逃离现场。经鉴定，甲酒吧当晚被毁坏的财物总价值为人民币27165元。

【案件焦点】

被告人黄继某行为的定性问题。

【法院裁判要旨】

广西壮族自治区桂平市人民法院经审理认为：被告人黄继某伙同他人在公共场所任意损毁他人财物，情节严重，其行为均已触犯刑律，构成寻衅滋事罪，应当以寻衅滋事罪对被告人黄继某定罪处罚。对公诉机关以故意毁坏财物罪对被告人黄继某提起公诉，予以纠正。被告人黄继某如实供述自己的犯罪事实，依法可以从轻处罚。被告人黄继某的家属代其赔偿了经济损失给甲酒吧，可酌情从轻处罚。

综上，广西壮族自治区桂平市人民法院依照《中华人民共和国刑法》第二百九十三条、第六十七条第三款、第四十七条、第六十一条之规定，判决如下：

被告人黄继某犯寻衅滋事罪，判处有期徒刑一年六个月。

【法官后语】

关于被告人黄继某行为的定性问题，公诉机关以故意毁坏财物罪对被告人提起公诉，但法院审理后认为被告人的行为构成寻衅滋事罪。

《刑法》第二百七十五条对故意毁坏财物罪的规定是“故意毁坏公私财物，数额较大或者有其他严重情节的……”。第二百九十三条对寻衅滋事罪列举了四类客观行为，其第三类为：“强拿硬要或者任意毁损、占有公私财物，情节严重的”。从以上法条可以看出，故意毁坏财物罪与寻衅滋事罪在法定情节中存在一定的竞合，而且在法条中对两罪客观方面的描述也大致相同。因此，要从行为人的主观方面、客观行为方面、犯罪客体方面对两罪进行区别：

1. 主观方面，故意毁坏财物罪主要指明知自己的行为会对他人财物构成损坏，却希望或放任这种结果发生的行为，且是对特定所有人的财物进行毁坏，即事出有因；寻衅滋事罪中任意毁损公私财物是一种随意性的行为，在主观上是直接故意，即明知自己的行为会发生破坏社会秩序的危害结果，并且希望这种结果发生，其动机就是为了满足耍威风、泄愤、取乐等不正常的精神刺激或其他不健康的心理需要。即在主观方面，寻衅滋事罪的行为人具有“流氓动机”，并在此动机的支配下实施了寻衅滋事的行为，已达到满足精神空虚的目的。从本案来看，被告人黄继某召集人员的目的是想教训之前与其在酒吧内发生争执的人，主观上没有打砸酒吧物品的故意，其是在冲进酒吧时遭到酒吧保安阻拦，以及进入酒吧找不到人后，从而打砸酒吧物品泄愤，无事生非，主观上具有随意性，事先并没有经过商量和准备。因此，被告人黄继某没有故意毁坏财物的动机和目的。

2. 客观行为方面，故意毁坏财物的对象一般是特定的，即认识的或是有过节的人，且在实施毁坏行为之前有一个准备、谋划的过程，行为人的手段能够体现出其具有毁坏财物的故意；而寻衅滋事毁坏的财物是比较随意的，行为发生也是临时起意的，行为人所采用的手段、物品、财物毁损程度是没有明显针对性的。具体到本案，被告人黄继某在被保安阻拦、找不到人后，迁怒酒吧，临时起意打砸酒吧内的物品进行发泄，且打砸对象是不特定的吊灯、台灯、显示器、大门等物品，故被告人在客观行为方面是符合寻衅滋事罪的。

3. 犯罪客观方面，故意毁坏财物罪被规定在《刑法》分则第五章“侵犯财产罪”之中，保护的客体是公私财产权这一法益；而寻衅滋事罪被规定在《刑法》分则第六章“扰乱社会管理秩序罪”之中，侧重于保护公共秩序这一公共法益，同时也保护具体法益，即寻衅滋事罪侵犯的客体是复杂客体。从本案来看，被告人黄继某打砸酒吧的行为，既扰乱了酒吧的正常经营秩序，也侵害了酒吧的财产权，即被告人同时侵犯了公共秩序与公私财物两个法益。

综上，该案的发生是被告人黄继某无事生非，迁怒他人，临时起意打砸酒吧物品泄愤，侵害了公共秩序与酒吧财产权益，更符合寻衅滋事罪的构成要件，应以寻衅滋事罪追究其刑事责任。

编写人：广西壮族自治区桂平市人民法院　程君

14

借故生非随意殴打他人致人轻伤应如何定性

——洪春某等寻衅滋事案

【案件基本信息】

1. 裁判书字号

福建省厦门市同安区人民法院（2017）闽0212刑初525号刑事判决书

2. 案由：寻衅滋事罪

【基本案情】

被告人洪春某两年前与被害人陈小某因喝酒产生矛盾。2017年2月1日，被告人洪春某纠集被告人代昌某、李世某、张信某与秦某欲殴打陈小某，并允诺给人民币5000元的好处费。次日凌晨，被告人洪春某等人准备了水管焊刀、帽子等物，开车到陈小某经常出入的厦门市同安区大同街道顶溪头村的甲酒吧，持水管焊刀到该酒吧二楼找到陈小某后砍伤陈小某。经法医鉴定：陈小某右膝开放性创伤致髌骨骨折，断端分离移位，右交叉韧带部分断裂，现伤后四个月余，其右膝关节功能活动部分受限，经计算，功能丧失达30%，损伤程度系轻伤一级。

2017年2月16日，被告人洪春某、代昌某、李世某、张信某被公安机关抓获，归案后均如实供述上述犯罪事实。

【案件焦点】

被告人的行为构成寻衅滋事罪还是故意伤害罪。

【法院裁判要旨】

福建省厦门市同安区人民法院经审理认为：被告人洪春某、代昌某、李世某、张信某持械随意殴打他人致一人轻伤一级，破坏社会秩序，情节恶劣，四名被告人的行为均已构成寻衅滋事罪，系共同犯罪。公诉机关指控的罪名成立。

关于被告人洪春某的辩护人提出本案的行为性质应认定为构成故意伤害罪的辩护意见。经查，被告人洪春某等人因日常生活中的偶发矛盾纠纷，借故生非，随意殴打他人，其行为应当认定为寻衅滋事。辩护人提出的该辩护意见，理由依据不足，法院不予采纳。

被告人李世某曾因故意犯罪被判处有期徒刑，刑满释放后五年内又故意犯应当判处有期徒刑以上刑罚之罪，系累犯，依法应当从重处罚；被告人洪春某有犯罪前科，可酌情从重处罚；被告人代昌某、李世某、张信某系在被告人洪春某纠集下参与犯罪，作用相对于被告人洪春某较轻，可酌情从轻处罚；四名被告人如实供述自己的罪行，当庭自愿认罪，可酌情从轻处罚。被告人洪春某的辩护人提出的相关辩护意见，理由成立，予以采纳。

福建省厦门市同安区人民法院依照《中华人民共和国刑法》第二百九十三条第一款第一项、第二十五条第一款、第六十五条第一款、第六十七条第三款之规定，判决如下：

一、被告人洪春某犯寻衅滋事罪，判处有期徒刑一年八个月；

二、被告人代昌某犯寻衅滋事罪，判处有期徒刑一年四个月；

三、被告人李世某犯寻衅滋事罪，判处有期徒刑一年八个月；

四、被告人张信某犯寻衅滋事罪，判处有期徒刑一年四个月。

【法官后语】

该案焦点系因日常纠纷随意殴打他人的行为的定性问题。被告人洪春某的辩护人提出本案应认定为构成故意伤害罪，而非寻衅滋事罪。根据《刑法》第二百九十三条之规定，寻衅滋事罪的法定情形之一即表现为随意殴打他人。虽然殴打他人本质上也是一种伤害行为，但作为寻衅滋事罪客观表现之一的“随意殴打他人”与故意伤害罪中的伤害行为还是有显著区别的。主要在于：因寻衅滋事而随意殴打他人的，行为人的动机在于发泄或满足其不良情绪，其特点表现为在殴打他人的起因上、殴打对象上、殴打手段上均具有相当的“随意”性。殴打起因上的随意性是指行为人为寻求精神刺激，无事生非，毫无理由或者以微不足道的琐事、不能成立的理由为借口，挑起事端，殴打他人。殴打对象上的随意性反映了行为殴打他人就是为了取乐、发泄或者谁妨碍了他耍威风就殴打谁，寻衅打人的对象具有不特定性。殴打手段、方式的随意性是指殴打他人具有突发性，选择的殴打手段、器物、打击部位和力量因时因事因人“随心所欲”。但一般情况下，行为人不具有伤害他人至何种程度的明确故意。故意伤害罪在于行为人一般有直接明确的伤害故意和目的，伤害他人的起因、对象一般都具有特定性。

从《刑法》对寻衅滋事罪、故意伤害罪二罪的法定刑配置角度来看，寻衅滋事罪的法定刑为五年以下有期徒刑、拘役或者管制；故意伤害罪致人轻伤的，处三年以下有期徒刑、拘役或管制。通过刑罚的这一配置可以看出，对寻衅滋事“随意殴打他人”致人轻伤的刑罚，已经涵盖在寻衅滋事的法定刑之中，以寻衅滋事罪论处，不会轻纵被告人。

本案中，被告人洪春某在案发两年前与被害人陈小某因喝酒产生矛盾，当时被告人与被害人仅在喝酒时产生口角纠纷。两年后被告人洪春某以这一微不足道的琐事为借口，挑起事端，纠集他人殴打被害人，殴打的起因具有随意性；被告人殴打被害人是因为看被害人“不爽”，发泄情绪、耍威风，寻衅打人的对象具有不特定性；被告人洪春某纠集他人持械殴打被害人并口头交代“教训教训”，可见四被告人并没有明确的打击部位及殴打程度。综上分析，本案四名被告人因生活琐事，持械随意殴打他人致一人轻伤一级，四名被告人的行为应被认定为寻衅滋事罪，而非故意伤害罪。

编写人：福建省厦门市同安区人民法院　庄磊　吴绍伟

15

强拿硬要型寻衅滋事罪和抢劫罪的认定边界

——杨某寻衅滋事案

【案件基本信息】

1. 裁判书字号

福建省厦门市同安区人民法院（2017）闽0212刑初490号刑事判决书

2. 案由：寻衅滋事罪

【基本案情】

2017年5月11日16时至16时30分许，被告人杨某酒后到厦门市同安区新民镇乌涂村多家店面，徒手殴打店内人员并强行拿走现金共计2079元。具体事实分述如下：

1. 2017年5月11日16时许，被告人杨某到厦门市同安区新民镇乌涂村下埔里××号甲便利店内，徒手殴打被害人江某某、邵某某，后见被害人邵某某报警遂逃离。

2. 2017年5月11日16时15分许，被告人杨某到厦门市同安区新民镇乌涂村乌涂商业街乙鞋店（工商登记名称：厦门市同安区乙鞋店，经营者：龚某某）内，徒手殴打被害人魏某、文某并强行拿走收银台内现金1179元后逃离。

3. 2017年5月11日16时20分许，被告人杨某到厦门市同安区新民镇乌涂村下埔里丙小吃店内，徒手殴打被害人鄢某某、沈某某并强行拿走两人身上现金850元、50元。

4. 2017年5月11日16时30分许，被告人杨某到厦门市同安区新民镇乌涂村乌涂商业街被害人付某某经营的丁便利店内，徒手殴打被害人付某某、吴某某头部并强行拉开店内抽屉欲拿走钱财，因抽屉内没钱未果，后店外多名男子聚集过来，被告人杨某见状遂往厦门市同安区新民镇乌涂村戊医院方向逃离。同日16时许，被告人杨某在厦门市同安区新民镇乌涂村戊医院附近被民警抓获归案，并被追缴上述被抢现金。

【案件焦点】

强拿硬要型寻衅滋事罪和抢劫罪的认定边界。

【法院裁判要旨】

福建省厦门市同安区人民法院经审理认为：被告人杨某强拿硬要他人财物现金2079元，情节严重，其行为已构成寻衅滋事罪，公诉机关指控的罪名成立。被告人杨某有犯罪前科，可酌情从重处罚。依照《中华人民共和国刑法》第二百九十三条第一款第三项、第六十四条之规定，判决如下：

一、被告人杨某犯寻衅滋事罪，判处有期徒刑一年八个月；

二、随案移送的赃款人民币2079元分别退赔给各被害人，其中向被害人龚某某退赔人民币1179元，向被害人鄢某某退赔人民币850元，向被害人沈某某退赔人民币50元。

【法官后语】

本案的焦点在于被告人在公共场所使用暴力非法占有公私财物的行为，是属于抢劫罪的抢劫行为还是寻衅滋事罪中的“强拿硬要”的行为。这涉及两个问题：一是行为人的暴力程度如何。抢劫罪的行为人表现为对财物所有人使用暴力、胁迫等手段，暴力程度较大，使得被害人身体受到限制，不能反抗或不敢反抗，当场将财物抢走或强迫交出财物；而强拿硬要型寻衅滋事罪中行为人暴力程度上较轻微，不足以使被害人不敢反抗或者不能反抗，多表现为无事生非、强拿硬要等行为而造成公共场所秩序的混乱。二是行为人主观上的侵财目的是否明确。抢劫罪和强拿硬要型寻衅滋事罪两罪都表现为非法占有公私财物，但从主观上来看，前者行为人一般具有明确的侵财目的，一般会选择隐蔽场所或者夜深时刻，以便能够迅速达到侵财目的并及时逃离现场；而寻衅滋事罪行为人，主观上没有明确的侵财目的，有的则故意选择在公共场所当众作案或者选择在同一区域先后多次作案，其目的大多是为博人眼球、炫耀武力、逞强耍横并引起公众的混乱从而寻求精神上的刺激。

现在校园暴力、街头恶霸等轻微暴力取财的现象频发，针对这一类使用轻微暴力的行为，行为人的主观恶性、作案手段、犯罪后果都要与他应承担的刑事责任相对应，若是直接认定为抢劫罪，量刑上就会出现偏重。结合本案的实际情况，被告人杨某醉酒后在同一个时间段同一区域内，先后进入四家店铺徒手殴打店内人员并抢走现金，被告人强拿硬要的行为有一定的强制性，但多名被害人的身体并未受到限制并且有能力反抗，显然被告人的行为尚未达到抢劫罪中手段行为的强度，其行为的本质就是公然扰乱社会秩序。另外，本案中的四起事件先后发生在16时至16时30分，强拿硬要他人财物现金共计2079元，被告人故意选择在白天时、在繁华区域实施非法占有公私财物的行为，其主观目的并非侵财而是是以强拿硬要、任意占有公私财物的行为造成公共场所混乱，以满足自己精神刺激、逞强耍横的需求。因此，被告人的行为应以《刑法》二百九十三条第一款第三项寻衅滋事罪定性量刑，更能体现罪刑相适应的刑法原则。

编写人：福建省厦门市同安区人民法院　杨明洁　郭咏倩

16

利用信息网络辱骂、恐吓他人行为的定性

——翟某某寻衅滋事案

【案件基本信息】

1. 裁判书字号

河北省唐山市丰润区人民法院（2017）冀0208刑初270号刑事判决书

2. 案由：寻衅滋事罪

【基本案情】

2013年，被告人翟某某与被害人王某某通过网络相识后发展为情人关系。2016年2月，王某某因故与被告人翟某某分手，翟某某因此心怀不满。2016年5月4日、5月25日、5月28日、5月29日、5月30日，被告人翟某某将王某某及其家人的私密照片编辑上侮辱、辱骂性文字，后发送至其用户名为“×××闫某某我当王八我怕啥”的微信朋友（该圈朋友共有119位联系人）。经查，被告人翟某某共

发送不雅照片95张、视频1条（时常约7秒）。

2016年3、4月份，被告人翟某某将王某某所唱歌曲、自己与闫某某等人的电话录音作为背景音乐，把王某某及其家人的私密照片制作成动态相册，并在该动态相册画面中编辑上侮辱、辱骂性文字制作成15首单曲后，被告人翟某某将上述单曲全部上传至其用户名为“×××闫某某我就爱当王八”的“全民K歌”中。截至2016年12月5日，全部单曲在“全民K歌”中共被点击播放12967次。2015年腊月，被告人翟某某多次到王某某家闹事，且在2016年2月7日（农历春节），翟某某在王某某娘家的前后门分别摆放花圈并烧纸。被告人翟某某的上述行为，严重影响了王某某一家的生活，导致王某某一家搬离居住地、孩子转学。

【案件焦点】

利用信息网络辱骂、恐吓他人，情节恶劣、后果严重时，应如何定性。

【法院裁判要旨】

河北省唐山市丰润区人民法院经审理认为：被告人翟某某利用信息网络辱骂、恐吓他人，情节恶劣，事实清楚，证据充分，其行为已构成寻衅滋事罪，公诉机关的指控成立。被告人自愿认罪，可以酌情从轻处罚。为维护社会秩序，保护公民的人身权利不受侵犯，惩治犯罪，依照《中华人民共和国刑法》第二百九十三条第一款第二项、第六十一条、第六十七条第三款、《最高人民法院、最高人民检察院关于办理利用信息网络实施诽谤等刑事案件适用法律若干问题的解释》第五条第一款之规定，判决如下：

被告人翟某某犯寻衅滋事罪，判处有期徒刑一年十个月。

【法官后语】

网络是人们沟通交流的重要方式，但也成为一些犯罪分子实施犯罪行为的工具。2013年9月《最高人民法院、最高人民检察院关于办理利用信息网络实施诽谤等刑事案件适用法律若干问题的解释》公布，其中明确规定了利用信息网络实施诽谤、寻衅滋事、敲诈勒索、非法经营犯罪的认定及处罚问题，对依法惩治该类犯罪提供了较为明确的司法解释。网络空间中寻衅滋事行为包括利用信息网络辱骂、恐吓他人的行为和编造虚假信息，或者明知是编造的虚假信息，在信息网络上散布，或者组织，指使人员在信息网络上散布、起哄闹事的行为，造成公共秩序严重混乱。

翟某某寻衅滋事案中，起初公安机关并未立案，而是告知被害人王某某向法院提起自诉，将翟某某的犯罪行为单纯定性为侮辱、诽谤罪，而非寻衅滋事罪，反映出了该司法解释在实践中存在的准确适用和对利用信息网络辱骂、恐吓他人行为的定性等问题。在本案中，翟某某实施了将王某某及其家人的私密照片编辑上侮辱、辱骂性文字发送至网络上以及编辑上侮辱、辱骂性文字制作成15首单曲全部上传至网络等一系列犯罪行为，造成王某某一家搬离居住地、孩子转学的严重后果，严重破坏了社会秩序，符合该司法解释第五条中“利用信息网络辱骂、恐吓他人，情节恶劣，破坏社会秩序”的规定，应依照《刑法》第二百九十三条第一款的规定，以寻衅滋事罪对翟某某进行处罚。翟某某利用信息网络辱骂特定的个人王某某，在一定程度上存在寻衅滋事罪与侮辱罪的竞合，但翟某某的侮辱行为已达到“情节恶劣，破坏社会秩序”的严重程度，应依照处罚较重的罪进行处罚，体现刑法罪刑相适应的基本原则。

随着信息技术的发展和社会的进步，网络空间已成为人们生活的“第二社会”，其具有强烈的社会公共属性，将网络空间解释为“公共场所”是刑法适用社会发展的必然趋势。正确认识网络空间中寻衅滋事的行为，涉及行为人罪与非罪的认定。因此，在司法实践中应结合案情正确把握，更好地践行刑法惩罚犯罪与保障人权的价值追求。

编写人：河北省唐山市丰润区人民法院　郭传宇

17

寻衅滋事并殴打出警警察的行为以一罪处罚还是需数罪并罚

——瞿某寻衅滋事、妨害公务案

【案件基本信息】

1. 裁判书字号

湖南省岳阳市云溪区人民法院（2017）湘0603刑初131号刑事判决书

2. 案由：寻衅滋事罪、妨害公务罪

【基本案情】

2017 年 7 月 7 日晚，被告人瞿某和其舅哥陈某及几个朋友在岳阳市云溪区长炼甲 KTV 唱歌。23 时许，已大量饮酒的瞿某出包厢在经过 KTV 机房时，误以为洗手间便踢门。在机房工作的 KTV 员工被害人陈甲听到踢门声后，出门劝阻瞿某，因瞿某不听劝阻并对其辱骂，便找到大堂经理被害人姬某反映情况。后姬某、陈甲找到陈某一同去劝在 168 包厢旁发脾气的瞿某。瞿某当即挥拳击打陈甲左眼，辱骂并多次扇陈甲耳光。姬某见状便打电话报警。瞿某见姬某打电话，认为她是在报警，便过去抓住姬某的头发从 KTV 大堂一直拖到 168 包厢旁，并持续拉扯姬某的头发。23 时 46 分许，岳阳市公安局云溪分局长岭派出所民警被害人蔡某和民警叶冬某、李某及两名协警均着装出警到现场，见瞿某抓扯姬某头发，便上前表明身份并多次要求瞿某松手。瞿某不从，蔡某等人欲强行将瞿某的手掰开。这时，瞿某突然松开抓着姬某头发的手，用力甩开抓他的民警和协警，对着蔡某头部、背部一顿殴打，并脚踢蔡某的左腿、屁股等部位。后瞿某被民警控制带至长岭派出所。

经鉴定：被害人蔡某、陈甲、姬某的伤情均系轻微伤。

【案件焦点】

寻衅滋事并殴打出警警察的行为是以寻衅滋事罪一罪处罚还是以寻衅滋事罪和妨害公务罪数罪并罚。

【法院裁判要旨】

湖南省岳阳市云溪区人民法院经审理认为：被告人瞿某以暴力方式阻碍国家机关工作人员依法执行职务，且致一人轻微伤，其行为已构成妨害公务罪；被告人瞿某随意殴打他人，致二人轻微伤，情节恶劣，其行为已构成寻衅滋事罪。关于辩护人提出被告人瞿某构成寻衅滋事罪，不构成妨害公务罪的辩护意见不予采纳。被告人瞿某一人犯数罪，应当数罪并罚。被告人瞿某到案后能如实供述其罪行，属坦白，依法可以从轻处罚；被告人瞿某已赔偿了被害人的经济损失，取得了被害人的谅解，可酌情从轻处罚；根据其犯罪情节、悔罪表现及社区评估调查意见，可对其适用缓刑。湖南省岳阳市云溪区人民法院依照《中华人民共和国刑法》第二百七十七条第一款及第五款、第二百九十三条第一款第一项、第六十九条、第六十七条第三款、第七十二条第一款、第七十三条第二款及第三款之规定，判决如下：

被告人瞿某犯妨害公务罪，判处有期徒刑一年；犯寻衅滋事罪，判处有期徒刑八个月；决定执行有期徒刑一年六个月，缓刑二年（缓刑考验期从判决确定之日起计算）。

宣判后，被告人瞿某未上诉，判决已发生效力。

【法官后语】

在审判过程中，对被告人瞿某的犯罪行为的认定存在两种观点。第一种观点认为，被告人瞿某的行为仅构成寻衅滋事罪。主要理由是：被告人瞿某酒后在KTV寻衅滋事，致二人轻微伤，由于酒后失态，对出警的警察实施殴打属于寻衅滋事的连续性行为，构成想象竞合成立数罪，在判决书中应当逐一列出行为所触犯的犯罪，仅按其中较重犯罪（即寻衅滋事罪）的法定刑进行处罚。

第二种观点认为，被告人瞿某的行为构成寻衅滋事罪和妨害公务罪，应数罪并罚。主要理由如下：

1. 寻衅滋事罪，是指在公共场所无事生非、起哄闹事、殴打伤害无辜、肆意挑衅、横行霸道、毁坏财物、破坏公共秩序，情节严重的行为。本案的被告人瞿某属于随意殴打他人，情节恶劣。行为人的犯罪动机是为了满足耍威风、取乐等不正常的精神刺激或其他不健康的心理需要。寻衅滋事罪侵犯的客体是公共秩序，所谓公共秩序包括公共场所秩序和生活中人们应当遵守的共同准则。

结合本案，瞿某在KTV酒后闹事，无故殴打他人，明知自己的行为已经扰乱了一定的社会秩序，但经他人劝阻仍不停止，情节恶劣，符合上述第一种表现形式，属于随意殴打他人，情节恶劣，构成寻衅滋事罪，依法可处以五年以下有期徒刑、拘役或者管制。

2. 妨害公务罪，是指以暴力、威胁方法阻碍国家机关工作人员、人大代表依法执行职务，或者在自然灾害中和突发事件中，使用暴力、威胁方法阻碍红十字会工作人员依法履行职责，或故意阻碍国家安全机关、公安机关依法执行国家安全工作任务，虽未使用暴力，但造成严重后果的行为。结合本案，被告人瞿某酒后在KTV闹事，致二名KTV工作人员轻微伤，公安民警在接到报警后，着装出警赶赴现场，并表明身份，对瞿某抓扯被害人姬某头发的行为进行劝阻，瞿某突然对着正在依法执行职务的人民警察进行殴打，并致轻微伤。被告人瞿某酒后闹事的行为具有连续性，但由于其殴打正在执行职务的人民警察，阻碍了其依法执行职务的行为已构成妨害公务罪，依法可处三年以下有期徒刑、拘役、管制或者罚金。

3. 在判断现实所发生的犯罪事实是否完全属于某一犯罪构成所预定的内容时，必须从“不法”到“责任”进行判断。行为人在实施犯罪行为时，可能采取不同的方式、步骤，这些方式、步骤可能仅侵犯一个法益，行为人主观上只有一个故意或者一个过失内容，因此，一个犯罪行为可能包含几个具体的动作或环节。反过来，表面上看只是一罪的行为，实际上可能侵犯两个法益，行为人对两个法益侵害具备有责性，成立两个罪。本案中被告人瞿某首先喝酒后在KTV无故殴打工作人员，造成2人轻微伤，在有人报警后，警察着警服出警，表明身份后，对瞿某的抓扯进行劝阻，瞿某转而殴打警察，阻碍正常的执法行为，造成1名警察轻微伤，此行为既侵犯了被害人的人身安全，同时也阻碍了公安机关依法执行职务，其行为触犯了两个不同的罪名，应当数罪并罚。

本案中，结合被告人瞿某的犯罪构成和法律规定，法院采纳了第二种观点，认为被告人瞿某构成寻衅滋事罪和妨害公务罪，应数罪并罚。

编写人：湖南省岳阳市云溪区人民法院　刘芳

18

寻衅滋事罪中“多次”情节的认定

——张某寻衅滋事案

【案件基本信息】

1. 裁判书字号

北京市丰台区人民法院（2017）京0106刑初924号刑事判决书

2. 案由：寻衅滋事罪

【基本案情】

2017年4月21日1时许，被告人张某酒后在北京市丰台区马家堡东路某小区路边无故滋事，持砖头砸被害人王某某停放在路边的黑色小轿车的前挡风玻璃及前机器盖，持砖头砸某干洗店门店玻璃和某宠物店门店玻璃。经鉴定，被害人王某某车辆维修价值为人民币1215元，某干洗店门店玻璃维修价值为人民币550元，某宠物店门店玻璃维修价值为人民币750元。

被告人张某于2017年4月21日被北京市公安局丰台分局大红门派出所抓获。被告人张某已赔偿被害人经济损失，并取得被害人谅解。

【案件焦点】

本案被告人任意毁损财物是否具有“多次”情节。

【法院裁判要旨】

北京市丰台区人民法院经审理认为：被告人张某任意损毁他人财物，情节严重，其行为已构成寻衅滋事罪，依法应予处罚。北京市丰台区人民检察院指控被告人张某犯寻衅滋事罪的罪名成立。鉴于被告人张某自愿认罪，积极赔偿被害人经济损失并得到谅解，故对其予以从轻处罚；鉴于被告人张某具有悔罪表现，故依法对其适用缓刑。

北京市丰台区人民法院根据被告人张某犯罪的事实、性质、情节和对社会的危害程度，对被告人张某依照《中华人民共和国刑法》第二百九十三条第一款第三项、第七十二条第一款、第七十三条第一款及第三款、第六十一条之规定，判决如下：

被告人张某犯寻衅滋事罪，判处拘役四个月，缓刑六个月。

【法官后语】

本案被告人张某半夜喝醉酒后为寻求刺激、发泄情绪，无事生非，先后任意毁损三处财物，价值共计2515元。按照2013年《最高人民法院、最高人民检察院关于办理寻衅滋事刑事案件适用法律若干问题的解释》（法释〔2013〕18号，以下简称《司法解释》）的相关规定，“任意损毁公私财物价值二千元以上的”或者“多次任意损毁公私财物，造成恶劣社会影响的”即符合《刑法》第二百九十三条第一款第三项规定的“情节严重”，应当认定为寻衅滋事罪。毫无疑问，本案按照任意损毁公私财物价值应当对被告人判处寻衅滋事罪，但本案被告人是否具有“多次”情节，在案件处理过程中是存有争议的。司法实践中，各地对“多次”的认定不尽相同，对此，特加以分析。

脱胎于1979年《刑法》流氓罪的寻衅滋事罪，以其法益保护的抽象化及罪状表述的宽泛一直引发对该罪立法适当性和司法合理性的争论。寻衅滋事罪规定的四种行为中，除了“在公共场所起哄闹事”的第四种行为有相对明确的实害结果要求即“公共场所秩序严重混乱”之外，前三种行为都采用内涵需要进一步明确的“情节恶劣”或“情节严重”为标志的情节犯规定模式，这一度成为寻衅滋事罪适用模糊之处。为此，2013年专门出台了《司法解释》，通过对寻衅滋事罪前三种行为的情节进行列举式释义，提供相对统一明确的标准，明确定罪量刑尺度。其中，《司法解释》将“多次”作为任意毁损财物“情节严重”情形之一，但对“多次”的构成标准却未作具体的认定。结合本案来说，有必要对寻衅滋事罪中“多次”标准进一步明确和细化。

按照目前统一理解，“多次”指三次以上。刑法中的多次犯，分为作为犯罪构成的多次犯和作为情节加重犯的多次犯。寻衅滋事罪中作为“情节恶劣”或“情节严重”的“多次”显然属于前者，即不以行为人实施的每一次行为均构成犯罪为前提。笔者认定作为犯罪构成的多次犯的犯罪形态应坚持整体均衡的原则，进行前后连贯性评价，充分考虑多次行为之间的内在逻辑，要足以通过“多次”来昭示行为的社会危害性。这一点，同样以“多次”体现行为危害性的抢劫、抢夺案件认定标准，已经给寻衅滋事罪提供了借鉴意义。根据《关于审理抢劫、抢夺刑事案件适用法律若干问题的意见》的精神，对于“多次”的认定，应综合考虑犯罪故意的产生、犯罪行为实施的时间、地点等因素，客观分析、认定，基于同一犯意在同一地点实施连续犯罪的，一般应认定为一次犯罪。本案在对于是否构成“多次”情节，也正是借鉴该思路作出了判断：

首先，是否基于“一个犯意”实施犯罪行为是认定“多次”的关键。就本案而言，被告人张某喝醉后，在酒精作用下，为发泄情绪、无事生非，连续对三处不同的财物实施了打砸行为，应当认定为基于一个犯意实施的任意毁损财物行为。

其次，行为人在同一犯意下实施的数个任意毁损财物行为是否在时间上具有短期性和连续性是认定“多次”的重要标准。短期性原则是指几次犯罪行为的间隔不应过长，行为人系在短时间内实施行为。连续性原则是指多次犯罪行为应是连续进行的，如果客观因素的介入不影响多次行为的独立性、完整性的，仍应认定为是一次犯罪。结合本案，表面上看起来被告人任意毁损三处财物，但是三次行为几乎是在同一时间发生，且被毁损财物物理位置的不同并不影响对被告人寻衅滋事行为的完整评价，应当认定为一次犯罪。

最后，判断是否属于“多次”情节可从行为地点是否属于行为人可以迅速抵达、控制的空间来认定。一般来说，行为人可短时间内迅速抵达的地点，应当属于行为人可以控制的范围，可视为同一地点，此时实施的任意毁财行为不属于“多次”情节。结合本案，被告人张某酒后在路边持砖头砸坏停放的小轿车后，又分别持砖头砸坏路边两家相邻门店的玻璃，三个地点相隔数步，应当认定为被告人可以迅速抵达、控制的空间，属于“同一地点”。

综上，本案被告人的行为属于同一犯意和同一时间内，在同一地点实施的一次犯罪，不属于“多次任意损毁公私财物，造成恶劣社会影响的”情形。法院以“任意损毁公私财物价值二千元以上”认定成立寻衅滋事罪，对“多次”情节未予认可是合理的。

编写人：北京市丰台区人民法院　张立建　毕凯丽

19

寻衅滋事罪中“扰乱社会秩序”的理解与认定

——史某某等寻衅滋事案

【案件基本信息】

1. 裁判书字号

北京市大兴区人民法院（2017）京0115刑初328号刑事判决书

2. 案由：寻衅滋事罪

【基本案情】

2016年10月11日2时许，在北京市大兴区黄村镇甲学院2号楼413室内，被告人史某某、李某某（事发时未满十六周岁）纠集吴某某、武某某等人酒后借故生事，以拳打脚踢、扇耳光等方式殴打、欺侮被害人张某某、宗某某，致张某某口唇全层裂创、面部等处软组织损伤，经法医鉴定为轻伤二级，致宗某某头、面部挫伤，双侧眼部挫伤，经法医鉴定为轻微伤。

另查明，史某某、吴某某、武某某分别与被害人张某某、宗某某就经济赔偿问题达成协议，并已经履行。

公诉机关认定史某某等人滋意闹事的行为扰乱了社会秩序，情节恶劣，应以寻衅滋事罪追究刑事责任。辩护人认为本案是发生在学生宿舍内的殴打事件，并非公共场所，与社会秩序无关，应以故意伤害罪追究被告人的刑事责任。

【案件焦点】

在宿舍内发生的殴打、欺侮事件是否符合寻衅滋事罪的客观要件，能否认定为“扰乱社会秩序”的行为。

【法院裁判要旨】

北京市大兴区人民法院经审理认为：首先，寻衅滋事罪虽被归入扰乱公共秩序犯罪，但并非所有此类犯罪行为均只能发生在不特定公众可以进入的公共场所，“公共秩序”包括国家机关的正常活动、公共生活的秩序、社会管理秩序等，不等同于公共场所秩序。如到封闭管理的工厂、矿区打砸闹事的行为亦可能构成寻衅滋事罪。寻衅滋事罪中“随意殴打他人”所涉及法益应是个人与公共秩序相关的身体安全，不能狭义地理解为个人在公共场所的安全。基于特殊原因在私人场所殴打特定个人一般不成立寻衅滋事罪，但宿舍具有对特定群体的公共性及对特定成员的封闭、私密性双重特征，能否成为寻衅滋事的犯罪场所，应具体问题具体分析。首先，本案中，李某某、吴某某这些非413宿舍人员在413宿舍内与部分宿舍成员喝酒打牌，之后实施了殴打、欺侮他人的行为，犯罪实施过程中，有到走廊谈话、到其他宿舍找人的行为，证人房某某身处其他寝室，她证言明确说：“我听外面有吵闹声、骂人的声音和扇巴掌的声音。”这些都体现当时案发场所当时的非封闭性、非私密性的特征，而被告人的行为客观上影响了学校的住宿秩序和学生的管理秩序。因此，案件发生在女生宿舍内，并不能成为排除被告人行为有侵害公共秩序的可能性，亦不能因此排除她们的行为构成寻衅滋事罪。其次，综观全案，被告人与被害人所谓犯罪与实施侵害行为关联性不强，被告人对被害人拳打脚踢、轮流打耳光、拖鞋抽脸、剪头发、强制他人实施打人等行为，无不显示其逞强耍横、显示威风、开心取乐、寻求刺激的主观故意。因此，主观上可以认定被告人具有寻衅滋事罪的犯罪故意。

北京市大兴区人民法院对被告人史某某、吴某某、武某某依照《中华人民共和国刑法》第二百九十三条第一款第一项、第十七条第一款及第三款、第六十七条第三款、第二十五条第一款、第七十二条、第七十三条之规定，判决如下：

一、被告人史某某犯寻衅滋事罪，判处有期徒刑八个月；

二、被告人吴某某犯寻衅滋事罪，判处有期徒刑七个月；

三、被告人武某某犯寻衅滋事罪，判处有期徒刑六个月，缓刑一年。

案件宣判后当事人未提起上诉，判决已生效。

【法官后语】

本案系带有欺凌性质的校园未成年人犯罪案件，在未成年人犯罪整体呈现下降的形势之时，校园暴力犯罪却逆势上升，个中原因非常复杂，但同学间矛盾的解决途径阻滞与青春期不稳定的性格及心理特征叠加，是诱发因素之一。学校并非法外之地，校园也是社会的一部分，校园矛盾的解决也必须遵守社会的基本准则。本案中，法官在与被害人、被告人及其家长沟通中发现，无论事件当中的未成年人还是成年人都认为学校的事情应该由学校处理，没有想到学校内发生的事情会被认定为扰乱社会秩序。

《刑法》对寻衅滋事罪一方面规定了破坏社会秩序这一抽象法益，另一方面规定了四种寻衅滋事的行为，这里除了“在公共场所起哄闹事”的行为之外，其他三类都是侵害人身健康、自由安宁和财产的个人法益的行为，认定此罪时自然应对抽象法益与具体法益侵害情况进行双重判断。

首先，从法律条文中可以确知，寻衅滋事罪所指的社会秩序包括但绝不仅限于“公共场所秩序”，因而不能认定寻衅滋事罪只发生在公共场所。《刑法》第二百九十三条规定：“有下列寻衅滋事行为之一，破坏社会秩序的，处五年以下有期徒刑、拘役或者管制：（一）随意殴打他人，情节恶劣的……（四）在公共场起哄闹事，造成公共场所秩序严重混乱的……”。这种表达方式明确了破坏“公共场所秩序”行为是寻衅滋事罪里“破坏社会秩序”行为中的一种，二者的关系是被包括与包括的关系，因此，不能以事件不是发生在公共场所就推断该事件不成立寻衅滋事罪。

其次，宿舍具有封闭、私密性，但不能否定其亦有相对的公共性，因此，发生在宿舍内的侵害行为亦可能破坏与宿舍管理、学习生活相关的社会秩序，构成寻衅滋事罪。本案中，李某某、吴某某等人在宿舍内打牌、喝酒，殴打、欺侮他人，过程中她们又到其他宿舍殴打、欺侮第二位被害人，在楼道内争执，亦有证人证明在她们实施这一系列行为时听到了“外面吵闹声、骂人声和扇巴掌的声音”，这些都说明，事发宿舍当时处在非封闭性、非私密性的状态，而被告人实施殴打、欺辱他人行为的影响范围亦已经超出了该宿舍。客观上，她们的行为除侵害被害人的人身权利外，还影响了学校的住宿秩序、学生的管理生活秩序，对社会秩序的破坏是毋庸置疑的。

最后，从行为上判断本案被告人主观上更符合寻衅滋事的主观构成要件。被害人张某某与被告人史某某之间的矛盾均为同学间日常矛盾，没有重大的冲突；而行为人李某某要“教训”被害人宗某某的原因仅是因为上课期间，宗某某声音大了，吵到其睡觉；被告人吴某某、武某某与二被害人没有明显矛盾。从时间上看，这些所谓矛盾，均与案件的发生有较长的间隔，关联性不强；从诱因上看，二名被害人均在休息，没有激化矛盾，引起冲突爆发的行为；从行为上看，被告人采取拳打脚踢、轮流打耳光、拖鞋抽脸、剪头发、强制不想打架的人打人等行为，远远超出了伤害他人身体健康权的范畴，逞强耍横、显示威风、开心取乐、寻求刺激的故意非常明显，绝非故意伤害罪的主观要件可以涵盖，而与寻衅滋事罪主观要件完全契合。基于以上原因，法院最终认定被告人史某某等的行为构成寻衅滋事罪。

编写人：北京市大兴区人民法院　王艳超

20

以入狱为目的劫持被害人行为的定性

——李某某寻衅滋事案

【案件基本信息】

1. 裁判书字号

北京市海淀区人民法院（2017）京0108刑初3022号刑事判决书

2. 案由：寻衅滋事罪

【基本案情】

2017年7月9日，被告人李某某系外地来京务工人员，曾担任保安工作，因与同事打架导致丢失工作，产生悲观情绪，打算实施违法犯罪行为，让公安机关将自己逮到看守所。22时许，其骑车在北京市海淀区永定路附近观察，认为假装抢劫某一柔弱女性后报警肯定能马上被抓，还可减少自己受被害人报复殴打的可能性。于是其于甲银行半壁店支行自助银行内，持壁纸刀对正在取款的被害人吴某某（女，25岁）进行拦截、恐吓，要求被害人予以配合，否则要杀人，其要求被害人用自己的手机拨打110报警说被抢劫，其也在通话过程中要求民警尽快出警。被害人在反抗过程中自己将壁纸刀掰断，右手手腕及手掌虎口被划伤，经鉴定为轻微伤。民警在到达犯罪现场后，被告人李某某左手搂着被害人吴某某的脖子，右手持断掉的壁纸刀，二人坐在自助银行内，被告人李某某让被害人自行向民警诉说其受伤原因，并表明其真实目的并非伤害被害人或劫取财物。随后，被告人李某某向公安局机关主动投案，如实供述了犯罪事实。本案民事赔偿问题另行解决。

【案件焦点】

本案应定性为寻衅滋事罪、绑架罪、非法拘禁罪还是抢劫罪。

【法院裁判要旨】

北京市海淀区人民法院经审理认为：被告人李某某持凶器拦截、恐吓他人，且致人轻微伤，其行为已构成寻衅滋事罪。被告人李某某犯罪后主动到案，如实供述自己的罪行，系自首，依法对其从轻处罚。

依照《中华人民共和国刑法》第二百九十三条第二款，第六十七条第一款之规定，判决如下：

被告人李某某犯寻衅滋事罪，判处有期徒刑十个月。

【法官后语】

笔者认为，本案认定为寻衅滋事罪更为妥当，这不仅能对被告人的行为性质进行适当评价，而且更能做到罪责刑相适应。具体分析如下：

1. 绑架他人作为人质的，必须具有向第三人提出违法要求之目的，故本案不构成绑架罪

有观点认为：被告人用壁纸刀及言语威胁的方式劫持被害人，限制了被害人的人身自由，且民警到场后，被告人并未马上释放被害人，而是与民警进行一段时间对峙，属于“绑架他人作为人质”。至于被告人是基于何种主观目的而劫持被害人，以及是否向他人提出违法要求并不重要。同时，被告人主动报警并要求民警到现场的行为属于绑架他人做人质行为中的一个环节，不应认定为自首。但是考虑到被害人只受轻微伤，被告人并无勒索钱财或其他非法目的，本案属于情节较轻，可在五年至十年之间量刑。

笔者认为：我国《刑法》二百三十九条规定的“绑架他人作为人质”系绑架罪的一种行为方式，与“勒索财物为目的绑架他人”属于并列关系，二者应当具有类似的构成要素。

以“勒索财物为目的绑架他人”为例，此种绑架犯罪的行为人在主观上应当具有“勒索财物”的目的，并在此支配下实施了绑架他人的行为。① 与此类似，“绑架他人作为人质”这种犯罪方式也应当具有等价于“勒索财物”的犯罪目的。这在法条中其实已经表述得很清楚，我们只需把“绑架他人作为人质”的语序调换一

---

① 笔者认同张明楷教授关于绑架罪系单一行为的观点，勒索财物属于主观的超过要素。参见张明楷：《绑架罪的基本问题》，载《法学》2016 年第 4 期。

下——“以作为人质为目的，绑架他人的”就能更好地理解立法意图。

我国这种立法例并非独创，在日本、德国刑法中都有类似规定。比如，日本刑法第二百二十五条之二第一项规定了“赎金目的等略取、诱拐罪”，即类似于我国的“勒索财物为目的绑架他人”，日本还在《关于处罚人质强要行为等的法律》第一条规定了“人质强要罪”，即“一是逮捕或者监禁他人，将其作为人质，要求第三者实施没有义务实施的行为或者不行使权利；二是为了要求第三者实施没有义务实施的行为或者不行使权利，以作为人质为目的，逮捕或者监禁他人”。即相当于“绑架他人作为人质”。德国刑法也有类似规定，其在239a条中规定了“掳人勒索罪”（Erpresserischer Menschenraub），同时又在239b条中规定了“扣押人质罪”（Geiselnahme）。

“绑架他人”这个行为很好理解，关键是对“作为人质”的理解。“人质”一词在词典中一般解释为“被一方强制扣留并以其生命做抵押迫使另一方接受某些条件的人”。显而易见，人质存在的意义就在于迫使他人接受某些条件，如果无此目的，则无法称之为人质。

如果被告人的确意图“绑架他人作为人质”，但是否无论其提出什么要求，都一概构成绑架罪？答案显然是否定的。就像日本刑法规定的“人质强要罪”那样，行为人所意图实施的“强要”也需是“要求第三者实施没有义务实施的行为或者不行使权利”，而非第三者有义务实施的行为。

同时，我们也可以从我国《刑法》第二百三十八条第三款的立法例中寻求规范支持。该款规定“为索取债务非法扣押、拘禁他人的，依照前两款的规定处罚”，2000年7月13日《最高人民法院关于对为索取法律不予保护的债务非法拘禁他人行为如何定罪问题的解释》进一步明确：“行为人为索取高利贷、赌博等法律不予保护的债务，非法扣押、拘禁他人的，依照刑法第二百三十八的规定定罪处罚。”也就是说，绑架罪中的“勒索财物”不能是“索取债务”，连“索取法律不予保护的债务”都不行，而应当是无任何根据的“非法勒索他人财物”，这实质上是对“勒索财物”的违法程度作出了规定。与之相对照，“绑架他人作为人质”的行为人如果向第三人提出了要求，那么，该要求也必须具有足够的违法性。而本案中，被告人对被害人提出的要求是，让其配合、拨打110，对民警提出的要求是尽快出警，并给其一瓶水。被告人对民警提出的出警要求并无实质违法性，而索要一瓶水的要求亦属情节轻微，因而难以认定本案被告人实施了绑架罪所要求的“绑架他人作为人质”的行为，故本案不构成绑架罪。

2. 本案不符合非法拘禁罪的犯罪构成

虽然从外表看，被告人李某某的行为的确是在非法剥夺被害人的人身自由。但非法拘禁行为仅是本案整体行为中的一部分，而非全部，非法拘禁罪并不能对被告人李某某的行为进行充分评价。例如，被告人李某某假装要抢劫，恐吓被害人，还要求被害人拨打电话报警，就难以纳入非法拘禁行为中。且本案中的非法拘禁这一行为不符合非法拘禁罪的立案标准。根据《最高人民检察院关于渎职侵权犯罪案件立案标准的规定》中规定，国家机关工作人员利用职权非法拘禁，涉嫌下列情形之一的，应予立案：“1. 非法剥夺他人人身自由24小时以上的；2. 非法剥夺他人人身自由，并使用械具或者捆绑等恶劣手段，或者实施殴打、侮辱、虐待行为的；3. 非法拘禁，造成被拘禁人轻伤、重伤、死亡的；……”。一般而言，普通人犯非法拘禁罪的立案标准要高于国家机关工作人员利用职权犯非法拘禁罪的立案标准。本案非法剥夺被害人的人身自由时间较短，未用械具捆绑等恶劣手段来限制被害人人身自由，也没有实施殴打、侮辱、虐待行为，仅因被害人把刀刃掰断，导致被划成轻微伤。综上，本案不构成非法拘禁罪。

3. 本案亦不符合抢劫罪的构成要件

被告人虽然对被害人诈称自己要抢劫，但他其实并无抢劫的故意，也未实施任何劫取财物的行为，而且要求被害人打电话报警，自己等待民警到来。故本案不构成抢劫罪。

4. 本案应该构成寻衅滋事罪

根据《最高人民法院、最高人民检察院关于办理寻衅滋事刑事案件适用法律若干问题的解释》第三条规定：“追逐、拦截、辱骂、恐吓他人，破坏社会秩序，具有下列情形之一的，应当认定为刑法第二百九十三条第一款第二项规定的‘情节恶劣’：……（二）持凶器追逐、拦截、辱骂、恐吓他人的……”。

本案被告人李某某持刀对被害人诈称抢劫，非法限制其人身自由，并对其进行恐吓，符合该司法解释所述的“持凶器拦截、恐吓他人”，而且事发于公共场所，扰乱了公共秩序，本案应当定性为寻衅滋事罪。在量刑时，法院考虑到他具有自首情节，判处其有期徒刑十个月，是合适的。

在此需要指出的是，我国《刑法》中的寻衅滋事罪虽然存在争议，被认为是一个

"口袋罪"，但在司法实践中有时又必须适用这个罪名。这并不是说，寻衅滋事罪中所列罪状本不应当是犯罪，而仅是说，我国《刑法》并未将寻衅滋事罪下的罪状分别规定为具体罪名，而是规定为一个罪名，缺乏精确性。比如，日本刑法不仅规定了伤害罪和伤害致死罪，还规定了暴行罪，即对人施加暴行但未致伤害后果时，处二年以下的惩役或者三十万日元以下的罚金或者拘留、科料，这就类似于我国刑法寻衅滋事罪中的"随意殴打他人"。而且，日本刑法规定有胁迫罪和强要罪，用于处罚比略取罪和强盗罪要轻的犯罪行为，它们的规制对象分别类似于我国寻衅滋事罪中的"追逐、拦截、辱骂、恐吓他人"和"强拿硬要或者任意损毁、占用公私财物"两个罪状。

编写人：北京市海淀区人民法院　吴扬传　段倩倩

21

以销售彩票为幌子接受赌博投注的行为应如何定性

——刘淑某等开设赌场案

【案件基本信息】

1. 裁判书字号

四川省成都市中级人民法院（2017）川01刑终291号刑事裁定书

2. 案由：开设赌场罪

【基本案情】

2015年10月起，原审被告人刘淑某、李育某、王某、李文某、辜学某、李世某共同出资，在四川省双流县（现成都市双流区，下同）东升街办棠中路四段××号某茶楼摆放电脑开设投注站，利用"重庆时时彩"的开奖号码信息，售卖"顺子""豹子"等不同赔率的投注，聘用陈某负责售卖。2015年12月17日，四川省双流县公安局民警在对该茶楼进行检查时，当场查获该非法售卖投注站场所，并缴获电脑主机、下注结果反馈单、账本等。从查获账本上显示，从2015年11月1日至12月6日，共盈利814528元，同时几名原审被告人在该投注场所自己投注

759870元；在刘淑某等人设立的投注站所提取的电子勘验结算报表显示，从2015年12月7日至12月17日，有1908980元投注积分，“退水”后积分157100元。

【案件焦点】

刘淑某等六被告人利用“重庆时时彩”的开奖信息，在计算机上售卖“顺子”“豹子”等不同赔率的投注的行为应当如何定性。

【法院裁判要旨】

四川省成都市双流区人民法院经审理认为：被告人刘淑某、李育某、王某、李文某、辜学某、李世某以营利为目的，在计算机上接收投注，情节严重，其行为构成开设赌场罪，应依法追究六名被告人的刑事责任。

四川省成都市双流区人民法院依照《中华人民共和国刑法》第三百零三条第二款、第二十五条第一款、第六十七条第一款、第六十四条、第五十二条、第五十三条之规定，作出如下判决：

一、被告人李育某犯开设赌场罪，判处有期徒刑三年八个月，并处罚金人民币三万元；

二、被告人刘淑某犯开设赌场罪，判处有期徒刑三年二个月，并处罚金人民币三万元；

三、被告人王某犯开设赌场罪，判处有期徒刑三年二个月，并处罚金人民币三万元；

四、被告人李文某犯开设赌场罪，判处有期徒刑三年，并处罚金人民币三万元；

五、被告人辜学某犯开设赌场罪，判处有期徒刑一年六个月，并处罚金人民币三万元；

六、被告人李世某犯开设赌场罪，判处有期徒刑一年六个月，并处罚金人民币三万元；

七、对扣押在案笔记本、纸张、电脑机箱、打印机、显示器、显示屏、键盘予以没收。

一审宣判后，除李育某外的其他五被告人以本案应定性为非法经营罪且犯罪情节轻微为由提出上诉。

四川省成都市中级人民法院经审理认为：行为人利用正规机构发行的“时时彩”信息，以其他方式非法牟利，其本质上只是利用了“时时彩”开奖信息这一形式，为庄家与参赌者之间的赌博提供一个判断输赢的衡量标准，为个人赌博提供一个稳获非法所得的平台，并非发行、销售“时时彩”的行为，不具备利用国家有关彩票规定的特定方式干扰正常的彩票市场的特征；本案各上诉人及原审被告人经预谋，积极准备，在公共场合茶楼设置投注点，设置打票机、大屏幕等赌博设备，预先设置赌博规则，招引不特定茶客或过客购买所谓“彩票”竞赌，组织严密、分工明确，有较大的社会危害性，应予认定情节严重。故对上诉人的上诉理由不予采纳。本院认为，上诉人刘淑某、王某、李文某、辜学某、李世某，原审被告人李育某在公共场所提供赌博场所、设定赌博方式、提供赌具，以所谓的“彩票投注”形式招引人员进行赌博，其行为构成开设赌场罪。原判定性和适用法律正确、量刑适当、审判程序合法。

四川省成都市中级人民法院依照《中华人民共和国刑事诉讼法》第二百二十五条第一款第一项[①]之规定，作出如下裁定：

驳回上诉，维持原判。

【法官后语】

本案处理重点主要在于对六被告人利用“重庆时时彩”的开奖信息，在计算机上售卖“顺子”“豹子”等不同赔率玩法的行为的定性以及本案各被告人是否属于情节严重的判断。

具体到本案中，被告人的行为只以销售彩票为幌子，实际是接受赌民的投注。具体理由如下：(1) 行为人是利用他人发行的“时时彩”，自己以另一种方式非法牟利，实际上与“时时彩”经营机构之间并不存在任何关联，其非法所得也不上缴“时时彩”彩票发行机构，其本质上只是利用了“时时彩”开奖信息这一形式，为庄家与参赌者之间的赌博提供一个判断输赢的衡量标准，借助正规彩票的信息，为个人赌博提供一个稳获非法所得的平台，与通过竞猜某场球赛最终比分确定输赢的赌球行为，在本质上没有什么差别，并非发行、销售“时时彩”的行为，不具备利用国家有关彩票规定的特定方式去干扰正常的彩票市场的特征。(2) 从侵害的法益

① 对应2018年《刑事诉讼法》第二百三十六条第一款第一项。

上看，本案中被告人等开设赌场，招引人员竞赌，主要不是扰乱市场交易管理秩序的行为，而是赌博行为，它侵害了正常的社会管理秩序。(3) 从客观方面的行为来看，本案被告人等是借用“时时彩”的开奖信息作为评判输赢的标准，以庄家和参赌者结算的方式获取非法利益，其行为不具有非法发行、销售等经营行为的特点，也不是通过非法经营行为获利，不符合非法经营罪客观方面的要件。对此，对其以开设赌场罪定罪处罚符合刑法相关规定。(4) 随着社会的发展，赌博的形式不断翻新，种类和花样逐渐增多，危害也越来越大，新的赌博形式已经不限于用纸牌、色子等实体赌具作为载体，将利用“时时彩”信息竞猜对赌的行为以赌博定性，符合社会大众对赌博的一般理解，更有利于体现罪刑相适应。综上，被告人行为实质上不是一种非法发售彩票的非法经营行为，不具备利用国家有关彩票规定的特定方式去干扰正常彩票市场的特征。故本案被告人不应认定为非法经营罪，而只能认定为开设赌场罪。

而对何为实体赌场中“情节严重”，法律和相关司法解释暂未有明文规定，笔者认为，开设实体赌场的犯罪行为是否达到了《刑法》所规定的“情节严重”的刑罚幅度，应当根据具体案件具体分析，以个案的犯罪诸要素作为评价对象，从赌场要素、人员要素、社会危害要素三个方面综合评价。赌场要素包括赌场的专业性、赌场的地点、赌博的方式、涉赌资金量的大小、赌具专业化程度、开设时间长短等；人员要素包括组织严密度、参与人数以及职业化程度等；社会危害要素包括非法获利金额、参赌人员成分、是否诱发了诸如抢劫、绑架、非法拘禁等犯罪、当地居民群众的反映程度等。需要进一步明确的是，赌场要素、人员要素和社会要素之间既是独立的，又是互相联系的，即某一要素的“超标”可能导致整个犯罪情节上升至“情节严重”程度，但也可能通过另外两个要素的平衡使得整个犯罪情节低于“情节严重”程度。在暂无法律、司法解释的明文规定情况下，实践中还是需要法官紧扣法律的相关规定，通过正确运用自由裁量权得出合乎正义的结论。

本案被告人开设赌场盈利二十余万元，且经预谋、积极准备，在公共场合茶楼设置投注点，设置打票机、大屏幕等赌博设备，预先设置赌博规则，招引不特定茶客或过客购买所谓“彩票”竞赌，组织严密、分工明确，有较大的社会危害性，综合上述情节，应当认定被告人的行为属“情节严重”。

编写人：四川省成都市中级人民法院　秦波　陈曦

（二）妨害司法罪

22

虚假诉讼与拒不执行判决、裁定竞合时的认定

——胡乃某、陶德某虚假诉讼案

【案件基本信息】

1. 裁判书字号

河南省信阳市新县人民法院（2018）豫1523刑初31号刑事判决书

2. 案由：虚假诉讼罪

【基本案情】

1. 2016年9月，被告人胡乃某与胡公某发生民间借贷纠纷诉讼，河南省信阳市新县人民法院一审和河南省信阳市中级人民法院二审均判决被告人胡乃某败诉，河南省信阳市新县人民法院执行局依法、依程序对被告人胡乃某所有的甲宾馆、乙健身房一、二层房产和丙牌越野车进行拍卖。2017年年初，被告人胡乃某在一审、二审均败诉的情况下，为逃避合法债务，防止被法院拍卖，伙同被告人陶德某（其妹夫）签订一份虚假房产租赁合同，合同约定以60万元的价格出租乙健身、甲宾馆14年的使用权，并将合同签订的日期提前到2016年6月15日（法院一审判决之前），以阻止法院执行局强制执行其财产。其间，张光某在该合同条款页写下了2016年6月15日的字样，在物资清单页写下了“甲乙双方确认签名”字样，并亲手书写了一张收到陶德某六十万元租金的收条，胡恒某提供了物资清单。2017年6月15日，依据其同妹夫陶德某签订的虚假租赁合同以陶德某的名义向新县人民法院提出执行异议，河南省信阳市新县人民法院于2017年6月29日以案外人未实际占有该处房产为由，依法予以驳回。

2. 2017 年 8 月 1 日，被告人陶德某向河南省信阳市新县人民法院提出执行异议被法院裁定驳回后，再次以案外人身份向河南省信阳市新县人民法院提出执行异议之诉。河南省信阳市新县人民法院执行局依据《民事诉讼法》第三百一十五条之规定，中止对执行标的的处分。2017 年 9 月 22 日，河南省信阳市新县人民法院出具情况说明，因执行异议之诉期间，该处房产没有评估结果，目前仍未予以拍卖。

陶德某并未交纳租金，也未实际经营租乙健身、甲宾馆，该两处执行标的并未发生使用权的转移。河南省信阳市新县人民检察院以被告人胡乃某、陶德某犯虚假诉讼罪向河南省信阳市新县人民法院提起公诉。被告人胡乃某、陶德某对起诉书指控的罪名无异议。

【案件焦点】

虚假诉讼罪与拒不执行判决、裁定罪发生竞合时如何认定。

【法院裁判要旨】

河南省信阳市新县人民法院经审理认为：被告人胡乃某、陶德某二人共同故意以捏造的事实提起民事诉讼，妨害司法秩序，严重侵害他人合法权益，其二人行为均已构成虚假诉讼罪。公诉机关指控的罪名成立，依法应予支持。二被告人系共同犯罪，犯罪地位、作用相当，不区分主从犯。被告人胡乃某、陶德某到案后均能如实供述犯罪事实，依法可从轻处罚。二被告人均系初犯且悔罪态度较好；被告人陶德某主观恶性较小；被告人陶德某再犯可能性较小、对其宣告缓刑对所在社区无重大不良影响；上述情节量刑时应予综合考虑。

河南省信阳市新县人民法院依照《中华人民共和国刑法》第三百零七条之一第一款、第三款、第二十五条第一款、第六十七条第三款、第七十二条第一款之规定，作出如下判决：

一、被告人胡乃某犯虚假诉讼罪，判处有期徒刑六个月，并处罚金人民币五千元；

二、被告人陶德某犯虚假诉讼罪，判处有期徒刑六个月，缓刑一年，并处罚金人民币二千元。

宣判后，双方当事人未上诉，检察机关未抗诉，判决已生效。

【法官后语】

虚假诉讼罪系《刑法修正案（九）》新增加的罪名，修改后的《刑法》第三百零七条之一规定："以捏造的事实提起民事诉讼，妨害司法秩序或者严重侵害他人合法权益的，处三年以下有期徒刑、拘役或者管制，并处或者单处罚金；情节严重的，处三年以上七年以下有期徒刑，并处罚金。单位犯前款罪的，对单位判处罚金，并对其直接负责的主管人员和其他直接责任人员，依照前款的规定处罚。有第一款行为，非法占有他人财产或者逃避合法债务，又构成其他犯罪的，依照处罚较重的规定定罪从重处罚。司法工作人员利用职权，与他人共同实施前三款行为的，从重处罚；同时构成其他犯罪的，依照处罚较重的规定定罪从重处罚。"

本案中，被告人为逃避合法债务，以虚构的事实提出执行异议、执行异议之诉，延缓、阻碍执行，其行为客观方面既符合虚假诉讼罪第一款的行为，也符合《最高人民法院关于审理拒不执行判决、裁定刑事案件适用法律若干问题的解释》第二条第四项规定的"与他人串通，通过虚假诉讼、虚假仲裁、虚假和解等方式妨害执行，致使判决、裁定无法执行的"的情形，属于有能力执行而拒不执行，情节严重的情形之一，即同时也符合拒不执行判决、裁定罪的构成要件，属于牵连犯，行为人实施某种犯罪，而方法行为或结果行为又触犯其他罪名的犯罪形态。该种牵连犯的处断原则《刑法》分则条文有明确规定：《刑法》第三百零七条之一第三款规定："有第一款行为，非法占有他人财产或者逃避合法债务，又构成其他犯罪的，依照处罚较重的规定定罪从重处罚。"即择一重罪从重处断。本案中，二被告人属于虚假诉讼罪的一般情节，即第一档法定刑，处三年以下有期徒刑、拘役、管制，并处或者单处罚金。如果按照拒不执行判决、裁定罪，也是属于第一档法定刑，处三年以下有期徒刑、拘役或者罚金。由于我国《刑法》对"依照处罚较重的规定"没有具体的方法论规定，原则上讲，主刑相同，则比较附加刑，虚假诉讼罪有并处罚金，拒不执行判决、裁定罪只有单处罚金，由此可见，虚假诉讼罪处罚较重。

对于被告人陶德某而言，就其行为表现和在本案中所起的作用而言，如果以虚假诉讼罪定罪，其与胡乃某均为主犯，只是从动机、目的上考量，其主观恶性稍小一些。如果以拒不执行判决、裁定罪定罪，他并非是被执行人、协助执行人、担保人等负有执行义务的人，或许只能以共同犯罪帮助犯的身份入罪。合议庭认为，从罪责刑相适应的角度来讲，对陶德某以虚假诉讼罪追究责任更为适宜。

从本罪的客观表现来看，虚假诉讼这个手段行为更加突出，行为人已不仅是对之前生效裁判的无视和消极不作为，而是主动积极作为，其采用的虚假诉讼行为方式再一次以新的方式扰乱司法秩序，浪费司法资源，藐视司法权威。故此，以虚假诉讼罪定罪并从重处罚更能起到惩治并遏制此类犯罪，维护司法权威的目的。

综上，目前采取虚假诉讼方式拖延、逃避执行义务的情形有上升趋势，由于虚假诉讼罪与拒不执行判决、裁定罪联系紧密，侵害法益相近，两罪名分别规定的两档法定刑也大致相同，在相关司法解释没有出台之前，我们对虚假诉讼罪与拒不执行判决、裁定罪可以按照上述思路分析处理。

编写人：河南省信阳市新县人民法院　余丽娟

23

拒不执行判决、裁定罪中“有能力执行而拒不执行”与“情节严重”的认定标准

——陈某拒不执行判决、裁定案

【案件基本信息】

1. 裁判书字号

北京市丰台区人民法院（2017）京0106刑初1257号刑事判决书

2. 案由：拒不执行判决、裁定罪

【基本案情】

2015年，陈甲因遗产继承纠纷将其妹妹陈某诉至法院，经一审、二审两级法院审理，最终出具调解书确认诉争房产由妹妹陈某继承所有，但陈某需将房产的一半折价款给付姐姐陈甲。后因陈某不履行生效法律文书确认的义务，陈甲于2016年2月29日向丰台区人民法院申请执行。执行中，经协商，申请执行人陈甲同意被执行人陈某自行变卖该房屋并给付案款。协商期间，陈某将房屋私自过户到自己名下并出卖，将卖房款以取现的形式转移，拒不给付法院调解书载明的陈甲应得的继承份额。

【案件焦点】

被告人陈某私自将涉案房屋过户并转移现金的行为是否达到“有能力执行而拒不执行”“情节严重”的犯罪构成标准。

【法院裁判要旨】

北京市丰台区人民法院经审理认为：被告人陈某无视国家法律，有能力执行而拒不执行人民法院生效的裁定，其行为已构成拒不执行判决、裁定罪，依法应予惩处。北京市丰台区人民检察院指控被告人陈某犯拒不执行判决、裁定罪的事实清楚，证据确实、充分，罪名成立。对于辩护人提出的被告人陈某主动投案，到案后能够如实供述犯罪事实，系自首的意见，有在案证据证明，本院予以采纳；鉴于被告人陈某系自首，认罪态度较好，故本院对其予以从轻处罚。根据被告人陈某犯罪的事实、性质、情节和对社会的危害程度，依照《中华人民共和国刑法》第三百一十三条、第六十七条第一款、第六十一条之规定，判决如下：

被告人陈某犯拒不执行判决、裁定罪，判处有期徒刑二年六个月。

【法官后语】

根据《刑法》第三百一十三条之规定，对人民法院的判决、裁定有能力执行而拒不执行，情节严重的，依法成立拒不执行判决、裁定罪。为依法惩治拒不执行判决、裁定犯罪，确保人民法院判决、裁定依法执行，2015年《最高人民法院关于审理拒不执行判决、裁定刑事案件适用法律若干问题的解释》公布，对“有能力执行而拒不执行，情节严重”的八种情形予以明确，但仍不能涵盖所有犯罪情形。以下将结合该案，对法律适用标准作进一步解释：

1. 正确认定“有能力执行”

(1) 确定“有能力执行”的时间节点

“有能力执行”的起算时间是决定是否启动本罪的一个重要节点。在“有能力执行”的时间点的判断上不能绝对化，通常情况下，只有在人民法院的判决、裁定生效后，才能确定可供执行的执行内容。判决、裁定发生法律效力后，当事人应该完全按照法律文书的要求履行自己的义务。只要当事人收到判决、裁定，就应当视为其已明确知晓履行法律文书的义务。在判决、裁定生效后，无论执行通知书是否已送达，在明知应承担义务的情况下，都应当积极履行。如果采取各种手段规避执行，情节严重的就应当追究其刑事责任。但因为执行义务人主体地位不同导致他们对生效判决、裁定的内容知悉情况不同，对履行义务内容知悉情况不同，所以对他们拒不执行行为的起算时间也应当有不同的认定。对于被执行人、担保人（仅限于生效判决、裁定书确定的义务承担人），因系案件当事人，其对裁判文书的内容，特别是义务履行期限是知晓的。判决、裁定发生法律效力后，对于被执行人、担保人即具有执行力和拘束力，被执行人、担保人应按裁判文书的要求不折不扣地履行，若他们采取转移财产等方式规避执行，最终导致裁判无法执行的，其行为应当认定构成拒不执行判决、裁定罪，即应从判决、裁定发生法律效力之日起开始计算拒不执行的时间，不以执行机关书面或者口头通知为前置；而对于协助义务人、第三人，因其并非案件当事人，一般不知道裁判内容，应以通知为前提。只有这样，才能最大限度地维护司法权威和正常执行活动。

本案中，被告人陈某作为民事案件的被告人，在其收到二审调解书后其已明确知悉其履行法律文书的义务，且在申请执行人向法院申请强制执行后，执行法官也向其送达了执行通知书及执行裁定，此时其已经明知应承担给付的义务。

(2)“有能力执行”的司法认定

第一，被执行人主观上认为自身不具备执行能力并不影响“有能力”的认定，应从客观上结合案情进行综合考虑，根据行为人的自身情况综合认定。如果行为人为了拒不执行故意而使自身丧失执行能力，应视为其具备执行能力。

第二，执行能力不但包括完全不具备能力，还包括部分不具备能力。即就履行标的数量而言，能够履行全部标的和只能履行标的的一部分皆属于有执行能力，此处的“能力”并非“完全履行”之能力，在其履行能力范围内，如果采用各种方式拒不执行，也可以构成拒不执行判决、裁定罪。

第三，从执行内容来看，对于给付财产案件的执行能力判断应采取客观的判断标准，即通过对被执行人真实的财产状况进行调查，评判其所具有的实际执行能力情况，而对于履行特定行为义务案件，义务人的履行能力一定是存在的，因为法院在对该类案件进行裁判时已经过调查确认履行义务人有履行的能力才作出该裁判的。负有履行特定行为义务的人在法院的判决、裁定生效后，为逃避义务，故意采取隐藏、转移、毁损标的物等手段造成履行能力丧失，导致特定行为无法执行的，属于有执行能力而不执行。尤其是对于“腾房”等案件除采取强制腾退措施外，情节严重的应收集证据移送公安机关以拒不执行判决、裁定罪处理。

本案中，被告人陈某在将涉案房屋出卖给他人后，其开立的自有资金收款账户共进账人民币2710081.67元，后陈某分四次全部取现后将上述银行账户销户。而该案中被告人陈某应履行的给付金额是人民币1107802元，应当认定其完全具有履行能力。

2. 正确认定“拒不执行”行为

第一，实施拒不执行判决、裁定行为的手段性既可以是暴力手段也可以是非暴力手段。实践中，被执行人越来越少地采用暴力手段拒绝执行，更多地采用隐藏、转移、变卖、毁损财产或者以明显不合理的低价转让财产等非暴力手段逃避执行。用“软对抗”、非暴力等手段实施的拒不执行判决、裁定行为和用暴力手段实施的拒不执行判决、裁定行为，二者的社会危害性是一样的。

第二，以作为的方式和不作为的方式均能够实施拒不执行行为。对此，《全国人大常委会关于〈中华人民共和国刑法〉第三百一十三条的解释》态度鲜明地予以肯定，该解释的第一、二项属于以作为的方式实施的拒不执行行为，第三项所规定的拒不执行行为即属于以不作为的方式实施的。

第三，拒不执行行为的表现形式可以为公然地拒绝也可以隐蔽的形式拒绝。隐蔽之“拒”包括通过隐蔽财产和隐蔽被执行人两种。实践中对于找不到人的情况应该重点关注，很多被执行人根本未履行或者在履行部分债务之后，为了逃避债务，一夜之间“人间蒸发”，到其他地方打工、开办企业或者经商，其间被执行人有能力履行部分或者全部生效判决、裁定所确定的义务，但因办案人员不知其行踪而无法执行。被执行人以人身逃避方式拒不执行的行为和以隐蔽财产方法实施的拒不执行判决、裁定行为性质是一样的，均应认定为拒不执行判决、裁定行为。

本案中，被告人陈某在执行法官多次督促其执行生效的调解书和裁定时，向法官隐瞒其已经将房屋私自过户并出售取得卖房款人民币270余万元的事实，属于秘密地变卖财产逃避执行，应认定为拒不执行行为。

3. 正确认定“情节严重”的犯罪构成标准

如前所述，目前法规规定均以规定或列举“拒不执行”行为方式的形式认定是否构成“情节严重”，并未作出“情节严重”的客观认定标准。实践中，要合理地确定“情节严重”的标准，应当综合考量行为，危害结果，未执行标的数额，实施行为的手段、方式、时间、地点等多种因素，不能仅考虑行为方式和危害后果。例如，从拒不执行判决、裁定的数量考察，数量包括拒绝执行的具体数额也包括未执行标的占全部执行标的的比例，应将二者结合起来衡量拒执行为的危害性。又如，可以从拒不执行判决、裁定行为对社会产生的不良影响来看，影响越大，情节越严重。众人共同抗拒执行、公然抗拒执行都会给社会造成极为恶劣的影响；另外，执行标的越大，社会影响也越大。还有如追索赡养费、抚养费、劳动报酬、医疗费等案件，可以特别考虑。

本案中，被告人陈某与申请执行人系亲姐妹关系，二人共同继承老人留下的房产，其在收到法院的执行通知书后，私自将涉案房屋过户到自己名下后出售，并将所得270余万元价款转移隐匿，并在执行法官督促其履行义务时仍欺骗法官房屋仍未过户且系申请执行人不配合导致其不能履行。不论是从其私自将涉案房屋过户并出售，并采用欺骗执行法官的手段逃避履行义务的犯罪行为来看，还是从其导致难以履行的数额达到人民币110多万元的犯罪后果来看，其行为均已可以认定为“情节严重”，构成拒不执行判决、裁定罪。

编写人：北京市丰台区人民法院　吴超　毕凯丽

24

因拒不执行前罪生效判决的赔偿义务被判刑的，能否认定为累犯

——蔡某某拒不执行判决案

【案件基本信息】

1. 裁判书字号

福建省厦门市中级人民法院（2018）闽02刑终43号刑事裁定书

2. 案由：拒不执行判决罪

【基本案情】

2016年3月31日，被告人蔡某某因犯故意伤害罪被法院判处有期徒刑一年六个月，并被判决赔偿附带民事诉讼原告人杨凤某经济损失人民币225648.38元，款项应于判决生效后一个月内付清。该判决于2016年4月12日生效。2016年6月8日，申请执行人杨凤某因被告人蔡某某逾期未履行赔偿义务向法院申请强制执行。法院于同日立案并向被告人蔡某某发出执行通知书、执行案件告知书、报告财产令，而被告人蔡某某仍未主动履行生效法律文书所确定的义务。法院依法冻结被告人蔡某某名下的银行账户并将其列为失信被执行人。2017年1月19日，被告人蔡某某将其获得的土地承包经营权转让给他人并获得转让费180000元，为逃避执行，在明知其名下银行账户被冻结的情况下，让其堂叔蔡振某使用个人名下的邮政储蓄银行账户代为收取上述转让费，并分批次从蔡振某处取回上述转让费用于其他开支，而未用于履行法院生效判决确定的赔偿义务。2017年9月19日，法院将被告人蔡某某涉嫌拒不执行判决的犯罪线索依法移送公安机关。公安机关于次日立案。2017年10月31日，被告人蔡某某在接到公安机关电话通知后主动到案接受调查，归案后对其上述行为供认不讳。

【案件焦点】

被告人蔡某某因犯故意伤害罪被判处有期徒刑并被判决赔偿附带民事诉讼原告人经济损失，在故意伤害罪刑满释放未满五年后再犯因拒不执行该故意伤害罪生效判决确定的刑事附带民事赔偿义务，如被认定为累犯，是否是重复评价。

【法院裁判要旨】

福建省厦门市翔安区人民法院经审理认为：被告人蔡某某隐藏财产逃避执行，属于有能力执行而拒不执行法院的生效判决的情形，情节严重，其行为已构成拒不执行判决罪。公诉机关指控的罪名成立。被告人自动投案并如实供述罪行，庭审时自愿认罪，具有自首情节，依法可以从轻处罚。被告人曾因故意犯罪被判处有期徒刑，刑满释放后五年内再犯应当判处有期徒刑以上刑罚之罪，是累犯，依法应当从重处罚。据此，依照《中华人民共和国刑法》第三百一十三条第一款、第六十七条第一款、第六十五条第一款之规定，判决如下：

被告人蔡某某犯拒不执行判决罪，判处有期徒刑十个月。

一审宣判后，被告人蔡某某提出上诉，认为其并非故意隐瞒财产，且有自首情节，请求二审改判较轻刑罚。福建省厦门市中级人民法院认为原判定罪准确，量刑适当，审判程序合法，裁定：驳回上诉，维持原判。

【法官后语】

本案中，被告人蔡某某隐藏财产逃避执行的行为构成拒不执行判决罪，同时还被认定为累犯。其因故意伤害被判处有期徒刑，刑满释放未满五年又犯拒不执行判决罪应被判处有期徒刑，符合一般累犯的构成要件。被告人蔡某某的行为不管是故意伤害还是拒不执行看似侵犯的都是他故意伤害一案被害人即附带民事原告人的权利，如果定累犯好像是重复评价。但是我们从累犯制度以及拒不执行判决罪设立的目的进行分析后，可知这并非重复评价。

累犯制度设立的目的，就是要从严惩处那些主观恶性大，经过一次刑罚处罚后仍不思悔改，继续故意犯罪的人。而法院依法作出判决和裁定，是代表国家行使审判权的具体体现，判决和裁定一经生效，就具有法律强制力，有关当事人必须履行，不得抗拒执行，维护生效判决、裁定的权威，就是维护法律的权威、维护司法机关的正常活动。拒不执行判决、裁定罪主要针对的是被执行人的拒执行为，而非主要针对案件标的。被告人蔡某某因故意伤害被判处有期徒刑，应该对自己的行为进行深入反思，明白自己的行为给被害人身心造成多大伤害，但其并不思悔改，在有履行能力的情况下不赔偿被害人，在法院发出执行通知后为逃避执行采取了相关措施，其行为损害到法律尊严和生效判决的司法权威。故在其故意伤害罪刑满释放后五年内又拒不执行该故意伤害罪生效判决确定的附带民事赔偿义务，构成累犯，并非重复评价，应从重处罚。本案对被告人蔡某某的累犯从重处罚，可以打消某些应承担附带民事赔偿义务的刑事案件被告人以为其受到了刑事自由刑的处罚即可免除民事赔偿义务甚至采取措施逃避民事赔偿义务的侥幸心理，对当事人及全社会都具有重要警示意义。

编写人：福建省厦门市翔安区人民法院　吴梅双

25

无罪脱逃能否构成脱逃罪

——郑某某脱逃案

【案件基本信息】

1. 裁判书字号

北京市朝阳区人民法院（2017）京0105刑初283号刑事判决书

2. 案由：脱逃罪

【基本案情】

2016年9月18日23时许，范某某在朝阳区十八里店乡吕家营村的甲超市购物，因为孩子比较闹，其随手把手机放在了收银台上。几分钟后，范某某发现手机遗失，经查看超市监控，发现是同在超市购物的街坊郑某某在结账时将手机拿走。因当日天晚，范某某并未报警。

2016年9月24日20时许，范某某与郑某某再次相遇，范某某将郑某某控制后随即以盗窃案报警，后郑某某被民警带至派出所进行讯问。到案后，郑某某拒不承认盗窃手机的事实，后其因涉嫌犯盗窃罪被北京市公安局朝阳分局采取刑事拘留强制措施并送至看守所羁押。后因身体原因前往民航总医院进行检查，其间，郑某某趁民警不备于当日22时许跳车翻墙脱逃，民警追捕未果。当日夜，郑某某因无处可去，经与一朋友联系后在一网吧留宿。次日上午8时许，郑某某在该网吧被朝阳分局民警再次抓获归案。

【案件焦点】

被告人因实施盗窃行为被羁押，但该盗窃行为却因证据不足而未被提起公诉。其在押往医院体检的过程中趁民警不备成功脱逃，此后续脱逃行为能否成立脱逃罪。

【法院裁判要旨】

北京市朝阳区人民法院经审理认为：在案证据可以证明郑某某确实实施了脱逃行为，但实施了脱逃行为并不当然构成脱逃罪。依照《中华人民共和国刑法》第三百一十六条的规定，构成本罪还必须是“依法被关押的罪犯、被告人、犯罪嫌疑人”。因此，本案首先要解决的是主体要件问题，即明显不属于“罪犯”和“被告人”的郑某某是不是“犯罪嫌疑人”。具体到本案，郑某某被关押系因范某某报警其手机被郑某某偷走，而范某某报警所提供的证据是超市监控录像。从证据的角度来看，监控录像属于客观证据，可以最大限度地还原案件事实，而从录像中可以较为清晰地看出郑某某将收银台上的手机拿走。再加上范某某的证言以及对于手机价值的常理性推测，可以合理地认为盗窃手机的行为是极有可能构成犯罪的。因此，公安机关据此作出立案决定并无不当。因郑某某本身就存在犯罪嫌疑，在公安机关立案之后，其也就正式进入刑事诉讼程序，具备了“犯罪嫌疑人”的身份。公安机关为进一步查明案件事实，对郑某某采取刑事拘留的强制措施亦无不当。从而，郑某某便成为“依法被关押的犯罪嫌疑人”，其在民警将其押至医院进行体检过程中实施脱逃，当然构成脱逃罪。

北京市朝阳区人民法院依照《中华人民共和国刑法》第三百一十六条、第十七条第一款及第三款、第六十七条第三款、第六十一条之规定，作出如下判决：

被告人郑某某犯脱逃罪，判处拘役五个月。

【法官后语】

《刑法》第三百一十六条第一款规定：“依法被关押的罪犯、被告人、犯罪嫌疑人脱逃的，处五年以下有期徒刑或者拘役。”根据上述规定，可以构成脱逃罪的主体有三种，除了包括已经在执行刑罚的罪犯之外，还包括未经宣判的被告人和犯罪嫌疑人。关于本罪，理论上以及实践中最大的争议即无罪脱逃的认定问题，对此众说纷纭。对于已经在服刑的罪犯脱逃的，构成脱逃罪并没有争议，但从法条规定来看，犯罪嫌疑人和被告人也可以构成脱逃罪。从逻辑上分析，既然未经宣判，那么该被告人就可能被法院判处无罪，而该犯罪嫌疑人则有可能被公安机关撤销案件或者被公诉机关作出不起诉处理，也有可能被法院判处无罪。可以看出，即使将来被判处无罪的被告人和犯罪嫌疑人，只要是在宣判前被依法关押，就符合脱逃罪的主体条件。法律并没有将先行行为不构成犯罪之人排除在脱逃罪的主体之外。因此，本案郑某某即使最终其盗窃行为没有定罪，其脱逃行为构成脱逃罪也是符合法律规定的。另外，在办理脱逃案时还需要注意，对于脱逃罪的主体条件和羁押条件必须作出严格的字面解释，不能随意扩大：一是在主体身份上必须是罪犯、被告人、犯罪嫌疑人三种中的一种，如果是被行政拘留或者司法拘留者脱逃的，是不能构成脱逃罪的；二是必须是“依法被关押”，如果是取保候审者脱保的或者监视居住者脱离住处、指定居所的，则可变更强制措施，也不能成立脱逃罪。

关于无罪脱逃还需要指出的是，根据至今仍然有效的1983年最高人民法院研究室《关于因错判在服刑期“脱逃”后确有犯罪其错判服刑期限可否与后判刑期折抵问题的电话答复》（以下简称《答复》）规定，对被错判徒刑的，在服刑期间“脱逃”的行为，可不以脱逃论罪判刑。按照《答复》的精神，即使已经定罪，如果系错判，服刑期间脱逃的仍可不以脱逃罪判刑。那么是不是可以据此逻辑得出，对于先行行为未被定罪的，脱逃行为更不应认定为脱逃罪呢？笔者以为，此答复与本案情形有质的不同。该答复所解决的是已经服刑的罪犯被确认为错判后脱逃的处理，也就是说，在法律上该罪犯服刑所依据的判决已经被确认为错误，而我们知道，罪犯服刑的依据是终局裁判文书，因为只有终局裁判文书才能作为执行的根据。而一旦该裁判文书被撤销，即失去了终局性，也就不能作为对罪犯执行刑罚的依据。因此《答复》中这种情形下脱逃的，当然可以不以脱逃罪论处。而本案中，郑某某脱逃时，对其盗窃行为是否构成犯罪尚未进行终局评价，无法确定是否能够构成盗窃罪，当然也不能同样得出“可不以脱逃论罪判刑”的结论。

编写人：北京市朝阳区人民法院　孙高鹏

（三）妨害国（边）境管理罪

26

组织他人偷越国（边）境罪从犯的认定

——吕超、李顺智组织他人偷越国（边）境案

【案件基本信息】

1. 裁判书字号

北京市丰台区人民法院（2017）京0106刑初203号刑事判决书

2. 案由：组织他人偷越国（边）境罪

【基本案情】

2013年9月，被告人吕超（英文名KEN）、李顺智（英文名MR. LI）共同出资成立了北京甲商务咨询有限公司，吕超担任法定代表人。

2014年年底至2015年7月中旬，被告人吕超、李顺智在北京市丰台区乙小区丙园一区8号楼809、902、2308房间内，以甲商务咨询有限公司的名义主要开展通过网络介绍菲律宾籍、印度尼西亚籍的女子给中国境内居民提供家政服务的业务。被告人吕超、李顺智在明知国家法律禁止外国人持商务签证、旅游签证入境务工的情况下，通过他人介绍及QQ群结识境外人员DAVID、RICHIE、NIKEN，由境外人员DAVID、RICHIE、NIKEN分别在菲律宾、印度尼西亚招募、安排菲律宾籍、印度尼西亚籍女子以虚构的旅游事由、伪造商务邀请函的方式骗取中国签证。被告人将招募条件（如年龄、经验等条件）告知RICHIE或DAVID（菲律宾）、NIKEN（印度尼西亚），而后RICHIE或DAVID根据条件在菲律宾招募来华务工人员，NIKEN在印度尼西亚招募来华务工人员。菲律宾籍人员被招募后通过俞某帮助办理商务签证（M），由RICHIE或DAVID购买机票，经由马来西亚吉隆坡转机，由马来

西亚的JOLY LIU安排住宿并购买来华机票；印度尼西亚籍人员被招募后由NIKEN办理旅游签证（L）、购买来华机票。二被告人将机票、酒店住宿及办理签证等费用通过银行转账方式分别转到相关人员的账户上。由RICHIE或DAVID办理的来华务工的菲律宾籍人员十几人，由NIKEN办理的来华务工的印度尼西亚籍人员六七人。外籍人员抵京后，吕超、李顺智二人去首都机场接机，从机场将外籍人员接至二人租住的丰台区乙小区丙园一区8号楼的809、902、2308三套公寓中，并通过扣留外籍人员的护照、不准外籍人员出门等方式限制外籍人员的自由。二被告人通过网络发布信息、寻找雇主、安排雇主与外籍人员面试，介绍外籍人员前往雇主家中从事家政服务工作，介绍成功并经查实的有两起，介绍成功后以中介费、签证费、代扣工资等名义向雇主收取约23000元、44000元不等的费用。截至2015年7月，吕超、李顺智已为邵某、郭某等中国居民成功介绍外籍人员提供家政服务，并采取上述方式先后策划组织了哈某（印度尼西亚籍，HARTATI）、里某（印度尼西亚籍，SETIAWATIRINI）、罗某（印度尼西亚籍，ROYANIIDA）、瓦某（印度尼西亚籍，WARINIH）等六名印度尼西亚籍女性及弗某（菲律宾籍，MARISCOTES LIZA MARIE FRIAS）、格某（菲律宾籍，MANZON MARY GRACE SORIANO）等八名菲律宾籍女性非法进入中国境内准备在京从事家政服务工作。

【案件焦点】

被告人吕超、李顺智均辩解称二人系从犯，如何认定二人在共同犯罪中的地位、作用。

【法院裁判要旨】

北京市丰台区人民法院经审理认为：被告人吕超、李顺智无视国法，多次组织他人偷越国（边）境，且人数众多，二被告人的行为均已构成组织他人偷越国（边）境罪，应予处罚。北京市丰台区人民检察院指控被告人吕超、李顺智犯组织他人偷越国（边）境罪的事实清楚、证据确实充分，罪名成立。辩护人提出被告人吕超、李顺智系从犯的辩护意见，经查被告人吕超、李顺智通过他人介绍和互联网通信工具结识境外人员，要求境外人员为其招募外籍人员，被告人吕超为此事专程于2015年3月去菲律宾考察，与当地的中介DAVID见面商谈外籍人员来华务工事宜。吕超、李顺智二人于3月底曾同去马来西亚考察此事，说明二人主动寻找境外中介并去实地考察，目的是积极促成境外中介的招募工作。境外中介招募到外籍人员后为她们办理护照及签证并支付机票的费用，这些费用均由境外人员先行垫付，由被告人吕超、李顺智以转账形式支付给中介，并向外籍人员说明这些费用需要在未来的工资中扣除。在办理菲籍人员来华过程中，因菲律宾来华签证办理较为困难，被告人吕超、李顺智安排菲籍人员通过马来西亚入境来华，并安排专人在马来西亚接待菲籍人员，在该人无法办理签证时又联系俞某办理伪造的商务邀请函。可见外籍人员来华均在被告人吕超、李顺智的策划、指挥下，不属于从犯，辩护人的该项辩护意见本院不予采纳；被告人吕超的辩护人提出被告人吕超有立功情节的意见无相关证据证明，故该项辩护意见本院不予采纳；辩护人的其他辩护意见本院酌予采纳。被告人吕超到案后能如实供述主要犯罪事实，认罪态度较好，故对其予以从轻处罚。被告人李顺智认罪态度较好，故对其酌予从轻处罚。

北京市丰台区人民法院依照《中华人民共和国刑法》第三百一十八条第一款第二项、第二十五条第一款、第六十七条第三款、第五十二条、第五十三条、第六十一条之规定，作出如下判决：

一、被告人吕超犯组织他人偷越国（边）境罪，判处有期徒刑七年，并处罚金人民币一万元；

二、被告人李顺智犯组织他人偷越国（边）境罪，判处有期徒刑七年，并处罚金人民币一万元。

【法官后语】

根据《最高人民法院、最高人民检察院关于办理妨害国（边）境管理刑事案件应用法律若干问题的解释》的规定，组织他人偷越国（边）境是指领导、策划、指挥他人偷越国（边）境或者在首要分子的指挥下，实施拉拢、引诱、介绍他人偷越国（边）境的行为。解释亦对“偷越国（边）境”行为进行了界定：(1) 没有出入境证件出入国（边）境或者逃避接受边防检查的；(2) 使用伪造、变造、无效的出入境证件出入国（边）境的；(3) 使用他人出入境证件出入国（边）境的；(4) 使用以虚假的出入境事由、隐瞒真实身份、冒用他人身份证件等方式骗取的出入境证件出入国（边）境的；(5) 采用其他方式非法出入国（边）境的。

就本案而言，被告人吕超、李顺智通过他人介绍和互联网通信工具结识境外人员，要求境外人员为其招募外籍人员，吕超为此事专程于 2015 年 3 月去菲律宾考察，与当地的中介DAVID见面商谈菲籍人员来华务工事宜。吕超、李顺智二人于3月底曾同去马来西亚考察此事，说明二人主动寻找境外中介并去实地考察，目的是积极促成境外中介的招募工作。境外中介招募到外籍人员后为她们办理护照及签证并支付机票的费用，这些费用均由境外人员先行垫付，由吕超、李顺智以转账形式支付给中介，并向外籍人员说明这些费用需要在未来的工资中扣除。在办理菲籍人员来华过程中，因菲律宾来华签证办理较为困难，吕超、李顺智安排菲籍人员通过马来西亚入境来华，并安排JOLY LIU在马来西亚接待菲籍人员，在得知JOLY LIU无法办理签证时又联系俞某办理伪造的商务邀请函。由此可见，外籍人员来华的每一步都在吕超、李顺智的策划、指挥下，二人以招募外籍人员来华从事家政服务为目的，积极通过多种渠道为外籍人员办理签证。外籍人员来华后，吕超、李顺智到机场接人，并带到二人租住的丰台区乙小区丙园一区8号楼的809、902、2308三套公寓中，将外籍人员的护照没收，限制外籍人员的自由，并对外籍人员进行家政业务的培训。二被告人在网上发布广告、联系雇主并安排雇主与外籍人员的面试，面试成功后与雇主签订合同，外籍人员从被招募到来华直到被雇主雇用整个过程均在吕超、李顺智的掌控之下。综上，被告人吕超、李顺智并非只是参与接待等末端环节工作，而是从源头上进行组织并掌控了外籍人员非法入境的全过程，二人积极实施犯罪行为，不属于从犯。

编写人：北京市丰台区人民法院　董晓宇

（四）破坏环境资源保护罪

27

污染环境罪的认定标准

——马斌受贿、污染环境案

【案件基本信息】

1. 裁判文书号

北京市第二中级人民法院（2017）京02刑初31号刑事判决书

2. 案由：受贿罪、污染环境罪

【基本案情】

被告人马斌利用担任北京市甲市政建筑工程有限公司（以下简称甲公司）执行董事、法定代表人及原北京市市政工程管理处有限公司七处（后变更为北京市政路桥管理养护集团有限公司市政工程七处，以下简称市政七处）经理的职务便利，于2012年至2015年，为天津乙商贸有限公司（以下简称天津乙公司）承揽和执行北京市海淀区六里屯垃圾填埋场（以下简称六里屯垃圾场）污水外运项目和土工膜采购项目提供帮助，非法收受天津乙公司实际控制人吕振某（另案处理）给予的钱款共计人民币18613320.59元。

被告人马斌伙同天津乙公司及吕振某、李某（均另案处理）等人违反国家规定，于2012年10月至2015年4月，将该公司从六里屯垃圾场外运的垃圾渗滤液倾倒入位于北京市海淀区后厂村路等地的市政污水井内，该公司违法所得人民币5000余万元。偷排的垃圾渗滤液进入市政污水管网后进入再生水厂，使再生水厂承担了额外的污水处理成本人民币93万余元，给再生水厂造成了超过30万元人民币的损失。在此期间，马斌多次指使张德某（另案处理），帮助天津乙公司解决外运污水车辆被查扣的事项。

被告人马斌于2015年12月18日被查获归案。

【案件焦点】

如何把握污染环境罪的认定标准。

【法院裁判要旨】

北京市第二中级人民法院经审理认为：被告人马斌利用担任甲公司执行董事、法定代表人，原市政七处经理、党支部书记的职务便利，将有关工程介绍给天津乙公司的实际控制人吕振某，为天津乙公司谋取利益，并收受该公司给予的贿赂，其行为已构成受贿罪，且数额特别巨大，依法应予惩处。马斌还伙同他人违反国家规定倾倒有害物质，严重污染环境，其行为已构成污染环境罪，依法应予惩处，并对马斌所犯受贿罪、污染环境罪数罪并罚。马斌受贿数额中的绝大部分与其为天津乙公司谋取垃圾渗滤液业务即污染环境的犯罪事实有关，受贿情节特别严重，应酌予从重处罚。鉴于在案查封了马斌的房产，可部分追缴其受贿犯罪所得，对其受贿犯罪可酌予从轻处罚。依照《中华人民共和国刑法》第十二条第一款、第三百八十五条第一款、第三百八十六条、第三百八十三条第一款第三项及第二款、第三百三十八条、第五十二条、第五十三条、第六十九条第一款及第三款、第六十一条、第六十四条，《最高人民法院、最高人民检察院关于适用刑事司法解释时间效力问题的规定》第三条，《最高人民法院、最高人民检察院关于办理贪污贿赂刑事案件适用法律若干问题的解释》第三条第一款、第十八条、第十九条第一款及2013年《最高人民法院、最高人民检察院关于办理环境污染刑事案件适用法律若干问题的解释》第一条第九项之规定，作出如下判决：

一、被告人马斌犯受贿罪，判处有期徒刑十五年，并处罚金人民币一百五十万元；犯污染环境罪，判处有期徒刑二年十个月，并处罚金人民币四十万元，决定执行有期徒刑十七年，并处罚金人民币一百九十万元；

二、责令被告人马斌退缴违法所得人民币一千八百六十一万三千三百二十元五角九分，予以没收；

三、查封的北京市朝阳区广渠路××号院××号楼××号房产予以拍卖，拍卖款先行支付房屋拍卖的有关费用及该房屋应付的其他费用后，剩余部分及扣押的人民币四百四十八万七千六百二十四元并入判决主文第二项执行；如不足，继续追缴，如有剩余，剩余部分并入罚金项执行。

【法官后语】

《刑法修正案（八）》第四十六条将《刑法》第三百三十八条修改为：违反国家规定，排放、倾倒或者处置有放射性的废物、含传染病病原体的废物、有毒物质或者其他有害物质，严重污染环境的，处三年以下有期徒刑或者拘役，并处或者单处罚金；后果特别严重的，处三年以上七年以下有期徒刑，并处罚金。

污染环境刑事案件的司法解释，前后共有三个。第一个司法解释是最高人民法院于2006年7月21日颁布的《关于审理污染环境刑事案件具体应用法律若干问题的解释》，已废止。

第二个司法解释是最高人民法院、最高人民检察院于2013年6月17日公布，2013年6月19日施行的《关于办理环境污染刑事案件适用法律若干问题的解释》（以下简称2013年解释）。

第三个司法解释是最高人民法院、最高人民检察院于2016年12月23日公布，2017年1月1日起施行的《关于办理环境污染刑事案件适用法律若干问题的解释》（以下简称2017年解释），其废止了2013年的司法解释。

本案作案时间为2012年10月至2015年4月，应适用2013年的司法解释。环境污染的入罪要件是"严重污染环境"，对此2013年和2017年司法解释均作了明确的规定。2013年的司法解释列举了14种情形。2017年的司法解释在14种情形的基础上，加以完善、补充，列举了18种情形。例如，2017年司法解释明确了重金属等污染物的名称、种类、认定标准。2013年司法解释规定"致使公私财产损失30万元以上的"可追究刑事责任，2017年的司法解释增加了"违法所得致使公私财产损失30万元以上的"，同时又增加了"违法减少防治污染设施运行支出100万元以上的"标准，体现了实施环境污染犯罪的单位和个人多是为了谋取不法利益的特征，可以有针对性地惩治和预防犯罪。

本案由于没有对排放的垃圾渗滤液进行鉴定，无法确认其成分，未发现造成何种危害后果，即不能证明马斌等人偷排的垃圾渗滤液的成分及对环境造成了何种实质性的损害。虽然对六里屯垃圾场存储的垃圾渗滤液原液进行了检测，含有司法解释规定的重金属等污染物，但不能依据上述检测认定被排放的垃圾渗滤液符合司法解释的入罪标准。

我们认为，六里屯垃圾场出具的处置污水工作单等证明了李某偷排62万余吨的垃圾渗滤液。根据北京城市排水集团有限责任公司出具的说明，后厂村路污水（西北旺东路－G7高速）向东排放，东北旺附近污水均排入清河再生水厂。西二旗北路污水（G7高速－八达岭高速）排入清河再生水厂。结合李某所证排放的地点及海淀区环保局工作人员的证言，2013年、2014年，永丰污水处理厂入口的污水水质出现异常问题。据此，认定垃圾渗滤液偷排进入上述污水处理厂，污水处理厂承担本不应承担的污水处理成本92万余元，达到了“致使公私财产损失三十万元以上”的入罪标准。

编写人：北京市第二中级人民法院　张浩

28

污染环境罪中非法处置危险废物行为的认定

——赵某污染环境案

【案件基本信息】

1. 裁判书字号

北京市朝阳区人民法院（2017）京0105刑初2322号刑事判决书

2. 案由：污染环境罪

【基本案情】

被告人赵某无危险废物经营许可证从事收集、贮存、处置危险废物的经营活动，公安机关于2017年4月6日22时许，在位于北京市朝阳区十八里店乡十八里店村×××号西北侧院其暂住地内，起获废机油及废机油桶共计7400kg。根据《国家危险废物名录》，废机油、废机油桶均属于危险废物。被告人赵某的上述行为严重污染环境。被告人赵某于2017年4月6日被公安机关当场抓获。

【案件焦点】

被告人在收集、贮存废旧机油的过程中造成的土壤等环境污染的经营行为，是否属于污染环境罪中的“处置”行为。

【法院裁判要旨】

北京市朝阳区人民法院经审理认为：公诉机关指控被告人赵某犯污染环境罪的事实清楚，证据确实、充分，指控罪名成立，量刑建议适当，应予采纳。依照《中华人民共和国刑法》第三百三十八条、第六十七条第三款、第五十二条、第五十三条、第六十一条及《最高人民法院、最高人民检察院关于办理环境污染刑事案件适用法律若干问题的解释》第一条、第六条、第十五条、第十六条、第十七条之规定，判决如下：

被告人赵某犯污染环境罪，判处有期徒刑十一个月，罚金人民币一万元。

【法官后语】

关于本案中被告人不当“处置”废旧机油、废机油桶导致的环境污染是否属于“非法处置危险废物”的问题，笔者认为被告人的行为虽然没有改变废旧机油的特性，但是从立法的本意来看，《最高人民法院、最高人民检察院关于办理环境污染刑事案件适用法律若干问题的解释》坚持保护环境法益的实质考量，此处的“处置”应当采取相对宽泛的标准，即采取扩大的解释，被告人的上述行为本身就是处置，并且该行为实质上造成了土壤污染的严重后果，应认定为“非法处置危险废物”。主要理由如下：

1. 从文义解释的角度而言，“非法处置”本身就包含两个方面：一是“非法”，即违反国家相关法律规定，本案的被告人无危险废物经营许可证从事危险废物经营的活动显然是一种非法行为。二是“处置”，根据社会大众的一般认知处置就是安排、处理的意思。具体到本案，一方面被告人在长期将收集到的闲散的废旧机油集中到院内进行统一储存并出卖，在此过程中存在废机油的“倒进”“倒出”、转移等行为，造成了废旧机油外溢和散落，这个长期的过程造成了废旧机油所在地环境的严重污染，上述行为本身就是一种处置行为；另一方面对处置的理解不能局限于作为的方式，不作为的方式同样属于规制的对象。本案被告人对在长期将废旧机油“倒进”“倒出”、转移过程中的外溢、散落等行为并没有采取适当的保护措施而是不闻不问，正是这种不作为的放任方式造成该区域土地的污染，对环境造成的危害结果不言而喻，因此，该行为显然是一种处置行为，而且是一种非法处置行为。

2. 从“非法处置危险废物”的内涵和外延看，《最高人民法院、最高人民检察院关于办理环境污染刑事案件适用法律若干问题的解释》第十六条规定的“从危险废物中提取物质作为原材料或者燃料”只是“非法处置危险废物”的一种情形，而并不是其全部类型。这一点也可以从逻辑结构中分析得出，即 p→q 为真，不能推出 q→p 也为真。另外，结合《最高人民法院、最高人民检察院关于办理环境污染刑事案件适用法律若干问题的解释》第六条，为了保护环境法益，“处置”应该做扩大解释，这一点可以从该司法解释起草参与者的解读中得到印证。“司法实践中对非法处置危险废物的认定，特别是处置危险废物与利用危险废物之间的关系，存在较大认识分歧。经研究认为，利用本身也是一种处置行为，但核心在于判断是否造成环境污染。”①

编写人：北京北京市朝阳区人民法院　崔光同　苗志超

29

行为人实施的数行为不是以一个犯罪目的为终极目标的不构成牵连犯

——张某、周某污染环境案

【案件基本信息】

1. 裁判书字号

江苏省宜兴市人民法院（2017）苏0282刑初1092号刑事判决书

2. 案由：污染环境罪

---

① 周加海、喻海松：《〈关于办理环境污染刑事案件适用法律若干问题的解释〉的理解与适用》，载《人民司法（应用）》2017年第4期。

【基本案情】

2016年5月初，被告人张某伪造了宜兴市甲水泥厂的公章并加盖在废料接收证明文件上，后将接收证明文件提供给浙江省乙科技股份有限公司（以下简称乙公司），从而承接了帮该公司处理生产过程中产生的固体废物（再生硫酸钠）的业务。同年5月8日，被告人张某联系了从事物流的被告人周某，被告人周某通过物流将乙公司的80余吨固体废物从该公司运输至宜兴市甲水泥厂附近，当晚，被告人张某、周某经合谋，明知该固体废物不能随意倾倒，仍指使货车司机将50余吨固体废物运至宜兴市张渚镇善卷村，随意倾倒在善卷村小雷山山顶处。经鉴定，倾倒的固体废物属于具有重金属浸出毒性特性的危险废物。经评估，本案环境污染损害费用共计人民币80余万元。

案发后，固体废物和污染土壤已作安全处置。乙公司与宜兴市张渚镇人民政府达成赔偿协议，乙公司就本次污染环境赔偿张渚镇人民政府人民币334.9万元，并已支付。

2017年3月24日，被告人张某、周某接到公安机关电话通知后到案，归案后均如实供述了上述事实。

【案件焦点】

行为人实施的数行为不是以一个犯罪目的为终极目标的是否构成牵连犯。

【法院裁判要旨】

江苏省宜兴市人民法院经审理认为：被告人张某、周某违反国家规定，随意处置、倾倒危险废物50余吨，严重污染环境，其行为均已构成污染环境罪，均应予惩处。宜兴市人民检察院指控的罪名成立，予以采纳。

被告人张某虽通过伪造企业印章接收到危险废物，但其与被告人周某合谋将危险废物随意处置、倾倒是在接收到危险废物后，故接收到危险废物并不必然会污染环境，其伪造企业印章与污染环境之间并无必然的因果关系，故不属于牵连关系。对公诉人及辩护人提出的被告人张某伪造企业印章与污染环境系牵连关系的公诉意见和辩护意见不予采纳。

被告人张某因犯伪造企业印章罪被判刑，在判决宣告以后，刑罚执行完毕以前，发现其还有其他罪没有判决，应当数罪并罚。案发后，被告人张某、周某能主动向公安机关投案，归案后均能够如实供述自己的犯罪事实，是自首，依法予以从轻处罚。被告人张某、周某当庭能够自愿认罪，予以从轻处罚。对被告人张某的辩护人提出的与此相同的辩护意见予以采纳。

江苏省宜兴市人民法院依照《中华人民共和国刑法》第三百三十八条、第二十五条第一款、第七十条第一款、第六十九条第一款及第二款、第六十七条第一款的规定，判决如下：

一、被告人张某犯污染环境罪，判处有期徒刑九个月，并处罚金人民币五万元；连同前罪判处的管制一年，决定执行有期徒刑九个月，管制一年，并处罚金人民币五万元；

二、被告人周某犯污染环境罪，判处有期徒刑九个月，并处罚金人民币五万元。

【法官后语】

本案主要涉及牵连犯的认定与适用问题。我国司法实践中对牵连犯的认定与处罚并不统一，这是目前司法实践中常引起争议的一个问题。我国现行《刑法》总则中并未明确界定牵连犯这一概念，而是在分则和相关刑法司法解释中对一些牵连犯如何定罪处罚做了具体规定。据此可概括为：行为人在实施某种犯罪过程中，其手段行为或结果行为又触犯了其他罪名。目前，司法实践中较为成熟的认定的牵连犯特征主要包括：(1) 行为的复数性。即具有两个以上的相对独立的危害社会行为。(2) 数行为的独立成罪性。数行为无论是从整合视角还是从分离视角审查，其都独立成数罪而不能仅成立一罪。(3) 数行为的异质性。牵连犯的目的行为与手段行为，或者原因行为与结果行为各自具备不同的犯罪构成。(4) 行为的牵连性。行为人实施的数行为之间具有手段与目的或者原因与结果的关系，但这当中始终以一个犯罪目的为终极目标。以上特征需同时存在，方能认定牵连犯的形成，同时其最重要的一个特征应为数行为的牵连性，这也是牵连犯的本质特征。

本案争议焦点在于被告人张某的伪造企业印章行为与污染环境行为是否系牵连关系、是否择一重罪处罚。经对照，张某的两个行为符合牵连犯特征的行为复数性、数行为的独立成罪性、数行为的异质性三个特征，但本案被告人张某在实施伪造企业印章行为时，并没有与另一被告人周某将危险废物随意处置、倾倒的合谋，其伪造企业印章接收危险废物的犯罪目的仅为获得非法收入，而随意倾倒废品是其在多种选择中的权衡，并非最终且唯一目的，其伪造企业印章与污染环境之间并无必然的因果关系，故不符合最重要的特征：行为的牵连性。据此被告人张某应当以伪造企业印章罪与污染环境罪数罪并罚。

刑罚的轻重，应当与犯罪分子所犯罪行和承担的刑事责任相适应。明确牵连犯的概念及原则，有利于法院正确界定牵连犯，并对其采取合理的处罚原则，做到罪刑相适应，真正实现刑事法治的公平与正义。

编写人：江苏省宜兴市人民法院　葛蕴芸锦绣　庄妍

30

收购已经死亡的国家一级保护动物是否构成犯罪

——丁继某非法收购珍贵、濒危野生动物案

【案件基本信息】

1. 裁判书字号

四川省雅安市雨城区人民法院（2017）川1802刑初227号刑事判决书

2. 案由：非法收购珍贵、濒危野生动物罪

【基本案情】

2017年8月28日下午3时许，陈雅某、刘安某（2人另案处理）等人在雨城区青衣江西门大桥附近打捞起1只因自然灾害导致死亡且已腐败的“野牛”动物死体，后拉至陈雅某位于斗胆村×组×××号租住房院坝内放置。为牟取利益，几人商议后由陈雅某联系被告人丁继某前来收购该“野牛”死体。丁继某为获取更大利益，以1000元的价格将此“野牛”死体收购，用自己的电动三轮车拉至北郊镇红星村×组××号魏文某家中肢解，并将肢解取得的68斤牛肉及牛骨架装上三轮车，随后将牛肉放置在位于对岩镇龙岗村2组26号自家房屋的冰柜里，牛骨架留在电动三轮车里继续前往对岩镇龙岗村杀牛场，途中被公安民警查获，并从其三轮车上查获牛骨架。

经四川楠山林业司法鉴定中心鉴定意见书认定，被告人丁继某非法收购的“野牛”动物死体为羚牛，属扭角羚，为国家一级重点保护野生动物。

【案件焦点】

收购已经自然死亡的珍贵、濒危野生动物是否构成犯罪。

【法院裁判要旨】

四川省雅安市雨城区人民法院经审理认为：根据野生动物保护的法律法规，未经国务院及有关单位批准收购、运输、出售国家一、二级野生动物及其制品的行为均属于非法。被告人丁继某违反国家野生动物保护的相关规定，非法收购珍贵、濒危野生动物，其行为已构成非法收购珍贵、濒危野生动物罪。证人陈雅某、刘国某、黄明某的证言及被告人丁继某的供述，均对涉案羚牛死体的外貌特征进行了陈述，结合相关网络照片，能证实本案中羚牛的死亡并无人为因素参与，而系自然灾害造成，且被告人收购时该羚牛死体已腐败，肢解后获得的牛肉、骨架等已及时被查获，未造成严重的危害后果，可见被告人犯罪的主观恶性较小，社会危害性较轻。被告人丁继某到案后如实供述自己的罪行，具有坦白情节。鉴于被告人犯罪情节轻微，依法可免予刑事处罚。

四川省雅安市雨城区人民法院依照《中华人民共和国刑法》第三百四十一条第一款、第六十七条第三款、第六十四条、第三十七条之规定，作出如下判决：

一、被告人丁继某犯非法收购珍贵、濒危野生动物罪，免予刑事处罚；

二、扣押的牛肉68斤、骨架一副、牛皮一张、牛头一个予以没收。

判决后，被告人丁继某未上诉，表示认罪服判。

【法官后语】

本案的重点在于对动物死体的认识。非法收购珍贵、濒危野生动物罪是指行为人明知犯罪的对象为珍贵、濒危野生动物而予以收购的行为，其属于犯罪对象是珍贵、濒危的野生动物，其属于生存于自然状态下、非人工驯养的、数量极其稀少和珍贵的、濒临灭绝或具有灭绝危险的野生动物物种。非法收购珍贵、濒危野生动物制品罪的犯罪构成与前述罪名是一致的，区别在于犯罪对象，该罪的犯罪对象是对捕获或得到的珍贵、濒危野生动物通过人工加工手段而获得的成品和半成品。犯罪对象的本质区别在于对珍贵、濒危野生动物是否进行过人工加工。

目前对收购珍贵、濒危野生动物罪的认定，有不同的观点，第一种观点认为珍贵、濒危野生动物只包括活体，不包括死体，死体属于动物制品的范畴；第二种观点认为珍贵、濒危野生动物不但包括活体还应当包括死体。本案法官采纳了第二种观点。认为不管是活体还是死体都属于野生动物范畴，对活体或者死体进行肢解、加工属于动物制品的范畴。除此之外，还应当具体案件具体分析，不应当一概而论。本案中的羚牛死体被打捞上岸后，未经过人工加工而被被告进行整体收购的行为，应当认定为非法收购的是野生动物而非制品。由于被告人在收购羚牛死体时法制观念不强，且羚牛属于自然死亡，因此法院判决对被告免于刑事处罚。

编写人：四川省雅安市雨城区人民法院　周亚欧

31

滥伐林木罪中的林木能否认定为违法所得

——徐道某等滥伐林木、张海某非法收购滥伐的林木案

【案件基本信息】

1. 裁判书字号

江苏省盐城市中级人民法院（2017）苏09刑终307号刑事裁定书

2. 案由：滥伐林木罪、非法收购滥伐的林木罪

【基本案情】

2016年7月，徐道某、姜庭某商量将位于射阳县临海镇临丹路甲超市后中沟边水泥路东侧承包的林木进行出售。当月，徐道某联系赵某甲与其商量卖树一事，赵某甲联系胡成某一同到现场看树后，赵某甲、胡成某与徐道某、姜庭某达成口头协议，同意以23600元的价格购买徐道某、姜庭某二人的75棵意杨树。随后，赵某甲、胡成某与张海某联系，欲将此批树卖给张海某，张海某经现场看过后，同意以每吨600元的价格收购该批树。

同年7月17日至19日，徐道某、姜庭某、赵某甲、胡成某在未办理林木采伐

许可证的情况下，胡成某、赵某甲雇用刘必某、胡某某、赵某乙、赵某丙、倪永某、倪德某一同到射阳县临海镇临丹路甲超市后中沟边水泥路东侧砍伐树木，后胡成某、赵某甲将这批树木卖予张海某，获取人民币37500元。经测算，现场伐根共75棵，林木总蓄积量为47.6426立方米。

2016年7月18日、19日，张海某在胡成某、赵某甲未提供林木采伐许可证的情况下，仍以37500元的价格收购其树木并卖予他人。经测算，张海某非法收购的林木总蓄积量为47.6426立方米。案发后，各被告人主动归案，如实供述了犯罪事实。

【案件焦点】

行为人所滥伐和收购的林木是否构成违法所得。

【法院裁判要旨】

江苏省盐城市东台市人民法院经审理认为：徐道某、姜庭某、赵某甲、胡成某、刘必某、胡某某、倪永某、赵某丙、赵某乙、倪德某违反森林法，未获取林木采伐许可证，任意采伐林木，数量较大，构成滥伐林木罪，并系共同犯罪，应予刑罚处罚。赵某甲、胡成某起主要作用，为主犯；刘必某、胡某某、倪永某、赵某丙、赵某乙、倪德某起次要作用，为从犯，依法从轻处罚。张海某收购明知是滥伐的林木，情节严重，构成非法收购滥伐的林木罪。各被告人主动投案，如实供述犯罪事实，系自首，依法从轻处罚；赵某乙有前科，酌情从重处罚。

江苏省盐城市东台市人民法院依照《中华人民共和国刑法》第三百四十五条、第二十五条、第二十六条、第二十七条、第六十七条、第七十二条、第七十三条、第五十二条、第五十三条之规定，判决如下：

一、徐道某、姜庭某、赵某甲、胡成某犯滥伐林木罪，判处有期徒刑九个月，宣告缓刑一年，并处罚金人民币五千元；

二、刘必某、胡某某、倪永某、赵某丙、倪德某犯滥伐林木罪，判处有期徒刑六个月，宣告缓刑一年，并处罚金人民币三千元；

三、赵某乙犯滥伐林木罪，判处有期徒刑九个月，宣告缓刑一年，并处罚金人民币三千元；

四、张海某犯非法收购滥伐的林木罪，判处有期徒刑九个月，宣告缓刑一年，并处罚金人民币五千元。

江苏省东台市人民检察院提起抗诉，认为被告人滥伐自己所有的林木，违反国家保护森林法规，破坏了国家的森林资源，所滥伐的林木即不再是个人合法财产，应作为违法所得，予以追缴。原审判决未依法追缴，适用法律确有错误。

江苏省盐城市中级人民法院经审理认为：滥伐林木罪中的林木，不是行为人实施违反刑事法律行为而取得的财物，不能界定为违法所得。抗诉机关的抗诉理由，缺少法律依据，不予支持。原审判决认定事实和适用法律正确，程序合法，应予以维持。

江苏省盐城市中级人民法院依照《中华人民共和国刑事诉讼法》第二百二十五条第一款第一项①之规定，作出如下裁定：

驳回抗诉，维持原判。

【法官后语】

在刑事案件办理过程中，既要秉持“不让任何人从犯罪中受益”的标准，又要避免侵犯犯罪行为人的合法权益。本案主要争议焦点在于滥伐林木罪的林木是否应认定为违法所得。对此，笔者认为应从案涉林木的权属特性、违法所得的法律界定、罪罚的立法建构三个方面辨别。

首先，行为人所有的林木，不因违法采伐导致权属变更。

行为人通过承包经营林地对林木享有所有权。林木在未砍伐之前，作为土地附着物，属于不动产，其所有权转移应以登记为前提；林木被砍伐后，脱离土地成为独立个体，属于动产，所有权变更应通过交付实现。因此，行为人在无采伐许可证的情况下滥伐林木，使林木变为动产，滥伐行为人及购买人均明知林木为违法采伐林木的情况下，订立买卖合同，属于《合同法》第五十二条第五项规定的“违反法律、行政法规的强制性规定”的无效合同情形。由于买卖合同不发生效力，则被采伐的林木所有权不发生转移，仍应属于原林木所有人的合法财产。

其次，滥伐的林木不具有因违法行为获取收益的特征。《最高人民法院关于适用〈中华人民共和国刑事诉讼法〉的解释》第五百零九条规定：“实施犯罪行为所取得的财物及其孳息，以及被告人非法持有的违禁品、供犯罪所用的本人财物，应

---

① 对应2018年《刑事诉讼法》第二百三十六条第一款第一项。

当认定为刑事诉讼法第二百八十条第一款①规定的‘违法所得及其他涉案财产’”。由此，违法所得的认定应当具备三个条件：一是犯罪行为与犯罪结果之间要有因果关系同样适用于违法行为与违法所得。二是违法所得必须是行为人触犯我国现行刑法的行为所获取的收益。三是违法所得的范围应限定在物质性利益范围内。而未获采伐许可证而被采伐的林木，虽然与滥伐林木犯罪行为具有内在、必然联系，亦属于物质性财物，但并非属于滥伐行为人或是买卖滥伐林木行为人所获取的收益，因此，不应被认定为违法所得。

最后，滥伐林木罪的罪罚建构未认定滥伐的林木为违法所得。从侵犯的客体来看，滥伐林木行为主要为违法采伐自有林木的行为，其侵犯的客体为对林业资源管理秩序的破坏。盗伐林木行为则为以“非法占有为目的”，在侵犯林业资源管理秩序的同时，还侵犯了他人的合法财产。因此，对滥伐林木的罪罚主要以恢复林业资源管理秩序为目的，而对盗伐林木的罪罚，除要求恢复林业资源管理秩序外，还要求退出违法所得。从法条构成来看，依据《森林法》第三十九条的规定，对于盗伐的林木，除依法赔偿损失并由林业主管部门责令补种树木外，还应没收盗伐的林木或者变卖所得，并处罚款；而滥伐的林木，仅为林业主管部门责令补种树木，并处罚款。可见，从侵犯的客体来看，滥伐林木行为主要为违法采伐自有林木的行为，如若将“滥伐的林木”认定为违法所得，则明显违背立法者的本意。

综上，在违法采伐、买卖行为未导致林木所有权变更的前提下，不能认定滥伐的林木系行为人因违法行为所获取的收益，从而不应认定为违法所得。因此，本案犯罪行为人在无采伐许可证情况下采伐或是收购的林木，不应被认定为违法所得。

编写人：江苏省盐城市东台市人民法院　寇建东

① 对应2018年《刑事诉讼法》第二百九十八条第一款。

（五）走私、贩卖、运输、制造毒品罪

32

贩卖毒品罪中毒品样品提取的认定

——罗显福、邵礼伟贩卖毒品案

【案件基本信息】

1. 裁判书字号

广西壮族自治区柳州市柳北区人民法院（2017）桂 0205 刑初 229 号刑事判决书

2. 案由：贩卖毒品罪

【基本案情】

被告人罗显福、邵礼伟共同租住于柳州市柳北区北雀路甲小区出租房内，并在此出租房内一同为贩毒人员覃某（系二被告人交代，在逃）打工。其中，被告人罗显福负责帮覃某管理毒品、称量分装、收取毒资等；被告人邵礼伟负责帮覃某购买毒品及送毒品给购毒人员，同时其也向覃某购买毒品“K 粉”。2016 年 10 月左右，被告人邵礼伟向覃某购买了一包毒品“K 粉”，上述毒品用完后，被告人邵礼伟将与覃某事先约定好的毒资人民币 6500 元交给被告人罗显福，并从被告人罗显福处又拿了一包毒品“K 粉”，承诺过后交付毒资。

2017 年 1 月 23 日 13 时许，被告人邵礼伟按照覃某的电话指示，从被告人罗显福处拿人民币 136000 元到柳州市柳江区帮覃某购买毒品“K 粉”，因被告人罗显福只有现金人民币 135000 元，被告人邵礼伟帮忙垫付了人民币 1000 元。购买到价值人民币 136000 元的两包毒品“K 粉”后，被告人邵礼伟回到出租房，并将上述两包毒品“K 粉”交给被告人罗显福保管。同日 18 时许，覃某联系购毒人员莫某到被告人罗显福、邵礼伟的出租房内尝试新买回来的毒品“K 粉”。同日 19 时许，公安人员在该出租房内抓获被告人罗显福、邵礼伟及购毒人员莫某，并在被告人罗显福的房间内查获疑似毒品“K 粉”1 桶（倒入封存袋后编号为 1 号）及 14 袋（编号为 2 号至 15 号），从被告人罗显福身上查获手机一台；在被告人邵礼伟的房间内查获疑似毒品“K 粉”53 袋（编号为 16 号至 68 号），从被告人邵礼伟身上查获手机一台。经鉴定，从 1 号—6 号、9 号、12 号、14 号、18 号、22 号、26 号、35 号、38 号、39 号、41 号、48 号、57 号、65 号 19 袋疑似毒品中均检出氯胺酮成分，净重共计 2761.49 克；从 15 号疑似毒品中未检出常见毒品成分，净重 514 克；其余疑似毒品均未检验。

另查明，购毒人员莫某曾向覃某购买毒品“K 粉”，覃某让其到被告人罗显福处拿毒品。莫某到柳州市柳北区北雀路甲小区 × 栋 × 单元 × 室找到被告人罗显福后，被告人罗显福将一包毒品“K 粉”交给莫某。

【案件焦点】

1. 抽样鉴定疑似毒品中未能得出全部含有毒品成分一致结论的情况下如何认定毒品数量；2. 本案如何定性。

【法院裁判要旨】

广西壮族自治区柳州市柳北区人民法院经审理认为：被告人罗显福、邵礼伟明知氯胺酮是毒品，仍结伙帮助贩毒人员覃某进行贩卖，其行为均构成贩卖毒品罪，且数量大。对于起诉书对被告人罗显福、邵礼伟构成非法持有毒品罪的指控，经查，被告人罗显福、邵礼伟均供述称其明知覃某系贩卖毒品之人，仍互相分工合作，帮助覃某管理及称量分装毒品、收取毒资、进购毒品、送毒品给购毒人员等。证人莫某的证言证实其曾向覃某购买过毒品“K 粉”，毒资交给覃某，而毒品是从被告人罗显福处拿货，被告人罗显福亦供述称其曾帮覃某交付过毒品“K 粉”给购毒人员莫某，且被告人邵礼伟向覃某购买的毒品“K 粉”亦是从罗显福处拿货，并将毒资交给了罗显福。二被告人的供述与证人莫某的证言能够相互印证，证实了覃某系贩毒人员，而二被告人帮助覃某贩卖毒品的事实。虽被告人罗显福在庭审结束前对其帮覃某贩卖毒品的事实又予以否认，但结合其在公安机关及庭审中的相关供述，以及邵礼伟的供述及莫某的证言，可认定其系无理由的翻供，本院不予采信。

被告人罗显福、邵礼伟明知覃某系贩毒人员，仍帮助其贩卖毒品氯胺酮，系贩卖毒品罪的共犯，均应当以贩卖毒品罪追究二被告人的刑事责任。公诉机关指控罪名不成立，本院予以纠正。

对于起诉书对从被告人罗显福、邵礼伟的出租房中查获毒品氯胺酮净重共计2876.4克的指控，经查，公安机关在上述出租房中共计查获疑似毒品68袋，其中只有20袋进行了抽样检验，其余48袋均未检验。根据被告人罗显福的供述，其房间中除了有毒品氯胺酮外，还有原来购买的底粉，且在已经抽样检验的20袋疑似毒品中有一袋净重达514克的疑似毒品中未检出毒品成分，故起诉书指控未检验的48袋疑似毒品中均含有氯胺酮成分证据不足，应认定毒品氯胺酮数量为已经过检验含有氯胺酮成分的1号—6号、9号、12号、14号、18号、22号、26号、35号、38号、39号、41号、48号、57号、65号十九袋，净重共计2761.49克。

在贩卖毒品的过程中，被告人罗显福、邵礼伟均听从于贩毒人员覃某的指挥，帮助覃某贩卖毒品以获得一定的好处，二被告人在共同犯罪中起次要、辅助作用，均是从犯，依法应当从轻、减轻处罚或者免除处罚。被告人邵礼伟归案后能如实供述自己的犯罪事实，依法可以从轻处罚。辩护人认为被告人邵礼伟是从犯、初犯，并如实供述，请求对其从轻处罚的辩护意见成立，本院予以支持。

综合考虑被告人罗显福、邵礼伟的犯罪事实、情节、对社会的危害程度及悔罪表现，本院决定对被告人罗显福、邵礼伟均予以不同程度的减轻处罚。依照《中华人民共和国刑法》第三百四十七条第一款及第二款第一项、第二十五条第一款、第二十七条、第六十七条第三款、第六十四条、第五十二条、第五十三条、第五十四条、第五十五条第一款之规定，判决如下：

一、被告人罗显福犯贩卖毒品罪，判处有期徒刑十一年，剥夺政治权利一年，并处罚金人民币六万元；

二、被告人邵礼伟犯贩卖毒品罪，判处有期徒刑九年六个月，并处罚金人民币五万元；

三、作案工具甲手机一台、乙手机一台，依法均予以没收。

【法官后语】

1. 关于本案的毒品抽样检验问题。根据公安机关出具情况说明称，最高人民法院、最高人民检察院、公安部2016年5月24日印发的《办理毒品犯罪案件提取、扣押、称量、取样和送检程序若干问题的规定》第二十五条第二项规定："十个以上包装且少于一百个包装的，应当随机抽取其中的十个包装。"即从被告人罗显福房间中查获的15包疑似毒品内抽取了10包，从被告人邵礼伟房间内查获的53包疑似毒品中抽取了10包。

现在抽取的样品中，被告人罗显福房间中查获的其中一包净重514克的疑似毒品中未检出毒品成分，上述抽样的20个检材经检验未能得出全部含有毒品成分的一致结论的情况下，其余未经检验的疑似毒品是否还能全部算作毒品而计入毒品数量之中？应当要求办案机关进行补查补证，经过补查补证，不能作出合理解释的，可能严重影响司法公正的，可以排除。公安机关提供了情况说明表示其只抽取的20个样品符合规定。但是从抽检的20包毒品中，其中检出了一包是不含毒品成分的，这就不能排除没有抽检的那48包就不存在不含有毒品成分的情况，故指控未检验的48袋疑似毒品中均含有氯胺酮成分证据不足。

2. 关于本案的定性。本案中虽然贩卖毒品之人覃某尚未归案，但经查，被告人罗显福、邵礼伟均供述称其明知覃某系贩卖毒品之人，仍互相分工合作，帮助覃某管理及称量分装毒品、收取毒资、进购毒品、送毒品给购毒人员等。且有证人莫某的证言证实其曾向覃某购买过毒品"K粉"，毒资交给覃某，而毒品是从被告人罗显福处拿货，被告人罗显福亦供述称其曾帮覃某交付过毒品"K粉"给购毒人员莫某，且被告人邵礼伟向覃某购买的毒品"K粉"亦是从罗显福处拿货，并将毒资交给了罗显福。二被告人的供述与证人莫某的证言能够相互印证，证实了覃某系贩毒人员、二被告人帮助覃某贩卖毒品的事实。被告人罗显福、邵礼伟明知覃某系贩毒人员，仍帮助其贩卖毒品氯胺酮，系贩卖毒品罪的共犯，均应当以贩卖毒品罪追究二被告人的刑事责任。

编写人：广西壮族自治区柳州市柳北区人民法院　王珏

33

毒品提取、称量程序违法与瑕疵的界定及处理

——钟某某等贩卖毒品案

【案件基本信息】

1. 裁定书字号

广东省广州市中级人民法院（2017）粤 01 刑终 1408 号刑事裁定书

2. 案由：贩卖毒品罪

【基本案情】

2016 年 12 月 1 日 19 时许，被告人丁某到广州市天河区龙洞忠和里××号××房，以人民币 200 元的价格将甲基苯丙胺（冰毒）1 包（净重 0.83 克，检出甲基苯丙胺成分）贩卖给证人肖某时被民警当场抓获，现场从丁某处缴获毒资人民币 200 元、作案工具甲牌手机 1 台，从证人肖某处缴获上述甲基苯丙胺 1 包。

被告人丁某被抓获后随即向公安机关供认毒品来源并揭发被告人钟某某有贩卖毒品的犯罪行为，后在公安机关的监控下丁某通过手机微信联系被告人钟某某，并与之约定以人民币 4000 元的价格购买甲基苯丙胺 50 克。后钟某某指定具体毒品交易地点即其住处附近，并将准备好的毒品交由黄某某携带，一同前往交易地点。同日 23 时许，被告人钟某某、黄某某到钟某某住处附近即广州市白云区双和大马路乙食堂对出路段准备将甲基苯丙胺贩卖给丁某时被公安机关抓获，现场从黄某某处缴获甲基苯丙胺 1 包（净重 45.04 克，检出甲基苯丙胺成分）、作案工具丙牌手机、丁牌手机各 1 部，从钟某某处缴获作案工具戊牌手机 1 部。

广东省广州市天河区人民检察院以钟某某等人犯贩卖毒品罪提起公诉。被告人钟某某、丁某及辩护人对指控基本事实不持异议，被告人钟某某、丁某均表示认罪，被告人黄某某及其辩护人辩称，被告人黄某某构成非法持有毒品罪。

【案件焦点】

毒品犯罪案件称量程序如何把握“程序合法、公正；证据确实、充分”的裁判标准，取证程序违法抑或瑕疵的界定及处理。

【法院裁判要旨】

广东省广州市天河区人民法院经审理认为：关于被告人黄某某的行为性质问题。被告人钟某某、丁某均供述二人约定进行毒品交易；抓获经过、扣押笔录证实，公安机关在毒品交易地点抓获被告人钟某某、黄某某，并从黄某某处缴获用于贩卖的毒品；被告人钟某某供述由黄某某携带其准备交易的毒品，且黄某某知道是去与他人进行毒品交易；被告人黄某某亦供述毒品由其携带，知道是与钟某某去向他人贩卖毒品。上述证据相互印证，并有现场检测报告书、化验检验报告、被告人丁某的供述等佐证，足以证实被告人黄某某伙同被告人钟某某贩卖毒品的事实。

关于被告人钟某某、黄某某贩卖毒品的数量问题。公诉机关指控被告人钟某某、黄某某贩卖毒品甲基苯丙胺50.03克。法院认为，依据《最高人民法院、最高人民检察院、公安部关于办理毒品犯罪案件毒品提取、扣押、称量、取样和送检程序若干问题的规定》第十三条、第十四条的规定，毒品称量应当在有犯罪嫌疑人在场并有见证人的情况下进行，称量笔录应当由称量人、犯罪嫌疑人和见证人签名；称量前，称量人应当将衡器示数归零，并确保其处于正常的工作状态。本案中根据被告人钟某某、黄某某共同认签的毒品称量照片显示，公安机关对涉案毒品进行称量时有垫用一张A4纸（已折叠），衡器示重为50.03克；根据公安机关出具的情况说明证实相同品牌、型号A4纸单张重量约为4.99克（单张规格为0.06237平方米、克重80克，即单张重量为0.06237平方米×80克/平方米=4.9896克）。关于本案毒品称量问题，虽公安机关已出具情况说明，并由经办侦查人员出庭补充说明毒品称量前已将衡器上垫有的一张A4纸示数归零后，再行称量，但被告人钟某某、黄某某当庭均未予确认；且在案称量笔录未显示中立见证人在场，公诉机关亦未提供现场照片或录像等相关客观证据，证明公安机关在称量前已将衡器示数归零。综上，公安机关在毒品称量程序中存在瑕疵，虽经补充说明，但仍不足以排除衡器示重50.03克中包含该张A4纸重量4.99克的可能性，根据证据存疑有利于被告人的原则，应扣除该张A4纸的重量。故应认定被告人钟某某、黄某某贩卖毒品的数量为45.04克（50.03克减去4.99克）。公诉机关指控被告人钟某某、黄某某贩卖毒品的数量有误，应予以纠正。

广东省广州市天河区人民法院依照《中华人民共和国刑法》第三百四十七条第一款、第三款及第四款、第二十五条、二十六条、第二十七条、第五十二条、第五十三条、第六十四条、第六十七条第三款、第六十八条，《最高人民法院关于处理自首和立功具体应用法律若干问题的解释》第五条以及《最高人民法院关于处理自首和立功若干具体问题的意见》第五条的规定，判决如下：

一、被告人丁某犯贩卖毒品罪，判处有期徒刑八个月，并处罚金人民币一千元；

二、被告人钟某某犯贩卖毒品罪，判处有期徒刑十一年，并处罚金人民币一万元；

三、被告人黄某某犯贩卖毒品罪，判处有期徒刑五年，并处罚金人民币五千元；

四、缴获的毒品甲基苯丙胺以及作案工具手机，均依法予以没收。

一审宣判后，被告人钟某某以量刑过重为由，被告人黄某某提出其不知道携带的是毒品，不构成犯罪为由，提出上诉。

广东省广州市中级人民法院经审理认为：原审法院认定上诉人钟某某、黄某某向原审被告人丁某出售毒品甲基苯丙胺 45.04 克以及丁某出售毒品甲基苯丙胺 0.83 克的事实清楚，证据确实、充分，上诉人钟某某、黄某某、原审被告人丁某明知是毒品甲基苯丙胺而予以出售，其行为均构成贩卖毒品罪。原判决认定事实和适用法律正确，并已充分考虑了相关法定情节、各上诉人及原审被告人的认罪态度以及本案侦破的具体方式等影响量刑的因素，量刑适当。广州市中级人民法院依照《中华人民共和国刑事诉讼法》第二百二十五条第一款第一项①的规定，作出如下裁定：

驳回上诉，维持原判。

【法官后语】

本案关于涉案毒品称量程序的焦点问题。第一种观点认为，虽然公安机关因案件侦破现场复杂性未能当场称量涉案毒品，根据查明事实毒品称量时被告人钟某某、黄某某相互见证并签认毒品称量照片，且已分别认签称量取样笔录，公安机关

① 对应2018年《刑事诉讼法》第二百三十六条第一款第一项。

出具情况说明并由经办侦查人员出庭补充说明，在毒品称量前已将垫用的一张A4纸重量扣除即将衡器示数归零，而对此被告人钟某某、黄某某及二人辩护人均未明确提出异议，故应以衡器显示的50.03克认定被告人钟某某、黄某某的贩卖毒品数量。第二种观点认为，应通过证据审查，衡器示重50.03克中应该张A4纸的重量4.99克，即认定被告人钟某某、黄某某的贩卖毒品数量为45.04克。我们同意第二种观点，在案证据公安机关的取证程序存在瑕疵，但尚未达到证据确实、充分，排除合理怀疑的标准。具体理由如下：

1. 从程序法定原则来看本案毒品取证存在的问题

本案所涉贩卖毒品罪的客体是国家对毒品的管制秩序，其犯罪对象主要是海洛因、甲基苯丙胺等毒品。毒品的数量是贩卖毒品罪定罪处罚的重要情节，在毒品类犯罪中直接影响定罪、量刑，而在贩卖毒品罪中涉及重刑乃至无期徒刑、死刑。因此毒品数量认定十分重要，毒品称量程序必须合法、严格、规范，以确保裁判结果的合法公正。依据2016年7月1日施行的《最高人民法院、最高人民检察院、公安部关于办理毒品犯罪案件毒品提取、扣押、称量、取样和送检程序若干问题的规定》第十二条至第十四条的规定，不具备现场称量条件的，应按照该规定第九条的规定对毒品及包装物封装后，带至公安机关办案场所或者其他适当的场所进行称量；称量应当在有犯罪嫌疑人在场并有见证人的情况下进行，称量笔录应当由称量人、犯罪嫌疑人和见证人签名；称量前，称量人应当将衡器示数归零，并确保其处于正常的工作状态。而公安机关在本案毒品称量程序上，存在以下问题：其一，未能在查获现场进行毒品称量；其二，称量时未显示有中立见证人在场；第三，称量衡器示数归零没有客观证据固定。

2. 基于全案证据及查明的法律事实来综合认定毒品取证程序属于程序瑕疵，抑或根本性程序违法

根据本案案情，被告人丁某在贩卖毒品被查获后，随即向公安机关揭发被告人钟某某有贩卖毒品的犯罪行为，而公安机关至现场时查获被告人钟某某、黄某某，并非事先掌握的只需抓获被告人钟某某一人，确有现场突发性情况，而在现场不具备称量条件后，公安机关将毒品带至公安机关办案场所称量，亦符合相关规定。

而从本案具体的称量程序来看，虽公安机关已出具情况说明，并由经办侦查人员出庭补充说明毒品称量前已将衡器上垫有的一张A4纸示数归零后，再行称量，

但被告人钟某某、黄某某当庭均未予确认；且在案称量笔录未显示中立见证人在场，公诉机关亦未提供现场照片或录像等相关客观证据，证明公安机关在称量前已将衡器示数归零。此种情况下该如何界定，公安机关毒品称量取证程序是程序瑕疵，还是根本性的程序违法呢？笔者认为，根据案件事实被告人钟某某、丁某事前已约定好毒品交易的具体的数量（50克），且被告人钟某某、丁某对此均稳定供认，在一定程度上印证了公安机关可能将衡器示数归零的操作程序，公安机关在称量时让被告人钟某某、黄某某相互见证并共同签认毒品称量照片，在一定程度上也起到了见证的作用，而且被告人钟某某、黄某某在庭审中均未明确提出公安机关在称量程序中的问题，在一定程度上是认可衡器示重的毒品数量，另被告人丁某、钟某某、黄某某对指控贩卖毒品的主要事实均稳定供认且能相互印证，并有相应的证据佐证。因此，公安机关在毒品取证程序上存在上述的问题，应属于程序上的瑕疵，而非根本性的程序违法。参照2017年7月1日施行的最高人民法院、最高人民检察院、公安部、国家安全部、司法部《关于办理刑事案件严格排除非法证据若干问题的规定》第七条的规定："收集物证、书证不符合法定程序，可能严重影响司法公正的，应当予以补正或者作出合理解释；不能补正或者作出合理解释的，对有关证据应当予以排除"，以及最高人民法院《关于全面推进以审判为中心的刑事诉讼制度改革的实施意见》第三十条的规定："人民法院作出有罪判决，对于定罪事实应当综合全案证据排除合理怀疑。定罪证据不足的案件，不能认定被告人有罪，应当作出证据不足、指控的犯罪不能成立的无罪判决。定罪证据确实、充分，量刑证据存疑的，应当作出有利于被告人的认定"的相关精神，并结合本案中指控被告人钟某某、黄某某贩卖毒品甲基苯丙胺50.03克的量刑幅度为"处十五年以上有期徒刑、无期徒刑或者死刑，并处没收财产"较重的情节。公安机关在毒品称量程序中存在瑕疵，虽经补充说明，且被告人钟某某、黄某某及其辩护人在一定程度上对衡器示重50.03克认可，但仍不足以排除衡器示重50.03克中包含该张A4纸重量4.99克的可能性，根据证据存疑有利于被告人的原则，应扣除该张A4纸的重量，即排除经办侦查人员当庭作出涉案毒品称量前已操作衡器归零的证言。故应认定被告人钟某某、黄某某贩卖毒品的数量为45.04克（50.03克减去4.99克），在依法应当适用"处七年以上有期徒刑，并处罚金"的量刑幅度内对被告人钟某某、黄某某科处刑罚。

综上，程序正义是司法公正的重要方面，其不仅是实体公正的前提和保障，而且有其自身的独立价值和意义。司法实践中，一些冤假错案恰恰是因侦查取证不规范或者违反法定程序导致的，如未严格依程序邀请见证人等。侦查作为刑事诉讼的基础环节，诸多现场证据的采证具有不可逆性，应当按照程序法定原则，严格依照《刑事诉讼法》和有关取证规定开展，确保案件办理的各环节均符合程序规范要求，符合依法办案、公正司法的要求。因此，审判机关在审理刑事案件中，应充分发挥庭审的作用，充分审查刑事证据的程序合法性、公正性，通过全案关联证据综合认定取证程序属于根本性违法抑或轻微程序瑕疵，对于因程序根本性违法而导致定罪证据不足，应作出无罪判决，对于因程序瑕疵导致量刑证据存疑的，而公安机关又不能作出补正或者作出合理解释的，如属于程序性违法则对有关证据应当予以排除，而如属于程序瑕疵，则应作出有利于被告人的认定。

编写人：广东省广州市天河区人民法院　曹虎

34

对涉案毒品可能大量掺假的毒品的数量认定

——王啟良贩卖毒品案

【案件基本信息】

1. 裁判书字号

福建省霞浦县人民法院（2017）闽0921刑初298号刑事判决书

2. 案由：贩卖毒品罪

【基本案情】

2017年3月20日至26日，被告人王啟良在霞浦县松港街道先后向吸毒人员刘某出售甲基苯丙胺三次。具体事实如下：

1. 2017年3月20日21时许，被告人王啟良在霞浦县松港街道头桥××号门口，以人民币250元的价格，向刘某出售1小包重约0.7克的甲基苯丙胺。

2. 2017 年 3 月 22 日 20 时许，被告人王啟良在霞浦县松港街道头桥××号门口，以人民币 200 元的价格，向刘某出售 1 小包重约 0.7 克的甲基苯丙胺。

3. 2017 年 3 月 26 日 22 时许，被告人王啟良在霞浦县松港街道东关下街××号店内，欲再次向刘某出售甲基苯丙胺时被公安民警当场抓获。后民警从被告人王啟良身上查获甲基苯丙胺 2 小包（净重 1.4509 克）、手机 1 部、现金人民币 3401 元，从其驾驶的摩托车上查获甲基苯丙胺 1 包（净重 20.1105 克、含量为 0.5%）。随后，民警又在其租住的霞浦县松港街道头桥××号二楼厨房橱柜内搜出甲基苯丙胺 5 小包（净重 3.618 克）、电子秤 1 台、吸毒工具“冰壶”1 个等。

【案件焦点】

对涉案毒品可能大量掺假的毒品的数量认定。

【法院裁判要旨】

福建省霞浦县人民法院经审理认为：被告人王啟良明知是毒品甲基苯丙胺而多次贩卖，数量达 26.5794 克，其行为已构成贩卖毒品罪。公诉机关指控的罪名成立。被告人王啟良有吸毒劣迹，酌予从重处罚。被告人王啟良贩卖的毒品中有 20.1105 克毒品的毒品含量较低，可酌情对被告人王啟良从轻处罚。综合上述情节，对被告人王啟良从轻处罚。据此，依照《中华人民共和国刑法》第三百四十七条第一款、第三款、第七款，第三百五十七条，第六十四条及《最高人民法院关于审理毒品犯罪案件适用法律若干问题的解释》第四条第一项的规定，判决如下：

一、被告人王啟良犯贩卖毒品罪，判处有期徒刑七年，并处罚金人民币 8000 元；

二、扣押于霞浦县公安局的赃款人民币 450 元，予以没收，上缴国库；扣押在案的毒品甲基苯丙胺 25.1794 克及手机 1 部、电子秤 1 台、吸毒工具“冰壶”1 个，予以没收。

【法官后语】

本案涉案毒品含量较低，涉及是否能径行认定为毒品数量的问题。关于毒品含量的规定最早见于最高人民法院 1994 年 12 月 20 日颁布的《关于执行〈全国人民代表大会常务委员会关于禁毒的决定〉的若干问题的解释》（已失效）。《刑法》第三百五十七条规定，毒品的数量以查证属实的走私、贩卖、运输、制造、非法持有毒品的数量计算，不以纯度折算。最高人民法院、最高人民检察院、公安部于 2007

年11月8日颁布的《办理毒品犯罪案件适用法律若干问题的意见》规定，可能判处死刑的毒品犯罪案件，毒品鉴定结论中应有含量鉴定的结论。2008年最高人民法院《全国部分法院审理毒品犯罪案件工作座谈会纪要》中“对毒品含量鉴定和混合型、新类型毒品案件处理问题”一节明确规定，除了可能判处死刑的毒品犯罪案件应作出毒品含量鉴定，对涉案毒品可能大量掺假或者系成分复杂的新类型毒品的，也应当作出毒品含量鉴定。对于含有二种以上毒品成分的毒品混合物，应进一步作出成分鉴定，确定所含的不同毒品成分及比例。最高人民法院《关于常见犯罪的量刑指导意见》规定，毒品含量明显偏低的，可减少基准刑的30%以下。2016年，最高人民法院、最高人民检察院、公安部《办理毒品犯罪案件毒品提取、扣押、称量、取样和送检程序若干问题的规定》（公禁毒〔2016〕511号）第三十三条规定了公安机关应当委托鉴定机构对查获的毒品进行含量鉴定的五种情形。

通过上述规定可看出，虽然《刑法》规定毒品的数量不以纯度折算，但关于是否需要对毒品进行含量鉴定已经明显呈现出扩大化的趋势，对于成分复杂的新类型毒品进行含量鉴定，并根据其社会危害性依法量刑，有利于做到量刑公平、罚当其罪。目前，由于相关司法解释及相关规定与作为上位法的《刑法》规定并不完全一致，且新型毒品的范围并不明确，导致司法实践中难以操作。结合本案从被告人王啟良摩托车上查获的毒品20.1105克，其甲基苯丙胺含量经鉴定为0.5%，根据现有法律规定，办理毒品犯罪案件，无论毒品纯度高低，一般均应将查证属实的毒品数量认定为毒品犯罪的数量，并据此确定适用的法定刑幅度。因此，本案从被告人王啟良摩托车上查获的毒品甲基苯丙胺的毒品含量虽较低，但仍应以查证属实的20.1105克计，但在量刑上结合其毒品含量明显偏低的情况予以酌情考虑。

编写人：福建省霞浦县人民法院　林杰

35

贩卖毒品案中假毒品的认定与定罪量刑

——段常旭贩卖毒品案

【案件基本信息】

1. 裁判书字号

北京市第二中级人民法院（2017）京02刑终484号刑事裁定书

2. 案由：贩卖毒品罪

【基本案情】

2016年11月8日，被告人段常旭在北京市丰台区顺四条甲饭馆内，准备以人民币29700元的价格向温某某贩卖毒品甲基苯丙胺（俗称“冰毒”）200克时被民警查获。民警从被告人段常旭乘坐的车牌号为京N9××××黑色轿车内起获白色晶体三包，净重195.97克，经鉴定未检出常见毒品；起获一包红色药粒状可疑物（10片），净重1.02克，经鉴定检出甲基苯丙胺。被告人段常旭于2016年11月8日被北京市公安局东铁匠营派出所民警抓获。

【案件焦点】

贩卖毒品案件中，如行为人所贩卖毒品中包含部分假毒品，对被告人应如何量刑。

【法院裁判要旨】

北京市丰台区人民法院经审理认为：被告人段常旭无视国家法律，向他人贩卖毒品甲基苯丙胺，其行为已构成贩卖毒品罪，依法应予处罚。北京市丰台区人民检察院指控被告人段常旭犯贩卖毒品罪的事实清楚，证据确实、充分，罪名成立。对于辩护人提出的被告人段常旭误将不含有毒品成分的假毒品195.97克当作毒品贩卖，系贩卖毒品罪未遂的意见，经查，有在案证据证明，本院予以采纳；对于辩护人提出的被告人段常旭尚未将毒品交付给买家温某某即被民警抓获，应认定为贩卖毒品罪未遂，应从轻或减轻处罚的意见，根据相关规定，贩毒人员被抓获后，对于从其住所、车辆等处查获的毒品，一般均应认定为其贩卖的毒品，确有证据证明查获的毒品并非贩毒人员用于贩卖，其行为另构成其他犯罪的，依法定罪处罚。本案中被告人段常旭供述、证人温某某的证言、破案报告、视听资料等证据能够证明被告人段常旭以向温某某贩卖毒品并获利为目的向其上家购买毒品约200克，且温某某已经向段常旭支付了毒资，段常旭购得毒品后携带毒品与温某某见面交付毒品，已经进入了交易环节，后民警在二人所乘坐的汽车中起获了被告人段常旭购买的195.97克假毒品及1.02克甲基苯丙胺的事实，被告人段常旭已构成贩卖毒品罪既遂，所有起获的毒品均应认定为被告人段常旭贩卖的毒品，但因起获的毒品中有195.97克为假毒品，不应计入贩卖毒品罪既遂的数量，故辩护人该意见本院不予采纳。对于辩护人提出应对被告人段常旭在三年以下确定基准刑的意见，经查，在案证据能够证明被告人段常旭主观上具有向他人贩卖数量大的毒品甲基苯丙胺200克的犯罪故意，客观上实施了贩卖行为，根据刑法相关规定，其法定刑为十五年有期徒刑、无期徒刑或者死刑，并处没收财产。即便其因贩卖的为假毒品，成立贩卖毒品罪未遂，依法可以减轻处罚，亦应在七年以上有期徒刑范围内量刑，故辩护人该意见本院不予采纳。辩护人提出的其他意见本院酌予采纳。鉴于被告人段常旭系贩卖毒品罪部分未遂，且到案后能够如实供述主要犯罪事实，认罪悔罪态度较好，可对其予以减轻处罚。

北京市丰台区人民法院依照《中华人民共和国刑法》第三百四十七条第一款及第二款、第二十三条、第六十七条第三款、第六十三条第一款、第五十五条第一款、第五十六条第一款、第五十二条、第五十三条、第六十四条及第六十一条之规定，作出如下判决：

一、被告人段常旭犯贩卖毒品罪，判处有期徒刑十年，剥夺政治权利二年，并处罚金人民币一万元；

二、依法扣押但未随案移送的涉案物品由扣押机关依法处理。

宣判后，段常旭提起上诉。

北京市第二中级人民法院经审理认为：上诉人段常旭欲向他人贩卖甲基苯丙胺（冰毒）200克，其行为已构成贩卖毒品罪，依法应予惩处。鉴于其因意志以外的原因而犯罪未得逞，系犯罪未遂，且到案后能够如实供述所犯罪行，可对其减轻处罚。段常旭所提量刑过重的上诉理由，经查，一审法院根据段常旭犯罪的具体情节及具有的量刑情节，已对其减轻处罚，在二审审理期间，段常旭无新的从宽情节，故段常旭的上诉理由不能成立，本院不予采纳。一审法院根据段常旭犯罪的事实、性质、情节以及对于社会的危害程度所作出的判决、定罪及适用法律正确，量刑及对涉案物品处理适当，审判程序合法，应予维持。

北京市第二中级人民法院依照《中华人民共和国刑事诉讼法》第二百二十五条第一款第一项[①]之规定，裁定如下：

驳回段常旭的上诉，维持原判。

【法官后语】

本案争议的焦点主要是涉案毒品的定性问题和量刑问题。首先，被告人段长旭从他人处购买了净重195.97克的白色晶体，购买时其通过品尝认为该白色晶体是纯度不太高的“冰毒”，后将该“冰毒”加价向温某某贩卖，这是一种典型的贩卖行为，但是因该白色晶体中未检出常见毒品，即该白色晶体并非冰毒（甲基苯丙胺），也不属于受管制的其他毒品类型，以至于被告人段长旭的贩卖行为没有达到既遂的标准，而这是由于被告人段长旭意志以外的因素而导致的犯罪未能得逞，故应当认定为被告人段长旭对该195.97克的“冰毒”系贩卖毒品罪未遂。其次，《全国部分法院审理毒品犯罪案件工作座谈会纪要》（以下简称《武汉会议纪要》）中规定，贩毒人员被抓获后，对于从其住所、车辆等处查获的毒品一般均应认定为其贩卖的毒品，确有证据证明查获的毒品并非贩卖人员用于贩卖，按照其他规定依法定罪处罚，本案被告人段长旭欲向温某某贩卖毒品近200克，故其应当属于《武汉会议纪要》中规定的“贩毒人员”，加之在案证据中没有证据能够证明被告人段长旭持有的该1.02克甲基苯丙胺并非用于贩卖，故从被告人段长旭所乘坐的车辆内起获的净重为1.02克的甲基苯丙胺应当计入其贩卖毒品的数量。甲基苯丙胺属于刑法规定的毒品类型，故应当认定被告人段长旭对该1.02克的甲基苯丙胺构成贩卖毒品的既遂。故本案被告人段长旭的行为应当定性为贩卖毒品罪的部分未遂。

在数额犯中犯罪既遂的部分与未遂部分分别对应不同法定刑幅度的，应当先决定对未遂部分是否减轻处罚，确定未遂部分对应的量刑幅度，再与既遂部分对应的

---

① 对应2018年《刑事诉讼法》第二百三十六条第一款第一项。

法定刑幅度进行比较，选择适用较重的法定刑幅度，并酌予从重处罚。故对于被告人段长旭的处罚，首先，是考虑其未遂部分的195.97克假毒品的量刑幅度，《刑法》第三百四十七条规定，贩卖甲基苯丙胺五十克以上，处十五年有期徒刑、无期徒刑或者死刑，并处没收财产；第二十三条规定，对于未遂犯，可以比照既遂犯从轻或者减轻处罚；第六十三条规定，对于有数个量刑幅度的，应当在法定量刑幅度的下一个量刑幅度内判处刑罚。贩卖195.97克的甲基苯丙胺的量刑幅度为“十五年有期徒刑、无期徒刑或者死刑，并处没收财产”，故本案中未遂部分的量刑幅度应该在该量刑幅度的下一个幅度，即“七年以上有期徒刑，并处罚金”。其次，根据《刑法》第三百四十七条之规定，本案既遂部分的1.02克甲基苯丙胺的量刑幅度为“三年以下有期徒刑、拘役或者管制，并处罚金”。比较未遂部分与既遂部分的量刑幅度可知，本案应当在“七年以上有期徒刑，并处罚金”的量刑幅度内确定量刑结果，1.02克的既遂部分作为量刑情节酌予从重处罚。以贩卖毒品罪判处被告人段常旭有期徒刑十年，剥夺政治权利二年，并处罚金人民币一万元。

编写人：北京市丰台区人民法院　刘宇超

36

贩卖毒品罪中推定贩卖的主从犯区分

——彭朝湘、吴东雪贩卖毒品案

【案件基本信息】

1. 裁判书字号

重庆市第一中级人民法院（2017）渝01刑终360号刑事判决书

2. 案由：贩卖毒品罪

【基本案情】

被告人彭朝湘、吴东雪系夫妻关系，共同居住于重庆市江北区甲小区。2016年10月19日16时许，谭某致电吴东雪求购毒品，吴东雪同意。谭某随即来到彭朝湘、吴东雪住处。彭朝湘将1.01克甲基苯丙胺交给谭某，谭某将200元购毒款交给吴东雪。交易完毕后，彭朝湘、吴东雪即被民警抓获。民警另从该房屋内查获18.60克甲基苯丙胺。

【案件焦点】

贩卖毒品共同犯罪中，共同正犯人住处查获的毒品计入贩卖毒品数量时，推定贩卖是否应作主从犯区分。

【法院裁判要旨】

重庆市江北区人民法院经审理认为：被告人彭朝湘、吴东雪共同贩卖毒品甲基苯丙胺19.61克，其行为均构成贩卖毒品罪。吴东雪到案后如实供述犯罪事实，依法从轻处罚。重庆市江北区人民法院依照《中华人民共和国刑法》第三百四十七条第一款及第三款、第二十五条第一款、第六十七条第三款、第五十三条、第六十四条之规定，作出如下判决：

一、被告人彭朝湘犯贩卖毒品罪，判处有期徒刑八年，并处罚金人民币五千元；

二、被告人吴东雪犯贩卖毒品罪，判处有期徒刑七年，并处罚金人民币五千元；

三、缴获的毒品及作案工具手机一部予以没收。

宣判后，彭朝湘提出上诉。

重庆市第一中级人民法院经审理认为，上诉人彭朝湘、原审被告人吴东雪贩卖毒品行为均构成贩卖毒品罪。吴东雪归案后坦白认罪，依法从轻处罚。根据二审审理查明的事实、证据，综合彭朝湘、吴东雪在本案中的作用、行为，应认定彭朝湘系主犯，吴东雪系从犯，结合吴东雪归案后坦白认罪等情节，对吴东雪予以减轻处罚。原判决认定事实清楚，审判程序合法，量刑适当。鉴于二审期间出现新的事实、证据，依法予以改判。重庆市第一中级人民法院依照《中华人民共和国刑事诉讼法》第二百二十五条第一款第一项、第二项①和《中华人民共和国刑法》第三百四十七条第一款和第三款、第二十五条第一款、第二十六条第一款、第二十七条、

---

① 对应2018年《刑事诉讼法》第二百三十六条第一款第一项、第二项。

第六十七条第三款、第六十四条之规定，作出如下判决：

一、维持重庆市江北区人民法院（2017）渝0105刑初283号刑事判决的第一项，即被告人彭朝湘犯贩卖毒品罪，判处有期徒刑八年，并处罚金五千元；第三项，即缴获的毒品及作案工具手机一部予以没收；

二、撤销重庆市江北区人民法院（2017）渝0105刑初283号刑事判决的第二项，即被告人吴东雪犯贩卖毒品罪，判处有期徒刑七年，并处罚金五千元；

三、原审被告人吴东雪犯贩卖毒品罪，判处有期徒刑四年，并处罚金三千元。

【法官后语】

推定贩卖是指贩毒人员被抓获后，对于从其住处查获的毒品，一般均应计入其贩卖毒品数量。根据规定，贩卖毒品共同正犯人亦应对推定贩卖的毒品承担刑事责任。由于推定贩卖的毒品购入、毒品控制权、处置权等的不同，共犯人在共同犯罪中的地位和作用存在差别，需对共犯人进行主从犯区分。

1. 彭朝湘、吴东雪的行为成立贩卖毒品罪的共同正犯

贩卖毒品，是指有偿转让毒品的行为。本案中，谭某向吴东雪求购毒品后，吴东雪同意并告知彭朝湘，彭朝湘将毒品分装后交付给谭某，吴东雪收取毒资。彭朝湘、吴东雪的行为属于有偿转让毒品，侵犯了国家对于毒品的管理制度，二人具备完全刑事责任能力，具有贩卖毒品的故意。彭朝湘、吴东雪的行为符合贩卖毒品罪的构成要件，均构成贩卖毒品罪。

我国《刑法》第二十五条第一款规定："共同犯罪是指二人以上共同故意犯罪。"刑法理论对于二人以上共同实行犯罪的情况称为共同正犯。彭朝湘、吴东雪行为分工不同，但相互配合，共同促使贩卖毒品行为达既遂形态。按照部分实行全部责任原则，彭朝湘、吴东雪贩卖1.01克毒品给谭某的行为成立贩卖毒品罪的共同正犯，均应对贩卖1.01克毒品承担刑事责任。

2. 查获的所有毒品均应计入彭朝湘、吴东雪贩卖毒品数量

2015年5月《全国法院毒品犯罪审判工作座谈会纪要》（以下简称《武汉会议纪要》）规定："贩毒人员被抓获后，对于从其住所等处查获的毒品，一般均应认定为其贩卖的毒品。"本案中，彭朝湘、吴东雪系贩卖1.01克毒品的共同正犯，均系吸毒人员且明知家中有毒品。因此，彭朝湘、吴东雪对共同居住房屋内另行查获的毒品均具有贩卖毒品的概括故意，推定贩卖的18.60克毒品亦应计入二人共同贩

卖毒品数量。

2008 年 12 月《全国部分法院审理毒品犯罪案件工作座谈会纪要》（以下简称《大连会议纪要》）规定："要正确认定共同犯罪案件中主犯和从犯的毒品犯罪数量……对于从犯，应当按照其所参与的毒品犯罪的数量处罚。"本案中，推定贩卖的 18.60 克毒品计入贩卖毒品数量在性质上属于刑法拟制。彭朝湘购入毒品，对毒品具有完全控制权及处置权；吴东雪随附彭朝湘吸食毒品，同意少量贩卖但需告知彭朝湘，对推定贩卖的毒品有部分处置权。吴东雪的参与行为决定了推定贩卖的毒品应计入其贩卖毒品数量。至于是否进行主从犯区分，不影响贩卖毒品数量的总体认定。

3. 就推定贩卖的毒品应对彭朝湘、吴东雪进行主从犯区分

我国《刑法》第二十六条第一款规定："组织、领导犯罪集团进行犯罪活动的或者在共同犯罪中起主要作用的，是主犯。"第二十七条第一款规定："在共同犯罪中起次要或者辅助作用的，是从犯。"《大连会议纪要》规定："区分主犯和从犯，应当以各共同犯罪人在毒品共同犯罪中的地位和作用为依据。要从犯意提起、具体行为分工、出资和实际分得毒赃多少以及共犯之间相互关系等方面，比较各个共同犯罪人在共同犯罪中的地位和作用。"本案中，彭朝湘、吴东雪在贩卖 1.01 克毒品给谭某的行为中地位、作用相当，不宜区分主从。但从推定贩卖的 18.60 克毒品的购入者、毒品控制权及处置权角度而言，彭朝湘的地位、作用明显高于吴东雪，故应对推定贩卖作主从犯区分，进而影响整体共同犯罪的主从犯认定。综合彭朝湘、吴东雪在本案中的作用、行为，应认定彭朝湘为主犯，吴东雪为从犯。

4. 推定贩卖主从犯区分符合刑法基本原则及刑事政策要求

《大连会议纪要》规定："要根据行为人在共同犯罪中的作用和罪责大小确定刑罚……应当全面考察共同犯罪人在共同犯罪中实际发挥作用的差别，主观恶性和人身危险性方面的差异，对罪责或者人身危险性更大的主犯或者共同犯罪人依法判处更重的刑罚。"共同犯罪理论中部分实行全部责任原则，是指共同正犯人即使只实施了部分行为，也要将全部结果归属于其行为。本案中，彭朝湘、吴东雪共同贩卖 1.01 克毒品，适用此原则无理论障碍。但对于推定贩卖的 18.60 克毒品，不应照搬适用。彭朝湘在推定贩卖中的地位、作用明显高于吴东雪；彭朝湘主观恶性及人身危险性亦大于吴东雪。对推定贩卖进行主从犯区分，可以体现彭朝湘、吴东雪

在共同犯罪中的作用差别。认定吴东雪为从犯予以减轻处罚，符合罪责刑相适应基本原则，亦贯彻了宽严相济的刑事政策。

编写人：重庆市第一中级人民法院　陈超

37

吸毒后的剩余液体不应计入运输毒品的毒品数量

——王卓、孙玉阳运输毒品案

【案件基本信息】

1. 裁判书字号

北京市第二中级人民法院（2017）京02刑初13号刑事判决书

2. 案由：运输毒品罪

【基本案情】

2016年5月上旬，被告人王卓、孙玉阳驾驶黑色轿车（车牌号：云N6××××）从云南省至四川省，在四川省内江市获取毒品后，将毒品混入液体，后携带混有毒品的液体驾车从四川省内江市出发，途经重庆市、山西省、河北省等地，于同年5月14日凌晨到达北京市。二被告人在北京市西城区西直门甲大厦A座11层××××号房间内，将上述毒品从液体中提取出，并将毒品称量分装。同年5月19日，王卓携带毒品外出时，在甲大厦11层被抓获，所带毒品被当场起获。后孙玉阳亦被抓获。经鉴定，可疑晶体154份共计576.62克，检出甲基苯丙胺，含量为50.6%。上述毒品已被收缴。另，从二被告人驾驶的汽车中起获一乙牌饮料瓶装425克液体，检出毒品甲基苯丙胺成分（含量低于1%）。

【案件焦点】

被告人在运输毒品的过程中吸食毒品后的剩余液体是否应当计入运输毒品的毒品数量。

【法院裁判要旨】

北京市第二中级人民法院经审理认为：关于查获的含有毒品甲基苯丙胺成分的乙牌饮料瓶中425克液体应否计入运输毒品数量的问题。经查，侦查机关查获该瓶装的液体后即依法移送鉴定机构鉴定，后检测出该液体中含有毒品甲基苯丙胺成分，侦查机关亦出具工作说明证明该瓶装液体的毒品含量低于1%，该瓶装液体与本案查明的混有毒品的液体并非同一种类的液体；王卓、孙玉阳均供述乙牌饮料瓶系二人来京途中吸毒用的工具，吸毒要加水过滤，吸毒后将该饮料瓶放在车上，现场检测报告书、吸毒成瘾认定意见书亦证明王卓和孙玉阳均系吸毒人员。综上，虽然该瓶含有毒品甲基苯丙胺成分的425克液体随汽车运输至京，但不应认定为运输毒品的数量。

被告人王卓、孙玉阳违反国家对毒品的管制规定，驾车将毒品甲基苯丙胺从四川省内江市运输至北京，且运输毒品数量大，二被告人的行为均已构成运输毒品罪，依法应予惩处。王卓在共同犯罪中起主要作用，系主犯。孙玉阳在共同犯罪中起次要作用，系从犯；如实供述自己伙同王卓运输毒品至京的犯罪事实，主动认罪认罚，依法对其减轻处罚。北京市人民检察院第二分院指控王卓、孙玉阳犯运输毒品罪的事实清楚，证据确实充分，指控的罪名成立；关于对孙玉阳减轻处罚的量刑建议正确，本院根据孙玉阳所具有的从轻、减轻处罚的情节对其确定相应的刑罚。关于王卓及其辩护人所提指控王卓犯运输毒品罪的证据不足，王卓构成非法持有毒品罪的辩解及辩护意见不予采纳。关于孙玉阳的辩护人所提指控孙玉阳犯运输毒品罪的证据不足的辩护意见不予采纳。

北京市第二中级人民法院依照《中华人民共和国刑法》第三百四十七条第一款及第二款第一项、第二十五条第一款、第二十六条第一款及第四款、第二十七条、第六十七条第三款、第五十二条、第五十三条、第五十五条第一款、第五十六条第一款、第五十九条第一款、第六十一条、第六十四条之规定，判决如下：

一、被告人王卓犯运输毒品罪，判处无期徒刑，剥夺政治权利终身，并处没收个人全部财产；

二、被告人孙玉阳犯运输毒品罪，判处有期徒刑八年，剥夺政治权利一年，并处罚金人民币一万元。

【法官后语】

1.《刑法》第三百四十七条规定的行为对象系国家管制的毒品

我国《刑法》第三百四十七条规定："走私、贩卖、运输、制造毒品，无论数量多少，都应当追究刑事责任，予以刑事处罚……"且对鸦片、海洛因、甲基苯丙胺这三种常见毒品规定鸦片1000克以上，海洛因、甲基苯丙胺50克以上即可判处十五年有期徒刑、无期徒刑或者死刑，并处没收财产。第三百五十七条规定："本法所称的毒品，是指鸦片、海洛因、甲基苯丙胺（冰毒）、吗啡、大麻、可卡因以及国家规定管制的其他能够使人形成瘾癖的麻醉药品和精神药品。毒品的数量以查证属实的走私、贩卖、运输、制造、非法持有毒品的数量计算，不以纯度折算。"可见我国《刑法》对走私、贩卖、运输、制造毒品罪中的"毒品"已经进行了明确界定，且应以查证属实的数量计算。因而走私、贩卖、运输、毒品罪的对象只能是刑法规定的"毒品"，包括常见毒品、混合型毒品以及新类型毒品，当然亦包括通过隐蔽方式藏匿的毒品，且不以纯度折算毒品数量。

2. 毒品犯罪分子从走私、贩卖、运输、制造的毒品中取少量吸食，属毒品的正常消耗，不应再计入毒品数量

从司法实践来看，走私、贩卖、运输、制造毒品的犯罪分子往往是吸毒人员，且"以贩养吸者"居多，他们在毒品犯罪过程中也会对毒品的质量以吸食的方法进行鉴定，以区分等次，或取出少量当即吸食，这均属正常消耗，数量一般不会明确，亦无法准确计算，故不应计入查获的毒品数量。

3. 毒品犯罪分子吸毒后的剩余液体不应计入毒品数量

从司法实践来看，毒品犯罪分子吸食甲基苯丙胺类毒品时，一般会通过"冰壶"加入定量的水后过滤吸食，这样就会在"冰壶"中产生含有少量毒品成分的液体，比较常见的是刚吸毒完毕即被抓获的毒品犯罪分子，一般都能提取到"冰壶"及"冰壶"中的液体。这种剩余液体中虽然含有毒品成分，但含量甚少，已不具有毒品特性，不应再作为毒品看待，尤其是对于毒品犯罪分子而言系毫无价值的废液，因而对其不应计入查获毒品的实际数量。

本案中王卓、孙玉阳在四川获取毒品后，将毒品混入液体并装入红酒瓶中，孙玉阳供述该液体能够看到颗粒状的冰毒，系以伪装的形式藏匿毒品，该液体可认定为毒品液体。王卓和孙玉阳均系吸毒人员，二人在运输毒品的途中从运输的毒品中

取出少量用冰壶吸食，属毒品的正常消耗，二人亦不知取出的实际数量，故无法对已经吸食的毒品计算数量。从二人驾驶的汽车中查获的瓶装剩余液体，虽然鉴定出具有毒品成分，但含量不足1%，系二人吸食冰毒后的废液，与二人藏匿于红酒瓶中的毒品液体性质完全不同，因而不应计入运输毒品的数量。公诉机关将该液体计入运输毒品的数量有误，依法不予认定。

编写人：北京市第三中级人民法院　刘克河

38

购买大量毒品并使用车辆进行运输的行为如何定性

——李金果运输毒品案

【案件基本信息】

1. 裁判书字号

广西壮族自治区河池市中级人民法院（2017）桂12刑终293号刑事裁定书

2. 案由：运输毒品罪

【基本案情】

2016年11月28日22时许，被告人李金果在柳州市向他人购买到毒品氯胺酮后藏匿在车牌号为桂B×××××的白色小轿车内，之后孔某某驾驶该车搭乘李金果、付某某、刘某某从柳州市到柳城县凤山镇的一个寺庙烧香，后又一同到罗城仫佬族自治县东门镇过夜。次日15时45分许，孔某某驾驶车牌号为桂B×××××的白色小轿车搭乘李金果、付某某、刘某某途经河池市宜州区石别镇清潭交警中队路段时被公安民警例行拦截检查，民警当场从该车后排座位的一个抱枕内查获李金果藏匿的毒品氯胺酮疑似物1大包和1小包，净重分别为619.43克、1.81克。经鉴定，查获的2包毒品氯胺酮疑似物均检出氯胺酮成分，大包氯胺酮的含量为26.7%。

被告人李金果对公诉机关指控的犯罪事实无异议，其辩称，被查获的毒品系其购买用于自己吸食的，其行为应构成非法持有毒品罪。辩护人提出的辩护意见是：

(1) 李金果购买的毒品系自己吸食所用，没有证据证实其为实施其他毒品犯罪行为而购买，其在购买毒品后乘车携带，应是持有的一种类型，故李金果的行为应构成非法持有毒品罪；(2) 被查获的毒品含量较低；(3) 李金果归案后如实供述自己的罪行。综上，建议对李金果从轻处罚。

【案件焦点】

被告人李金果在购买大数量毒品并使用车辆进行运输中被公安机关查获，没有证据证明其是为了实施贩卖毒品等其他犯罪，其行为构成运输毒品罪还是非法持有毒品罪。

【法院裁判要旨】

广西壮族自治区河池市宜州区人民法院经审理认为：被告人李金果明知是毒品氯胺酮而非法购买后运输，数量达624.24克，其行为已构成运输毒品罪。公诉机关指控李金果犯运输毒品罪的事实和罪名成立。李金果虽系吸毒人员，但其购买到大数量毒品后使用车辆进行运输，毒品已实现了跨市的空间转移，系一种运输行为，其在运输大数量的毒品过程中被查获，没有证据证明其为了实施贩卖毒品等其他犯罪目的，其行为应依照运输毒品罪定罪处罚。故对于李金果及其辩护人提出李金果的行为应构成非法持有毒品罪的辩解和辩护意见，本院不予采纳。对于辩护人提出本案被查获的毒品含量较低的辩护意见，经查，李金果被查获的大包毒品氯胺酮净重619.43克，含量为26.7%，该含量已高于25%，属毒品犯罪案件中的常见含量，并非大量掺杂掺假情形，应将查获的数量确定为定罪量刑的数量。故辩护人提出的该辩护意见，本院不予采纳。李金果归案后如实供述自己的罪行，可以从轻处罚。

广西壮族自治区河池市宜州区人民法院依照《中华人民共和国刑法》第三百四十七条第一款及第二款第一项、第六十七条第三款、第四十五条、第四十七条、第五十四条、第五十五条第一款、第五十六条第一款、第五十九条、第六十一条、第六十二条、第六十四条和《最高人民法院关于审理毒品犯罪案件适用法律若干问题的解释》第一条第一款第七项之规定，作出判决如下：

一、李金果犯运输毒品罪，判处有期徒刑十五年，剥夺政治权利三年，并处没收个人财产人民币八万元；

二、查获的毒品氯胺酮624.24克依法予以没收，由扣押机关依法处置。

李金果不服一审判决，向广西壮族自治区河池市中级人民法院提起上诉。

广西壮族自治区河池市中级人民法院经审理认为：原判认定事实清楚，证据确实充分，适用法律正确，审判程序合法，量刑适当，依照《中华人民共和国刑事诉讼法》第二百二十五条第一款第一项①，作出如下裁定：

驳回上诉，维持原判。

【法官后语】

运输毒品必然要持有毒品，而就非法持有毒品而言，“持有”既可以是静态的，也可以是移动状态的。当持有毒品属于动态时，如何区分运输毒品罪与非法持有毒品罪在实践中一直存在争议。本案中，对被告人李金果的行为应当认定为运输毒品罪。理由如下：

1. 对吸毒者在运输数量较大毒品过程中被查获的情形，构成何种犯罪的规定逐渐明确

2000年印发的《全国法院审理毒品犯罪案件工作座谈会纪要》（以下简称《南宁会议纪要》）规定，“吸毒者在购买、运输、存储毒品过程中被抓获的，如没有证据证明被告人实施了其他毒品犯罪行为的，一般不定罪处罚，但抓获的毒品数量大的，应当以非法持有毒品罪定罪”。在执行《南宁会议纪要》相关规定的过程中，出现吸毒者运输千克以上海洛因或冰毒的情形，由于无法证明其具有实施其他毒品犯罪的目的与行为，只能按照非法持有毒品罪定罪量刑，这在一定程度上导致对吸毒人员实施的毒品犯罪打击力度不够。2008年印发的《全国部分法院审理毒品犯罪案件工作座谈会纪要》（以下简称《大连会议纪要》）对《南宁会议纪要》的相关规定作出了修正，规定“吸毒者在购买、运输、存储毒品过程中被查获的，如没有证据证明其是为了实施贩卖等其他毒品犯罪行为，查获的毒品数量达到较大以上的，应以其实际实施的毒品犯罪行为定罪处罚”。然而，由于《大连会议纪要》的上述规定仍然过于原则，实践中对于何为“实际实施的毒品犯罪行为”一直存在意见分歧。2015年5月18日印发的《全国法院毒品犯罪审判工作座谈会纪要》（《武汉会议纪要》）明确规定：“吸毒者在运输毒品过程中被查获，没有证据证明其

① 对应2018年《刑事诉讼法》第二百三十六条第一款第一项。

是为了实施贩毒等其他犯罪，毒品数量达到较大以上的，以运输毒品罪定罪处罚。”

2. 对吸毒者在运输数量较大毒品过程中被查获的情形，认定为运输毒品罪符合立法的本义

我国《刑法》将运输毒品罪作为与走私、贩卖、制造毒品罪并列的选择性罪名而设置于同一个条文中，在该罪的构成上没有数量的限制，且在刑罚的设置上最高可至死刑，由此表明，运输毒品罪所表现出来的社会危害性与走私、贩卖、制造毒品罪是相当的。运输毒品是指明知是毒品而采用携带、邮寄、利用他人或者使用交通工具等方法非法运送毒品的行为。故只要行为人主观上明知是毒品，客观上实施了携带毒品，利用交通工具运载、邮寄等行为的，就构成运输毒品罪，犯罪动机和目的并不是构成运输毒品罪主观方面的必备条件，只要明知所运输的是毒品，就不影响运输毒品罪的成立。此外，将运输数量较大毒品的行为一律认定为运输毒品罪，也符合司法实践中的常态。考虑到毒品犯罪的隐蔽性强、取证难度大，根据毒品的运输状态直接认定为运输毒品罪，更有利于打击猖獗的毒品犯罪。

本案中，被告人李金果在运输毒品过程中被当场抓获，尽管其系吸毒人员，且现有证据无法证明其具有实施走私、贩卖、制造毒品等目的，亦无法证实其具有为他人运输的目的，但由于被查获的毒品处于运输状态，且数量达到较大以上，故法院直接认定其行为构成运输毒品罪。

编写人：广西壮族自治区河池市宜州区人民法院　韦焜

39

同居期间非法持有毒品罪共犯主观明知的认定

——何向前、傅爱某非法持有毒品案

【案件基本信息】

1. 裁判书字号

北京市第三中级人民法院（2017）京03刑终771号刑事裁定书

2. 案由：非法持有毒品罪

【基本案情】

被告人何向前、傅爱某系男女朋友关系，二人同居多年。2016 年 10 月，被告人何向前承租北京市顺义区一房屋与被告人傅爱某共同居住。2017 年 1 月 11 日 18 时许，民警接举报至被告人何向前、傅爱某上述居住地将该二人抓获，当场从被告人何向前随身黑色单肩挎包中搜获浅黄色粉末一包（净重 30.20 克，检出海洛因成分）及两台电子秤，该部分毒品系被告人何向前于案发前一天从他人处购买。民警从二人共用房间内搜获浅黄色粉末二包（净重 1.24 克，检出海洛因成分）、白色晶体二包（净重 1.78 克，检出甲基苯丙胺成分），因其二人均吸毒，该部分毒品由二人共有共吸。后民警又从冰箱中搜获红色液体一瓶（净重 443.46 克，检出美沙酮成分，含量为 0.96mg/g），该部分毒品系被告人傅爱某在医院治疗期间，未经允许多次带出医院后积存。上述毒品已被公安机关扣押后收缴，电子秤已扣押。

【案件焦点】

非法持有毒品犯罪中，同居关系的一方何向前否认主观明知另一方傅爱某将美沙酮成分的红色液体置于冰箱内，同时傅爱某也否认何向前知道其私藏美沙酮溶液，在“零口供”的证据条件下，如何认定何向前的主观故意。

【法院裁判要旨】

北京市顺义区人民法院经审理认为：对于被告人何向前否认明知被告人傅爱某将毒品藏于冰箱里的辩解，经查，在案证据能够证实被告人何向前、傅爱某均有贩毒、吸毒的前科劣迹，二人长期同居且明知对方吸毒，装有美沙酮的红色液体饮料瓶在二人共同使用的冰箱内搜获，其未能对此作出合理解释，应认定其对冰箱内的毒品明知，与被告人傅爱某构成非法持有该部分毒品的共犯。被告人何向前非法持有毒品，数量大，被告人傅爱某非法持有毒品，数量较大，二被告人的行为均已构成非法持有毒品罪，且系共同犯罪，依法应予惩处。被告人何向前系累犯、毒品再犯，被告人傅爱某系毒品再犯，应依法从重处罚。鉴于被告人何向前、傅爱某到案后能如实供述犯罪事实，故依法对其从轻处罚。北京市顺义区人民法院依照《中华人民共和国刑法》第三百四十八条，第二十五条第一款、第六十五条第一款、第三百五十六条、第六十七条第三款、第五十六条第一款、第五十五条第一款、第五十二条、第五十三条、第六十四条、第六十一条，作出如下判决：

一、被告人何向前犯非法持有毒品罪，判处有期徒刑七年六个月，剥夺政治权利一年，并处罚金人民币八千元；

二、被告人傅爱某犯非法持有毒品罪，判处有期徒刑一年三个月，并处罚金人民币二千元；

三、涉案扣押的电子秤二台，由扣押单位予以没收。

宣判后，被告人何向前、傅爱某以不构成非法持有美沙酮共犯的辩解同时提起上诉。

北京市第三中级人民法院经审理认为：该红色瓶装液体在二人共同居住和使用的房间内搜获，净重443.46克，检出美沙酮成分，含量为0.96mg/g，认定二人共同持有该部分毒品并无不妥，量刑并无不当，同意一审法院的裁判意见。故被告人何向前、傅爱某的上诉理由，不能成立，应予驳回。

北京市第三中级人民法院依照《中华人民共和国刑事诉讼法》第二百二十五条第一款第一项[①]的规定，作出如下裁定：

驳回上诉人何向前、傅爱某的上诉，维持原判。

【法官后语】

本案审理重点集中在同居期间是否需要对居住空间进行区域划分以及怎样划分。司法实践中，对个人独居住所搜获毒品的，认定该住所实际支配人主观明知已成共识，其体现的内在逻辑是行为人实际支配的空间应由行为人承担不利后果，能确实提出合理解释的除外；但对于二人同居期间在住所查获的毒品，认定同居者主观明知应视情况有所区别，其原因在于同居者虽对住所均处于实际支配状态，但个人有私密空间可被一般社会大众对生活规律和习惯的认知所接受，且从个人隐私权角度出发，隐私不仅需要个体内心的容纳，往往也需外有空间的承载，所以合理判断个人私密空间是明确区分同居者实际支配空间范围的必要条件。

具体到本案，一审和二审法院均认为含有美沙酮的红色液体在冰箱内搜获，搜获地点位于被告人何向前、傅爱某共同居住和使用的空间，二人长期同居，均属该住所实际支配人，且冰箱已成为现代家庭生活的必需品，不论是从空间私密性角度

---

① 对应2018年《刑事诉讼法》第二百三十六条第一款第一项。

还是毒品存放位置都不属于脱离同居者其中一方实际支配、使用的空间范围，故认定何向前对该部分毒品主观是明知的。

之所以提出“个人私密空间”这一概念，是因为实践中同居者之间彼此否认明知的故意时大都会以“对方隐私不干涉”“对方私藏不知情”“对方物品不持有”等进行辩解，故有必要对此概念进行明确。这里所指“个人私密空间”属广义范畴，判断标准采用事实推定的方法，即在无其他证据证明同居者一方对另一方持有毒品行为明知的情况下，对行为人的辩解通过综合常识、阅历、生活习惯仍超出一般社会大众的接受范畴，不应认定为个人私密空间。早在2008年最高人民法院发布《全国部分法院审理毒品犯罪案件工作座谈会纪要》对“明知”的认定作了专门规定。该纪要对行为人“明知”的认定明晰了两个层次的指引：一是通过列举的方式明确了“9类+兜底”“明知”的具体情形，二是通过“事实推定+合理解释”的证明标准确立对主观明知高度盖然性的认可。这种推定方法之所以在毒品犯罪领域适用，是由毒品犯罪隐蔽性强的特点和严打毒品犯罪形势所决定的。在适用逻辑上，应准确把握两个前提；一是在案证据不能直接证明行为人的主观明知，二是行为人的客观行为背离社会大众的常识、经验、阅历、年龄等因素，足以认定行为人应当知道，且行为人未能提出合理解释推翻认定结论的。对此类案件在量刑时要体现罪责刑相适应，一方面区分“共同持有，共同吸食”“共同持有，一方吸食”的主观恶性大小；另一方面要区分吸食毒品的目的和动机以及毒品含量等因素，既要定罪准确，又要在法定量刑幅度内合理量刑。

编写人：北京市顺义区人民法院　王海龙

40

运输毒品与非法持有毒品的区分

——李仁杰非法持有毒品、非法持有枪支案

【案件基本信息】

1. 裁判书字号

广西壮族自治区河池市宜州区人民法院（2017）桂1281刑初94号刑事判决书

2. 案由：非法持有毒品罪、非法持有枪支罪

【基本案情】

1. 2016年3月4日11时许，宜州市公安局民警在宜州市庆远镇沙岭社区寺门组的“××山庄”进行检查时，在被告人李仁杰所驾驶的车牌号为桂M×××××的小轿车内查获李仁杰非法持有的改装射钉枪一支。经河池市公安局物证鉴定所出具鉴定意见，查获的该支改装射钉枪具备枪支机件，结构完整，功能正常，能够击发以火药为动力的16号制式猎枪弹发射金属弹丸，属于《中华人民共和国枪支管理法》所规定的枪支。

2. 2016年8月19日13时许，巴马瑶族自治县公安局民警根据线报，在宜州市庆远镇甲大酒店1号楼403号房内抓获涉嫌毒品犯罪的施某某、石某某、唐某某、凌某某和被告人李仁杰，李仁杰为逃避查处将其非法持有的1包毒品甲基苯丙胺（俗称冰毒）等物品从房间的窗户丢弃到酒店外解放路的街道上，后公安民警查获李仁杰丢弃的该包毒品，甲基苯丙胺净重298.78克，含量为68.47%。

被告人李仁杰对公诉机关指控其犯非法持有枪支罪的事实和罪名无异议，其辩称，其并未帮助施某某代购冰毒，被查获的298.78克的冰毒是其用于自己吸食的。

辩护人对公诉机关指控被告人李仁杰犯非法持有枪支罪的事实和罪名无异议，其提出的辩护意见是：（1）无充分证据证实李仁杰为施某某代购而运输毒品，被查获的298.78克冰毒系李仁杰为吸食而非法持有，李仁杰的行为应构成非法持有毒

品罪；（2）扣押在案的手机1部、电子秤2台和银行卡2张，无证据证实系供犯罪所使用，不应作为涉案物品处理；（3）李仁杰归案后如实供述自己的罪行。建议对李仁杰从轻处罚。

【案件焦点】

本案被告人的行为构成运输毒品罪还是非法持有毒品罪。

【法院裁判要旨】

广西壮族自治区河池市宜州区人民法院经审理认为：对于公诉机关指控被告人李仁杰为施某某代购毒品的事实，经查，施某某与李仁杰关于代购毒品的价格、是否交付毒资等方面的相关陈述前后存在矛盾并有所反复，双方就是否达成代购毒品的合意并无充分的证据证实。故公诉机关指控李仁杰帮助施某某代购毒品的事实不清，证据不足，本院不予认定。

对于公诉机关指控被告人李仁杰将298.78克毒品甲基苯丙胺从河池市金城江区运输至宜州市，李仁杰的行为构成运输毒品罪的事实和罪名，经查，公安机关系在宜州市庆远镇甲大酒店403号房内将涉嫌毒品犯罪的李仁杰等人抓获，还查获李仁杰丢弃的1包净重298.78克的毒品甲基苯丙胺。对于李仁杰从金城江区与他人购买得被查获的甲基苯丙胺后运输至宜州市的犯罪事实仅有其本人的供述，并无其他证据予以佐证，李仁杰的供述和高速公路通行记录仅证明案发前李仁杰曾驾驶车辆往返金城江区和宜州市，涉案毒品并不是在运输过程中被查获，无直接充分的证据证实李仁杰实施了运输毒品的犯罪行为。故公诉机关指控李仁杰犯运输毒品罪的事实和罪名不成立，本院予以纠正。辩护人提出李仁杰的行为构成非法持有毒品罪的辩护意见，本院予以采纳。

被告人李仁杰明知是毒品而非法持有，非法持有毒品甲基苯丙胺达298.78克，其行为已构成非法持有毒品罪；李仁杰作为不符合配备、配置枪支条件的人员，违反枪支管理法的规定，擅自持有以火药为动力发射枪弹的改装射钉枪一支，其行为已构成非法持有枪支罪。公诉机关指控李仁杰犯非法持有枪支罪的事实和罪名成立。李仁杰一人犯二罪，应依法数罪并罚。李仁杰归案后如实供述自己的罪行，可以从轻处罚。对于辩护人提出扣押在案的手机1部、电子秤2台和银行卡2张，无证据证实系供犯罪所使用，不应作为涉案物品处理的辩护意见，经查，上述物证经当庭举证、质证，并结合本案查明的事实不能证实系供犯罪所使用，故本院不予处置。辩护人提出的该辩护意见本院予以采纳。

广西壮族自治区河池市宜州区人民法院依照《中华人民共和国刑法》第三百四十八条、第一百二十八条第一款、第六十九条第一款及第三款、第六十七条第三款、第四十五条、第四十七条、第五十二条、第五十三条、第六十一条、第六十二条、第六十四条和《最高人民法院关于审理非法制造、买卖、运输枪支、弹药、爆炸物等刑事案件具体应用法律若干问题的解释》第五条第一款第二项、第八条第二款之规定，作出判决如下：

一、李仁杰犯非法持有毒品罪，判处有期徒刑十三年，并处罚金人民币四万元；犯非法持有枪支罪，判处有期徒刑十个月，决定执行有期徒刑十三年六个月，并处罚金人民币四万元；

二、被告人李仁杰非法持有的毒品甲基苯丙胺298.78克、改装射钉枪一支依法予以没收，由保存机关依法销毁。

【法官后语】

根据2015年5月18日印发的《全国法院毒品犯罪审判工作座谈会纪要》的规定“吸毒者在购买、存储毒品过程中被查获，没有证据证明其是为了实施贩卖毒品等其他犯罪，毒品数量达到刑法第三百四十八条规定的最低数量标准的，以非法持有毒品罪定罪处罚。吸毒者在运输毒品过程中被查获，没有证据证明其是为了实施贩卖毒品等其他犯罪，毒品数量达到较大以上的，以运输毒品罪定罪处罚”。“行为人为吸毒者代购毒品，在运输过程中被查获，没有证据证明托购者、代购者是为了实施贩卖毒品等其他犯罪，毒品数量达较大以上的，对托购者、代购者以运输毒品罪的共犯论处”。

具体到本案进行分析，首先，公诉机关指控李仁杰为帮助施某某代购毒品从而实施了运输毒品的行为，李仁杰与施某某应构成运输毒品的共同犯罪，但公诉机关仅指控李仁杰一人犯运输毒品罪，对施某某却没有提起公诉。其次，就本案的证据而言：(1) 施某某与李仁杰关于代购毒品的价格、是否交付毒资等方面的相关陈述前后存在矛盾并有所反复，双方是否达成代购毒品的合意，并无充分的证据证实；(2) 本案系在公安机关控制下实施的抓捕，公安机关在宜州市庆远镇甲大酒店403号房内将涉嫌毒品犯罪的李仁杰等人抓获，并查获涉案的1包净重298.78克的毒品甲基苯丙胺。但对于李仁杰从金城江区与他人购买得被查获的甲基苯丙胺后运输至宜州市的犯罪事实仅有其本人的供述，并无其他直接充分的证据予以佐证，李仁杰的供述和高速公路通行记录仅证明案发前李仁杰曾驾驶车辆往返金城江区和宜州市，涉案毒品并不是在运输过程中被查获，无直接充分的证据证实李仁杰实施了运输毒品的犯罪行为。公安机关对于本案证据的收集存在瑕疵，仅考虑的是要对李仁杰与施某某交易毒品的现场进行抓捕，对于李仁杰运输毒品的过程没有进行全程的录音录像或者在运输的过程中对李仁杰进行抓捕，导致本案认定李仁杰运输毒品该部分犯罪事实的认定证据不足。最后，依照上述纪要“没有证据证明其是为了实施贩卖毒品等其他犯罪，毒品数量达到刑法第三百四十八条规定的最低数量标准的，以非法持有毒品罪定罪处罚”的规定，从有利于被告人的刑事政策出发，法院以非法持有毒品罪对被告人李仁杰定罪处刑。

编写人：广西壮族自治区河池市宜州区人民法院　韦焜

41

非法持有毒品罪的主观认定

——唐强非法持有毒品案

【案件基本信息】

1. 裁判书字号

江苏省淮安市淮安区人民法院（2017）苏0803刑初485号刑事判决书

2. 案由：非法持有毒品罪

【基本案情】

2017年3月10日22时许，被告人唐强驾驶苏E2××××轿车（未悬挂号牌）沿淮安区淮城镇长安路由东向西行驶，在长安路中段遇淮安分局交警检查，唐强驾车冲卡逃离。随后淮安分局交警二中队工作人员驾驶警车追赶，至长安路与北门大街路口时，唐强驾车撞击警车后，又与迎面正常行驶的苏H6××××轿车发生碰撞，之后继续沿北门大街向南行驶。在行驶至名人亭环形岛处时，唐强的车辆又追尾撞上苏HJ××××轿车而停止，随即唐强携带该车上一黑包弃车沿北门大街西侧甲广场向南逃跑至西长街勺湖公园围栏边时，唐强将随身携带的黑包内的东西撒进勺湖，随后又将黑包扔进勺湖，接着唐强沿着勺湖公园围栏向北行走，至北侧凉亭处唐强脱掉外套扔在地上，随后逃离。

经淮安分局侦查人员现场检查：当场在勺湖北侧凉亭发现黑色外套一件，勺湖湖面近岸处发现黑包一只，包内有白色晶体状碎屑，包夹层内有一个小包塑料袋（内含白色晶状物），另从勺湖中捞出两个小包塑料袋（内含白色晶状物），在勺湖岸边发现三个小包塑料袋（内含白色晶状物）。当即，公安机关对现场采取了保护措施。2017年3月11日上午，经进一步打捞，侦查人员从勺湖湖面再次捞取到九个小包塑料袋（内含白色晶状物）。经鉴定黑色包内晶状物碎屑及十五包塑料袋内白色晶状物均检出甲基苯丙胺成分，总净重量为237.15克。

被告人唐强的辩护人指出，被告人唐强缺乏非法持有毒品罪的犯罪故意，被告人是在正常的酒驾检查现场逃离，继而发生交通事故，不能证明被告人抗拒检查的时候主观明知其随身携带毒品，且被告人对指控的犯罪事实一直予以否认，被告人的供述与辩解无法证实被告人的主观态度。

【案件焦点】

非法持有毒品罪的主观认定。

【法院裁判要旨】

江苏省淮安市淮安区人民法院经审理认为：对于唐强辩解毒品并非其持有及辩护人关于本案事实不清的辩护意见，本院认为，被告人唐强非法持有毒品的事实，有现场目击证人的证言、监控录像、现场检查笔录等证据的证实，上述证据相互印证，能够形成证据锁链，足以认定。被告人的辩解未得到其他证据的佐证，本院不予采信。对上述辩解、辩护意见，本院不予采纳。

本院认为，被告人唐强明知系毒品，仍非法持有毒品237.15克，其行为构成非法持有毒品罪。被告人唐强曾因吸毒被公安机关行政处罚，可作为酌情从重处罚量刑因素予以考量。公诉机关指控被告人唐强犯非法持有毒品罪的事实清楚，证据确实充分，指控罪名及适用法律正确，量刑建议适当，本院予以采纳。

关于辩护人提出的被告人唐强缺乏非法持有毒品罪的犯罪故意的问题。经查，被告人唐强路遇公安民警检查，调头逃走，为了躲避民警的追击，与多车发生交通事故后弃车携包逃跑，因群众协助抓捕，唐强将黑色包中的袋装白色晶体抛撒至勺湖中，后公安机关在现场查获其抛撒的冰毒，这一系列行为表明唐强主观上明知携带的是毒品而持有毒品。故对辩护人的该辩护意见不予采纳。关于辩护人提出的公诉机关的量刑建议过高，建议判处有期徒刑七年至八年的意见，综合本案的事实、情节和被告人的悔罪态度，本院不予采纳。

据此，依照《中华人民共和国刑法》第三百四十八条、第五十二条、五十三条及第六十四条之规定，判决如下：

一、被告人唐强犯非法持有毒品罪，判处有期徒刑十一年，并处罚金人民币六万元；

二、扣押于公安机关的被告人唐强非法持有的甲基苯丙胺 237.15 克，予以没收。

宣判后，被告人未上诉，检察机关未抗诉，判决已发生法律效力。

【法官后语】

本案处理重点主要在于对被告人主观明知的认定。2012 年 5 月 16 日《最高人民检察院、公安部关于公安机关管辖的刑事案件立案追诉标准的规定（三）》第二条规定的“非法持有”，是指违反国家法律和国家主管部门的规定，占有、携带、藏有或者以其他方式持有毒品。非法持有毒品主观故意中的“明知”，依照该规定第一条第八款的有关规定予以认定。而其第一条第八款规定：“走私、贩卖、运输毒品主观故意中的‘明知’，是指行为人知道或者应当知道所实施的是走私、贩卖、运输毒品行为。具有下列情形之一，结合行为人的供述和其他证据综合审查判断，可以认定其‘应当知道’，但有证据证明确属被蒙骗的除外：……（三）执法人员检查时，有逃跑、丢弃携带物品或者逃避、抗拒检查等行为，在其携带、藏匿或者丢弃的物品中查获毒品的……”。

本案中，被告人唐强辩称自己是酒驾逃跑，不知道车内有毒品，没有持有毒品的故意，但是根据被告人唐强的路遇交警检查，调头逃走，为了躲避交警的追击，于与其他车辆发生事故而不顾，后弃车携包逃跑并将包内物品撒向河内，这一系列行为表明被告人唐强明知包内的物品是毒品而携带逃跑，属于非法持有毒品；且被告人不能对自己的超出常规处置的行为作出合理解释，因此，被告人唐强及其辩护人关于被告人唐强缺乏非法只有故意的辩解不成立。通过被告人的全部轨迹可以形成一个完整的证据锁链，锁定被告人。

《刑法》中的“明知”包括知道和应当知道，而毒品犯罪中，判断被告人对涉案毒品是否明知，不能仅凭被告人供述，而应当依据被告人实施毒品犯罪行为的过程、方式、毒品被查获时的情形等证据，结合被告人的年龄、阅历、智力等情况，进行综合分析判断。

而被告人辩称的因为害怕查酒驾才逃跑的，似乎符合逻辑，因为现在危险驾驶罪的检查力度也很大，但在交警鸣笛追车时，被告人仍驾驶轿车不顾危险，与多车发生碰撞，并同时挤压警车，后弃车携包逃跑，并将包内的物品抛撒进湖中，从这后面的一系列行为可以推定出被告人对包内物品的属性是明知的，本案即使被告人“零口供”，收集的其他证据也已经形成完整的证据链条，足以定案。

编写人：江苏省淮安市淮安区人民法院　李戈

42

非法持有毒品罪未遂的认定和处理

——全兴平、欧进成贩卖毒品，罗超坚非法持有毒品案

【案件基本信息】

1. 裁判书字号

广东省高级人民法院（2017）粤刑终1176号刑事裁定书

2. 案由：贩卖毒品罪、非法持有毒品罪

【基本案情】

2016年4月中旬，廖仁智承租了佛山市南海区桂城街道华翠北路××号甲小区2幢2梯××房，被告人全兴平也持有该房间的钥匙。2016年5月9日，被告人罗

超坚联系被告人欧进成购买 80 克海洛因，欧进成遂联系被告人全兴平，欲以 300 元每克的价格向全兴平购得海洛因后再以 310 元每克的价格倒卖给罗超坚。次日 17 时许，罗超坚到乙银行佛山市禅城区张槎营业所自助银行取款 2.6 万元，将其中 2.48 万元交给欧进成用于购毒。17 时 40 分许，全兴平到上述甲小区 2 幢 2 梯 × × 房拿了 80.1 克海洛因（含量为 86.4%），带至佛山市南海区桂城街道丙广场与欧进成交易，收取了欧进成 2.4 万元毒资。欧进成携带毒品来到佛山市南海区丁广场附近时被民警抓获，欧进成随身携带的 80.1 克海洛因、手机 2 台、非法所得 783 元也被起获。同时，民警在佛山市南海区桂城街道丙广场一奶茶店将全兴平抓获，从全兴平处起获现金 29521.5 元及手机等物，并在全兴平的带领下对上述甲小区 2 幢 2 梯 × × 房进行搜查，起获海洛因 3004.5 克（其中 2843.8 克含量为 48.4%、160.7 克含量为 37.9%）、甲基苯丙胺片剂 79.9 克、烟酰胺 3684.1 克以及搅拌机、真空泵、电子秤等物。欧进成归案后，带领民警到佛山市禅城区戊美食城将罗超坚抓获，民警从罗超坚处起获了 4.92 克海洛因、手机 2 台、现金 791 元。

【案件焦点】

非法持有毒品罪是否存在未遂及如何处理。

【法院裁判要旨】

广东省佛山市中级人民法院经审理认为：全兴平、欧进成贩卖毒品数量大，二被告人的行为均构成贩卖毒品罪；罗超坚非法持有毒品数量大，其行为构成非法持有毒品罪。被告人欧进成协助抓获被告人罗超坚，属立功，依法对其减轻处罚。被告人罗超坚非法持有的 85.02 克海洛因中，有 80.1 克已付款而尚未拿到手，属犯罪未遂，依法可减轻处罚。依照《中华人民共和国刑法》第三百四十七条第二款第一项、第三百四十八条、第二十三条、第六十八条、第六十七条第三款、第五十五条第一款、第五十六条第一款、第五十七条第一款、第五十九条、第五十二条、第五十三条、第六十四条之规定，判决如下：

一、被告人全兴平犯贩卖毒品罪，判处死刑，缓期二年执行，剥夺政治权利终身，并处没收个人全部财产；

二、被告人欧进成犯贩卖毒品罪，判处有期徒刑十一年，剥夺政治权利三年，并处罚金人民币十一万元；

三、被告人罗超坚犯非法持有毒品罪，判处有期徒刑四年，并处罚金人民币四万元；

四、扣押的毒品、工具等物，应予没收并销毁；扣押的手机、现金及冻结的全兴平己银行账户6228485018571××××××内的存款174588.25元，应予没收并上缴国库。

宣判后，全兴平、罗超坚不服，向广东省高级人民法院提出上诉。

广东省高级人民法院经审理认为：原审判决认定事实清楚，证据确实、充分，定罪准确，量刑适当，审判程序合法。依照《中华人民共和国刑事诉讼法》第二百三十七条、第二百二十五条第一款第一项①的规定，裁定如下：

驳回上诉，维持原判，核准以贩卖毒品罪判处被告人全兴平死刑，缓期二年执行，剥夺政治权利终身，并处没收个人全部财产的刑事裁定。

【法官后语】

对于非法持有毒品罪是否存在未遂状态，第一种观点认为非法持有是一种非法状态，行为人应该实际持有才构成本罪，如果行为人尚未持有则被抓获，不能认定为非法持有，不构成非法持有毒品罪；第二种观点认为非法持有也可包括他人代为持有的情况，如在购毒人员已经支付相关毒资的情况下，毒品只是尚未交付，事实上已经归购毒人所有，这种情况就应认定为非法持有毒品，且系既遂；第三种观点认为这种已经支付毒资但尚未拿到毒品的情况应认定为非法持有毒品罪未遂。

笔者认为，讨论非法持有毒品是否存在未遂状态的前提是确定“持有”的性质。一些学者认为“持有”是与当前作为、不作为并列的第三种形式。那么“持有”是行为还是行为外状态？我们讨论的行为是犯罪行为，“无行为即无犯罪”这一条是刑法的金科玉律，传统理论认为行为是整个刑法的基础。而认为“持有”是状态而非行为这一观点撼动了整个刑法的根基。英美法系在“持有”这一犯罪样态上认为“持有”是一种状态（state），而不是行动（act）。但是英美法系在主张这一观点时和我国的理论背景差异很大，与之相适应有严格责任的归责原则，排除合理怀疑的证明责任等进行配套。《美国模范刑法典》S2.01（4）规定：“持有者明知的取得或收受持有的物品或如欲终止其持有时，有足够时间去终止之期间内，对

① 对应2018年《刑事诉讼法》第二百八十四条、第二百三十六条第一款第一项。

其自己支配该物之事实有认识时，在本条之适用上，持有即为一种行为。”可见在支持“持有”独立的英美法系国家，其认为“持有”也是犯罪行为，而非与行为并列的状态。更重要的是，就我国现行《刑法》而言，在总则部分已经明确了是针对犯罪行为，非法持有毒品罪就是具体的属于分则管辖的犯罪，那么按照上述的原则，即非法持有是我国刑法范畴中的行为。①

非法持有毒品罪的主观方面是一种直接故意，即明知是毒品、明知非法还持有。作为一种直接故意犯罪，相对于非法持有毒品罪实际持有毒品的既遂形态，按照既遂犯“构成要件齐备说”的通说，自然存在非法持有毒品犯罪预备、未遂、中止的未完成形态。

具体到本案而言，罗超坚已与“上家”欧进成商谈好价格和数量，且已将购毒款交给欧进成，是已着手进入实行阶段，而非单单商议价格、数量、交易地点等犯意联络的预备阶段。只差交付给罗超坚即完成毒品“所有权”的转移，实现罗超坚对毒品的持有，由于双方均被公安人员抓获这一意志以外的原因而未能得逞，故我们认为应认定罗超坚为非法持有毒品罪的未遂。从刑事政策的角度来看，没有实际拿到毒品而认定为非法持有毒品既遂，量刑在有期徒刑七年以上，有失公允，量刑过重；如果认定不构成犯罪，不仅违反刑法理论（犯罪的未完成形态并非无罪），也有放纵涉毒行为人之嫌。本案没有证据证实罗超坚持有毒品的目的是贩卖，故而不能定罗超坚贩卖毒品罪，只能定非法持有毒品罪的未遂。

非法持有毒品既遂和未遂并存时的量刑可以参照数额犯中犯罪既遂与未遂并存时的量刑原则处理。具体到本案，属于既未遂并存但只有一者符合定罪条件。这种情况下，不单独构罪的既遂部分或者未遂部分并不存在确定法定刑幅度的问题。罗超坚非法持有毒品既遂的4.92克海洛因未达到定罪标准（《刑法》规定是10克），未遂的80.1克海洛因达到定罪标准，且数量大（50克以上），法定刑在七年以上。罗超坚尚未实际持有80.1克海洛因，未实际危害到社会，故按犯罪未遂比照既遂犯对其减轻处罚，并考虑到其非法持有既遂的4.92克海洛因，酌情从重处罚，作出裁判。

编写人：广东省高级人民法院　王路真

---

① 参见徐翀：《非法持有毒品罪研究》，西南财经大学2012年博士学位论文。

43

非法持有毒品罪中犯罪未遂的认定

——吴亚某非法持有毒品案

【案件基本信息】

1. 裁定书字号

昆明铁路运输法院（2017）云7101刑初23号刑事判决书

2. 案由：非法持有毒品罪

【基本案情】

2016年11月28日，一件内藏4包毒品的邮政特快专递EMS（单号：107853-5046822）包裹，从云南省临沧市镇康县南伞镇邮政局到达湖北省武汉市二道棚揽投部，并由侦查员化装成快递员送货。当日15时30分，被告人吴亚某在武汉市汉江区常青路民航小区甲银行自助银行门口接到包裹后，当即被民警抓获。从被告人吴亚某持有的包裹箱内查获甲基苯丙胺4包，共计净重1138.41克。

【案件焦点】

本案被告人是否属于犯罪未遂。

【法院裁判要旨】

昆明铁路运输法院经审理认为：被告人吴亚某明知是毒品仍非法持有，但由于意志以外的原因而未得逞，其行为已触犯刑法，构成非法持有毒品罪（未遂），依法应予惩处。被告人吴亚某在实施犯罪的过程中，由于意志以外的原因而未得逞，是犯罪未遂，依法可以比照既遂犯减轻处罚；被告人吴亚某归案后如实供述自己的罪行，可以从轻处罚。昆明铁路运输检察院对被告人吴亚某犯非法持有毒品罪（未遂）的指控，事实清楚，证据确实充分，本院予以支持；提出对其判处三年以下有期徒刑并处罚金的量刑建议，有事实和法律依据，本院予以采纳。辩护人关于被告人吴亚某系犯罪未遂，本次犯罪是初犯、偶犯，归案后认罪态度好，确有悔罪表现，应减轻处罚的辩护意见，符合本案事实及法律规定，本院予以采纳；提出对被告人适用缓刑的量刑意见，根据本案涉及的毒品数量及犯罪情形，不属于犯罪情节较轻，不宜对被告人适用缓刑，故本院不予采纳。

昆明铁路运输法院依照《中华人民共和国刑法》第三百四十八条、第二十三条、第六十七条第三款、第六十一条、第六十二条、第六十三条第一款、第五十二条、第五十三条、第六十四条，《最高人民法院关于适用财产刑若干问题的规定》第一条、第二条第一款、第五条、第八条之规定，作出如下判决：

一、被告人吴亚某犯非法持有毒品罪（未遂），判处有期徒刑一年六个月，并处罚金人民币二万元；

二、查获的毒品甲基苯丙胺 1138.41 克（片剂）、毒品包装箱一个，予以没收。

【法官后语】

本案处理重点主要在于对被告人犯罪未遂的认定。我国《刑法》第二十三条第一款规定："已经着手实行犯罪，由于犯罪分子意志以外的原因而未得逞的，是犯罪未遂。"犯罪未遂是在具备犯罪构成基本要件基础上所具有的特征的明确限定，刑法中的犯罪未遂具有三个特征：一是犯罪分子已经着手实行犯罪，具体表现为主观上行为人的犯罪意志已经通过客观事实行为充分表现出来，客观上行为人已经开始实施具体犯罪构成客观方面的行为，该行为使刑法保护的客体受到危害或者面临实际威胁；二是犯罪未得逞，具体而言即在结果犯中法定的危害结果没有发生，在行为犯中即法定危害行为未实行完毕，在危险犯中法定危险状态尚未出现；三是犯罪未得逞是由于犯罪分子意志以外的原因。所谓意志以外的原因，是指违反行为人的犯罪意志，并且能够阻止犯罪行为达到既遂状态的各种主客观因素。至于这些因素是否足以使犯罪被迫停止应以行为人主观感受为标准，行为人自己内心想要完成犯罪但因为种种外部客观因素导致其内心确信犯罪行为已经无法完成，犯罪未遂是"被迫"的。本案，被告人吴亚某主观上明知快递中装的是毒品并企图通过邮寄的方式获取毒品，客观上已经作出了邮寄的行为，也就是已经着手毒品犯罪；但因为装有毒品的邮件被公安机关发现并控制致使吴亚某最终没能实际控制毒品，导致非法持有毒品的犯罪状态未能达成；而公安的对毒品的发现和介入属于犯罪行为人吴亚某意志外的因素，并非行为人吴亚某所愿。法院结合未遂犯罪的特征，最终认定被告人吴亚某系非法持有毒品犯罪未遂。

编写人：昆明铁路运输法院　罗国平

44

容留恋人吸毒性质的认定

——黄燕贩卖毒品、容留他人吸毒案

【案件基本信息】

1. 裁判书字号

江西省新余市分宜县人民法院（2017）赣0521刑初14号刑事判决书

2. 案由：贩卖毒品罪、容留他人吸毒罪

【基本案情】

贩卖毒品的事实：2016年春节后的一天，被告人黄燕通过微信转账的方式将一小包甲基苯丙胺（冰毒）卖给林志某，先由林志某通过微信支付人民币50元，被告人再将一小包甲基苯丙胺放在甲酒店内的一消防栓里，后被告人通过微信将地点告诉林志某，林志某到甲酒店将一小包甲基苯丙胺取走；2016年8月9日，被告人通过微信转账的方式将一小包甲基苯丙胺卖给林志某，先由林志某通过微信支付人民币110元，被告人采取上述同样的方式将一小包甲基苯丙胺放在乙广场的草地里后再将地点告知林志某，后由林志某将毒品取走；2016年10月30日下午，被告人在其租住的分宜县北环路丙小区×栋×单元××室将一小包甲基苯丙胺卖给李小某，李小某支付人民币100元；2016年11月1日下午，被告人在其租住的分宜县北环路丙小区×栋×单元××室将三小包甲基苯丙胺卖给李小某，李小某支付人民币200元。2016年11月1日16时许，分宜县公安局民警在丙小区×栋×单元楼下将被告人及吸毒人员李小某抓获，从李小某身上查获疑似毒品三小包重1.55克，并在被告人上衣口袋、随身携带的手提包内及其租住的丙小区×栋×单元××室茶几内、卧室衣柜内扣押疑似毒品37小包合计净重295.08克，冰壶一个、吸管一袋、锡纸一卷、包装袋一袋、电子秤一把。经新余市公安司法鉴定中心鉴定，被查扣的疑似毒品40小包中有36小包合计净重247.02克被检出甲基苯丙胺成分。

容留他人吸毒的事实：2016年8月至2016年11月1日，被告人黄燕在其租住的分宜县北环路丙小区×栋×单元××室先后九次容留李小某吸食毒品。

【案件焦点】

对于黄燕与李小某共同吸毒，黄燕是否构成容留他人吸毒罪。

【法院裁判要旨】

江西省新余市分宜县人民法院经审理认为：被告人黄燕违反国家毒品管理法律规定，明知是毒品甲基苯丙胺而贩卖给他人，缴获甲基苯丙胺247.02克，其行为已构成贩卖毒品罪。被告人黄燕利用其居住场所容留他人吸食毒品甲基苯丙胺，其行为已构成容留他人吸毒罪。公诉机关指控罪名成立，本院予以支持。分宜县北环路丙小区×栋×单元××室，系被告人租住的房屋，房租费、水电费均由被告人交纳，李小某和被告人虽然是男女朋友关系，但经济相互独立，且二人并无法律上的权利义务关系，李小某并不享有对该房屋的使用权，李小某多次在此居住并吸食毒品，并不影响系由被告人提供的事实，因此，被告人的辩护人辩称李小某在被告人的租房内吸毒不构成容留他人吸毒罪的意见与事实和法律不符，本院依法不予采纳。被告人的辩护人辩称被告人黄燕系以贩养吸人员，扣押的毒品中应扣除其自己吸食的毒品，只检测出有甲基苯丙胺成分未进行含量检测的毒品应从总量中剔除的意见与法律不符，本院依法不予采纳。被告人曾因犯罪被判处有期徒刑，刑罚执行完毕以后，在五年以内再犯应当判处有期徒刑以上刑罚之罪，系累犯，应当从重处罚。被告人曾因贩卖毒品罪被判过刑，又犯贩卖毒品罪、容留他人吸毒罪，属毒品再犯，依法从重处罚。被告人到案后，如实供述了自己的犯罪事实，其行为属于坦白，依法可以从轻处罚。

江西省新余市分宜县人民法院依照《中华人民共和国刑法》第三百四十七条第一款、第二款第一项及第七款、第三百五十四条、第三百五十六条、第六十五条第一款、第六十七条第三款、第六十九条、第六十四条，《最高人民法院关于审理毒品犯罪案件适用法律若干问题的解释》第十二条第一款第二项及第二款之规定，判决：

被告人黄燕犯贩卖毒品罪，判处有期徒刑十五年，并处没收财产人民币五万元；犯容留他人吸毒罪，判处有期徒刑八个月，并处罚金人民币二千元，决定合并执行有期徒刑十五年零三个月，并处没收财产人民币五万元，罚金人民币二千元。

【法官后语】

对于黄燕与李小某共同吸毒，存在两种不同的观点。

第一种观点认为，黄燕与李小某为恋人关系，黄燕无容留李小某吸毒的主观故意，故黄燕不构成容留他人吸毒罪。

第二种观点认为，黄燕九次提供毒品与李小某一起吸食，有容留李小某吸毒的主观故意，黄燕构成容留他人吸毒罪。

笔者同意第二种观点。首先，从人身权利来看，恋人关系在刑法上未获得明确认可，恋人关系中男女双方基于自愿，在一方不愿意与另一方继续交往时，随时可以自行解除，相互之间也不享有法定的权利和义务，故恋人的一方在一般情况下应认定为容留他人吸毒罪中的“他人”。其次，对住所控制权的归属，应从双方是否形成稳定、持续的同居关系来确定是否构成犯罪。如果双方没有同居，或者是偶尔同居，住所系一方所有或者租住，该方是住所的实际控制人，独享管理或支配权，具有排他性的使用权利。其在该住所内容留另一方吸毒，应认定为容留他人吸毒。如果双方长期同居一处，再加上基于恋人关系，彼此私人空间的隐蔽性较弱，对房间的控制权并不像他人之间那般泾渭分明，一般认为同居者对共同居住或租住的住所有管理、使用或支配的权利，如果双方在该住所内吸毒，其对彼此的吸毒行为并不成立容留问题。

本案中容留的住所系黄燕租住，房租费、水电费均由黄燕交纳，李小某和黄燕虽然是恋人关系，但李小某并不享有对该住所的使用、支配权，李小某多次在此居住并吸食毒品，是得到黄燕允许的，换言之，是由黄燕提供场所供其吸毒的，因此黄燕构成容留他人吸毒罪。

编写人：江西省新余市分宜县人民法院　肖力

（六）组织、强迫、引诱、容留、介绍卖淫罪

45

如何理解组织卖淫罪的“组织管理”特征

——吴某某组织卖淫、陆某某协助组织卖淫案

【案件基本信息】

1. 裁判书字号

江苏省苏州市虎丘区人民法院（2017）苏0505刑初59号刑事判决书

2. 案由：组织卖淫罪、协助组织卖淫罪

【基本案情】

2016年，被告人吴某某在担任苏州市虎丘区淮海街甲足浴馆店长期间，在陆某凤等人（另案处理）的指使下组织多人从事卖淫活动，包括帮助陆某凤招聘面试、管理上述卖淫人员以及接待客人、收银记账等。

被告人陆某某明知甲足浴馆组织他人从事卖淫活动仍提供帮助，包括查看监控望风，给卖淫人员提供避孕套等。

2016年11月4日，卖淫人员刘某、姚某某、刘某某与嫖客西田某某（日本国籍）、潘某某（我国台湾地区）、柏某、李某某在甲足浴馆进行卖淫嫖娼活动时被公安机关查获。

【案件焦点】

1. 如何理解组织卖淫罪的“组织”特征；2. 协助组织卖淫罪系组织卖淫罪的从犯正犯化罪名，是否可以认定被告人吴某某系组织卖淫犯罪的从犯；3. 被告人陆某某在侦查阶段供述笔录前后高度一致，其口供是否可以被采信。

【法院裁判要旨】

江苏省苏州市虎丘区人民法院经审理认为：被告人吴某某在他人的指使下组织多人卖淫，其行为已构成组织卖淫罪，依法应处五年以上十年以下有期徒刑，并处罚金。被告人陆某某协助被告人吴某某组织他人卖淫，其行为已构成协助组织卖淫罪，依法应处五年以下有期徒刑，并处罚金。在组织卖淫的共同犯罪中，被告人吴某某起次要作用，系从犯，应当减轻处罚。被告人陆某某能预交罚金保证金，庭审中自愿认罪，被告人吴某某曾因犯罪被刑事处罚，量刑时综合予以考虑。

江苏省苏州市虎丘区人民法院依照《中华人民共和国刑法》第六条第一款、第三百四十八条、第四十五条、第四十七条、第五十二条、第五十三条、第三十五条、第六十一条，作出如下判决：

一、被告人吴某某犯组织卖淫罪，判处有期徒刑三年，并处罚金人民币五千元；

二、被告人陆某某犯协助组织卖淫罪，判处有期徒刑九个月，并处罚金人民币二千元；

三、扣押的物品，由公安机关依法处理。

一审宣判后，被告人吴某某、陆某某在法定期限内未提出上诉，检察机关亦未提起抗诉，一审判决已发生法律效力。

【法官后语】

1. 组织卖淫罪与容留卖淫罪的界定。组织卖淫行为人通过暴力、威胁、恐吓等手段对卖淫人员进行人身约束不仅会降低组织管理的有效性，而且将增加其风险性，故而实践中行为人常通过经济利益的控制提升管理效果；纵然卖淫人员在被组织管理过程中有一定的自主权，也不影响对组织卖淫行为的定性，即被告人吴某某的行为构成组织卖淫罪而非容留卖淫罪。

第一，从被告人具体行为来看，被告人吴某某在他人的授意下，对进店卖淫人员进行面试把关并安排白班、夜班；在店人员请假时，需经过吴某某同意；在“服务”结束后，吴某某核实“服务项目”并进行收银记账；在客人对“服务”投诉的情况下，吴某某会召集相关人员“开会”并提出要求；吴某某上述具体行为符合“管理”的特征，也符合常人对“管理”的理解。另外，被告人吴某某在本案中管理者的地位不论是从其“店长”职务还是就其大幅度高于其他员工如王某的“薪资”而言，也能得到印证。

第二，从行为特征来看，辩护人认为，组织卖淫的“管理”行为应区别于一般正常经营管理行为，其要求具备相当的“人身控制力”。经查，在案证据并未显示被告人吴某某及其授意人陆某凤等人通过“扣押身份证”或者“限制人身自由”的手段使其与卖淫人员之间形成强烈的控制与被控制的关系；相反，卖淫人员在职期间行动自由度较高，也并不被要求统一住宿，但是，并不能据此认为本案不存在对卖淫人员的管控行为。法院认为，涉案足浴馆管理者的权威及其控制力来自对“收入”的把控，如足浴馆与技师之间关于一般按摩行为与卖淫行为产生收入的分成约定，对违反规定行为的负面评价及对提升营业额的物质鼓励，按期结账，通过对收入提成约定的兑现有效提升了“管理”的效果，故而，纵然卖淫人员在被管理过程中有一定的自主权，基于上述理由，也不影响对本案的组织卖淫行为的定性。

第三，从组织卖淫与容留卖淫的罪状来看，依据相关司法解释，两罪在容留他人卖淫的行为一节上有重合之处，并在竞合时吸收轻罪。这在 2017 年 7 月 25 日起施行的《最高人民法院、最高人民检察院关于办理组织、强迫、引诱、容留、介绍卖淫刑事案件适用法律若干问题的解释》中得到体现，该解释第三条规定，在组织卖淫犯罪活动中，对被组织卖淫的人有引诱、容留、介绍卖淫行为的，依照处罚较重的规定定罪处罚。具体到本案，陆某凤等人建立了卖淫组织，租赁了固定的卖淫场所，并由被告人吴某某担任店长，面试招聘了卖淫人员，通过对收入分配的兑现对上述人员进行纪律约束与监督，继而有效实现对卖淫人员的管理安排，综观来看，本案无论是从犯意的发起、人员调度还是资金管控与发放，都集中于管理者及其授意人，故本案应定性为组织卖淫而非容留卖淫。

2. 协助组织卖淫罪系组织卖淫罪的从犯正犯化罪名，但在组织卖淫共同犯罪中根据行为人作用不同仍可区分主从犯。

该案中，被告人吴某某系陆某凤等人授意对足浴店进行管理，其非卖淫组织的建立者，非卖淫场所的提供者、租赁者，并且钱款也非由其分配，其在整个管理过程中起帮助管理与监督作用，并受到授意人亲属陆某某的制约，在共同犯罪中起次要作用，应认定为从犯。但需要关注的是，对被告人吴某某不宜认定“协助组织卖淫罪”，理由是组织卖淫体现的是行为人在犯罪过程中的管理领导作用，而协助组织卖淫体现的是“为组织卖淫的人招募、运送人员或者有其他协助组织他人卖淫行为”，不论是招募、运送人员，还是其他起相当作用的协助组织他人卖淫行为，都不具备管理领导的要素，后罪虽系前罪从犯正犯化，但在核心要素上与前罪有着本质区分，故无论前罪或后罪，都可以依行为人在共同犯罪中的作用再行区分主从犯。

3. 侦查机关前后制作的讯问笔录高度一致，动摇了裁判者对该证据印证内容的确信，不应作为证据予以采信。

该案辩护人提出被告人陆某某在侦查阶段的供述笔录高度雷同，不能采信，经查，在案证据显示公安机关对被告人陆某某讯问笔录高度一致，甚至错别字仍系雷同，该笔录制作不符合办案程序，形式上也违背了《公安机关办理刑事案件程序规定》第二百条之规定的精神，存在重大瑕疵，辩护人提出的辩护意见成立，该笔录因制作形式不合法应被排除，故法院在认定事实过程中未将陆某某在公安机关的供述作为证据予以采信。

编写人：江苏省苏州市虎丘区人民法院　许修尧　赵建荣

46

组织卖淫与介绍、容留卖淫的界定

——梁红某等介绍、容留卖淫案

【案件基本信息】

1. 裁判书字号

广西壮族自治区桂平市人民法院（2017）桂0881刑初326号刑事判决书

2. 案由：介绍、容留卖淫罪

【基本案情】

被告人梁红某、余培某自2016年起在桂平市甲酒店七楼保健中心从事按摩经营活动。2016年9月开始，该保健中心有人从事卖淫嫖娼活动。被告人梁红某在其手机上建立了一个叫“×××”的微信群，有卖淫妇女加入了被告人梁红某建立的

“×××”微信群。该保健中心推出三种“卖淫套餐”，分别为人民币600元、500元和400元，有嫖客来嫖娼的，三种价格由嫖客选定，卖淫妇女卖淫一次，保健中心获利人民币200元。被告人梁红某、余培某在该卖淫场所负责接待嫖客并带嫖客去挑选卖淫妇女，收取的嫖资由梁红某保管。2016年12月，被告人莫润某经人介绍进入该卖淫场所工作，负责前台接待和搞卫生等工作。2017年1月18日凌晨，贵港市公安局特警支队在桂平市甲酒店七楼对上述卖淫窝点进行查处，当场抓获被告人余培某、莫润某和5对卖淫、嫖娼人员。

【案件焦点】

组织卖淫与介绍容留卖淫的界定。

【法院裁判要旨】

广西壮族自治区桂平市人民法院经审理认为：被告人梁红某、余培某、莫润某提供场所并为男子介绍妇女进行卖淫嫖娼活动，其行为已触犯刑律，构成介绍、容留卖淫罪。公诉机关认为被告人梁红某以招募、容留等手段，控制多人从事卖淫，应当以组织卖淫罪追究刑事责任。被告人余培某、莫润某在组织卖淫的共同犯罪中起帮助作用，应当以协助组织卖淫罪追究其刑事责任。经查，卖淫妇女到桂平市西山镇甲酒店七楼被告人梁红某管理的保健中心卖淫，行动来去自如，不是被告人梁红某招募、雇用、纠集而来，也不受被告人梁红某控制。公诉机关提供的证据不足以证实被告人梁红某实施了组织卖淫的行为，对以协助组织卖淫罪追究被告人余培某、莫润某的刑事责任不当，故对公诉机关此指控，不予认定。被告人梁红某及三被告人的辩护人提出的构成介绍、容留卖淫罪的意见，本院予以采纳。在共同犯罪中，被告人梁红某起主要作用，是主犯，依法按其所参与的全部犯罪处罚。被告人余培某、莫润某协助被告人梁红某介绍、容留他人卖淫，起辅助作用，是从犯，依法应当从轻处罚。被告人梁红某、余培某、莫润某如实供述其罪行，依法可以从轻处罚。

综上，依照《中华人民共和国刑法》第三百五十九条第一款、第二十五条第一款、第二十六条第一款及第四款、第二十七条、第五十二条、第五十三条、第四十七条、第六十一条之规定，判决如下：

一、被告人梁红某犯介绍、容留卖淫罪，判处有期徒刑二年三个月，并处罚金人民币五千元；

二、被告人余培某犯介绍、容留卖淫罪，判处有期徒刑一年六个月，并处罚金人民币三千元；

三、被告人莫润某犯介绍、容留卖淫罪，判处有期徒刑一年，并处罚金人民币二千元。

【法官后语】

就本案定性问题，一种观点认为被告人梁红某通过建立微信群，招募妇女进行卖淫，并与卖淫妇女对嫖资进行分成，其行为构成组织卖淫罪；另一种观点认为被告人梁红某仅提供场所给卖淫女从事卖淫活动，并根据卖淫的次数收取嫖资的提成，不具有组织、管理性，其行为构成介绍、容留卖淫罪。

司法实践中，区分组织卖淫罪与介绍、容留卖淫罪的关键是行为人是否有组织行为。即行为人以招募、雇用、强迫、引诱、容留等手段，将分散的卖淫人员集中起来，通过制定、确立相关的人、财、物管理方法，与卖淫人员之间形成组织和被组织、管理和被管理的关系，进而安排固定场所或无固定场所（上门服务）有组织开展卖淫活动。而容留卖淫罪是行为人仅为卖淫人员提供进行卖淫活动的处所或者便利条件的行为。另外，从行为人的主观目的来看。组织卖淫罪的行为人主观上具有控制多人从事卖淫的目的，介绍、容留卖淫罪的行为人的主观上并没有控制多人卖淫的目的。本案中，没有形成卖淫组织，行为人也没有组织、管理卖淫活动的行为和目的。首先，被告人梁红某并未以招募、雇用、强迫、引诱等手段，将分散的卖淫人员纠集、控制起来，管理、安排她们进行卖淫。卖淫人员均是经人介绍到其保健中心从事卖淫活动。其次，卖淫人员在从事卖淫活动期间人身自由并未受到限制，来去自如，可随时离去，同时也不存在精神上的强制，行为人与卖淫人员之间不存在管理与被管理、控制与被控制的关系，双方之间的关系是比较松散的。最后，被告人梁红某建立微信群是为了牵线搭桥、沟通撮合促成卖淫提供方便，卖淫人员入群、退群自由，并非为了控制、管理卖淫人员。上述三个方面，有被告人的供述和卖淫人员的证言相互印证，形成了完整的证据锁链。

综上所述，被告人梁红某违反社会管理秩序，以营利为目的，长期为多名卖淫女性提供性交易场所或便利条件，收取嫖资后从中提成。被告人梁红某客观上实施了介绍、容留卖淫的行为，主观上不具有控制、管理卖淫人员的行为，不符合组织卖淫罪的犯罪构成要件，而符合容留、介绍卖淫罪的犯罪构成要件，故被告人梁红某的行为构成容留、介绍卖淫罪。公诉机关指控被告人梁红某以招募、容留等手段，控制多人从事卖淫，其行为已构成组织卖淫罪的意见，所提供的证据不能确实、充分地证实被告人梁红某对卖淫人员进行控制管理。故对公诉机关的该项指控予以纠正。被告人梁红某不构成组织卖淫罪，相应地被告人余培某、莫润某亦不构成协助组织卖淫罪，二被告人在卖淫活动中负责接待、收银、清洁等工作，在共同犯罪中起辅助作用，故以介绍、容留卖淫罪对二被告人从轻处罚。

综述，对三被告人以介绍、容留卖淫罪定罪处罚，正是抓住了三被告人在本案中涉及犯罪构成方面的具体行为特性，同时考虑其所犯罪行的社会危害性、达到罪刑相适应及更好地惩治犯罪等因素。

编写人：广西壮族自治区桂平市人民法院　程君

（七）制作、贩卖、传播淫秽物品罪

47

复制、贩卖淫秽物品牟利罪中淫秽物品数量的计算

——徐某复制、贩卖淫秽物品牟利案

【案件基本信息】

1. 裁判书字号

浙江省玉环市人民法院（2018）浙1021刑初5号刑事判决书

2. 案由：复制、贩卖淫秽物品牟利罪

【基本案情】

2014年至2016年年底，被告人徐某在玉环市坎门街道振兴路甲手机店内，将存储在店内电脑主机的淫秽视频以5元或10元的价格复制、贩卖给前来购买SD卡

的顾客，其中向顾客丁明某出售的SD卡中复制、贩卖视频129个，经审查鉴定，其中102个属于淫秽视频。2016年12月9日，该店被公安机关查获，并当场扣押被告人徐某笔记本电脑一台，内有视频552个，经审查鉴定，其中485个属于淫秽视频。

【案件焦点】

对于罪名中淫秽物品数量的认定，是以实际复制、贩卖的数量为准，还是以被告人所持有的淫秽物品数量为准。

【法院裁判要旨】

浙江省玉环市人民法院经审理认为：被告人徐某以牟利为目的复制、贩卖淫秽视频文件，其行为已构成复制、贩卖淫秽物品牟利罪。对公诉机关指控的罪名予以变更。被告人徐某归案后如实供述自己的罪行，依法可以从轻处罚；部分犯罪由于意志以外的原因而未得逞，系犯罪未遂，依法可以比照既遂犯从轻处罚；被告人徐某当庭认罪，可酌情从轻处罚。浙江省玉环市人民法院以复制、贩卖淫秽物品牟利罪判处被告人有期徒刑二年六个月，缓刑三年，并处罚金人民币二千元。

【法官后语】

本案争议的焦点主要在于：（1）对于罪名的选择上，是否有贩卖淫秽物品的行为存在；（2）对于本案中复制淫秽物品的数量应如何认定。

1. 对罪名的选择

我国《刑法》第三百六十三条规定了制作、复制、出版、贩卖、传播淫秽物品牟利罪的刑罚，该条是典型的选择罪名。选择性罪名指包含犯罪构成内容复杂，具有可选择事项，可以分解拆开适用，也可以概括适用的罪名。确定选择性罪名时，应当做到罪名能够尽量涵盖行为人的具体犯罪构成事实。

在本案中，通过调查、举证、质证环节，可以证实被告人徐某对前来店内购买内存卡的顾客提供复制淫秽视频的服务并进行收费，同时，其供述也有在店内的空白手机内存卡上拷贝淫秽视频以待出售。我们可以看出其本质上实施了复制、贩卖两个行为，两个行为在内容上差别明显，空间上相对分离，存在一定的独立性，且该复制行为与贩卖行为都以牟利为目的。因此，审判者对于本案的定罪并未违反不得重复评价的原则，反而全面涵盖了被告人的所有行为。

2. 对犯罪数量的准确认定

被告人所实施的向他人复制、贩卖淫秽物品的犯罪中，属于淫秽视频的有102个，在其被扣押的笔记本电脑中，属于淫秽视频的有485个，那么在电脑中查获的淫秽视频是否应计入犯罪数量？笔者认为，应当是否定的。理由如下：

（1）对于数量的考量应当考虑其犯罪的本质以及社会危害性。在本案中，被告人的淫秽视频存储于其自己所有的电脑内，该种情形保持了淫秽物品的私密性和非公开性，当被告人的行为尚未对社会造成危害时，法律应保持审慎、谦抑的态度。换言之，刑法并不处罚自己观看、收藏淫秽物品，而是处罚向不特定的多数人散布、传播淫秽物品的行为。在一般的案件中，查获的淫秽视频数量普遍远远超过行为人复制、贩卖的视频数量，若将这些视频的数量都计入犯罪数量将会出现量刑跨越式升级，导致罪刑严重失衡，也更容易造成刑罚权的扩张。

（2）从犯罪构成的角度来看，对淫秽物品数量的认定主要应该从客观方面着手。犯罪的客观方面，是指《刑法》所规定的、说明行为对《刑法》所保护的社会关系造成损害的客观外在的事实特征，而数量是犯罪客观方面的重要组成部分。犯罪惩处的对象是行为，无行为则无犯罪，而犯罪对社会的危害在于其对法益的侵害。如若被告人的淫秽物品并未流入社会、妨害社会管理秩序，仅仅是当事人自己拥有，其对犯罪客体的侵害没有发生，不具备社会危害性，也就不符合犯罪构成的条件，当然不能成为惩治的对象。

（3）在没有证据证明的情况下，推定被告人所拥有的视频都是用于复制、贩卖牟利的，违反了推定允许合理解释和反证的规则。毒品犯罪及复制、贩卖淫秽物品牟利罪都属于妨害社会管理秩序的犯罪，两者侵犯的客体、主体都相同，但是，在毒品犯罪中有诸多关于刑事推定的法律规定，而贩卖淫秽物品牟利罪中《刑法》及相关司法解释都没有州事推定的相关规定。那么本案中，被告人复制、贩卖淫秽物品牟利罪是否可以适用刑事推定呢？答案应该是否定的。因为毒品犯罪与复制、贩卖淫秽物品牟利罪最大的不同在于非法持有毒品、达到一定数量是构成犯罪的，而持有淫秽物品本身并不构成犯罪，行为人可以以电脑中存储的淫秽视频用于本人观看作为合理解释。在没有证据证明行为人对这些视频也实施了复制、贩卖牟利行为的情形下，推定这些视频是用于复制、贩卖牟利的，违反了刑事推定允许合理解释和反驳的规则。

编写人：浙江省玉环市人民法院　章妍

48

对淫秽物品的认定与被查获未售出行为既、未遂的判断

——谭长某、金大某贩卖淫秽物品牟利案

【案件基本信息】

1. 裁判书字号

浙江省台州市三门县人民法院（2017）浙1022刑初230号刑事判决书

2. 案由：贩卖淫秽物品牟利罪

【基本案情】

2016年年初和2016年年底，被告人谭长某从广州碟片商（身份不明）处两次购入光碟，并在路桥小商品市场内销售。2016年12月至2017年2月，谭长某分两次将560张光碟出售给被告人金大某，后金大某放于三门县浦坝港镇三角塘村自己所开的金声影音音像店内出售，金大某已售出270多张，其中贩卖给王启某110张。2017年3月27日，三门县公安局在金大某经营的音像店内当场查获光碟252张，在王启某的助力车内及卧室内查获光碟110张；3月28日，三门县公安局在谭长某位于路桥区路桥小商品市场17栋的出租房内当场查获光碟6张。经三门县公安局淫秽物品审查鉴定，在金大某处查获的252张光碟属于淫秽物品，在王启某处查获的110张光碟（已被公安机关收缴）属于淫秽物品，在谭长某处查获的6张光碟属于淫秽物品。另查明，被告人谭长某获利144.8元，被告人金大某获利182元。案发后，被告人金大某协助公安机关抓获犯罪嫌疑人一名。

【案件焦点】

1. 淫秽物品的认定；2. 被查获未售出淫秽物品行为既、未遂的认定。

【法院裁判要旨】

浙江省台州市三门县人民法院经审理认为：被告人谭长某、金大某以牟利为目

的，贩卖淫秽物品，其中谭长某贩卖淫秽光碟368张，金大某贩卖淫秽光碟362张，二被告人的行为均已构成贩卖淫秽物品牟利罪，公诉机关指控的罪名均成立。已销售的光碟因未鉴定，无法确定系淫秽物品，故公诉机关指控被告人谭长某贩卖淫秽光碟640余张、指控被告人金大某贩卖淫秽光碟520余张的证据不足，本院不予支持。被告人谭长某如实供述犯罪事实，被告人金大某如实供述犯罪事实且有立功情节，均予以从轻处罚。二辩护人就此提出的辩护意见，予以采纳。被告人谭长某为牟利，购入淫秽光碟在路桥小商品市场内销售，被告人金大某为牟利，从谭长某处购入淫秽光碟在其经营的音像店内销售，二被告人为销售而购入淫秽物品的行为已完成，即已构成既遂，不以实际售出为标准，辩护人提出的部分淫秽光碟未售出应属未遂的辩护意见，不予采纳，但部分淫秽光碟尚未流入社会，未造成严重后果，对二被告人均酌情从轻处罚。根据被告人金大某的犯罪情节和悔罪表现，宣告缓刑对所居住的社区没有重大不良影响，故予以适用缓刑。二被告人的违法所得应予以追缴，涉案淫秽物品应予以没收。

浙江省台州市三门县人民法院依照《中华人民共和国刑法》第三百六十三条第一款、第二十五条第一款、第六十七条第三款、第六十八条、第七十二条第一款和第三款、第六十四条之规定，作出如下判决：

一、被告人谭长某犯贩卖淫秽物品牟利罪，判处有期徒刑一年四个月，并处罚金人民币六千元；

二、被告人金大某犯贩卖淫秽物品牟利罪，判处有期徒刑一年，缓刑一年六个月，并处罚金人民币五千元；

三、追缴被告人谭长某违法所得人民币一百四十四元八角，追缴被告人金大某违法所得人民币一百八十二元；

四、随案移送的二百五丨八张淫秽光碟予以没收。

【法官后语】

本案处理重点在于淫秽物品的认定以及查获未售出淫秽物品行为既、未遂的认定。

司法机关在判断是否因贩卖淫秽物品而构成犯罪时最关键的是认定淫秽物品的淫秽性。1985年《国务院关于严禁淫秽物品的规定》（已失效）第二条使用了“具体描写性行为或露骨宣扬色情淫荡现象”这一术语，并用这一术语限定了后面一系列所要查禁的淫秽色情物品。这是我国立法对淫秽进行定义的最初尝试。我国《刑法》第三百六十七条第一款规定："本法所称淫秽物品，是指具体描绘性行为或者露骨宣扬色情的诲淫性的书刊、影片、录像带、录音带、图片及其他淫秽物品。"本条款似乎对于"淫秽性"的判断有着明文规定，但是我们知道，在刑法理论中，犯罪构成要件要素分为描述的构成要件要素与规范的构成要件要素，其中"淫秽"就是和社会一般的文化评价有关的概念，其认定必须经过法官的规范的、评价的价值判断才能够确定。是否属于淫秽物品应当按照《刑法》关于淫秽物品的界定，并结合社会上一般人的感受进行判断，而不是个别的特别人的独特认识。但《刑法》上淫秽物品判断标准的模糊性导致了很多问题，实践中对淫秽物品的界定应基于一种审慎的态度，有必要对权力与权利进行一定约束。

公安部于1998年就江苏省公安厅《关于鉴定淫秽物品有关问题的请示》作出批复"今后各地公安机关查获的物品，需审查认定是否为淫秽物品的，可以由县级以上公安机关治安部门负责鉴定工作"①，由此形成了现在的认定格局。从公安部的批复可以看出，淫秽物品的认定是指公安部门根据勘验、检查、调查情况或者结合有关检验、鉴定所作出的，确定涉案物品是否具有"淫秽"性的活动，是具体行政行为。淫秽物品的鉴定不是认定的必经程序，行政机关可以基于鉴定结果作出行政认定，也可以基于自己的认识直接作出行政认定。鉴定意见本质上是一种专家意见，不具有当然的权威性，也不形成法律后果。但鉴定仍然具有很重要的法律意义，它代表的是中立者提出的相对客观的意见，而且是专业性的判断意见，是程序中立的具体体现，也是公平公正的核心要求。在法律术语模糊、事实边界不清的状态下，鉴定所提供的就是一种相对客观、中立、专业的判断，是对行政执法、司法裁判的最大支持。司法机关可以依据鉴定意见而形成司法认定，并作为裁判的根据。

具体到本案中，公诉机关根据黄冬某、王启某、金大某处的光碟均来自谭长某处，已扣押的光碟经鉴定均属于淫秽光碟，且二被告人供述这些光碟外包装相似，没有多大区别且有当场扣押光碟予以佐证，光碟封面均为裸女，封面上带有露骨性、暗示性词语这些事实，予以推定售出的光碟属于淫秽光碟，然而售出光碟均系

---

① 参见《公安部对〈关于鉴定淫秽物品有关问题的请示〉的批复》。

淫秽物品这一推定系仅建立在二被告人供述的言词证据之上，对该部分物品予以认定为淫秽物品显然缺乏足够证据。因此，法院对公诉机关指控的涉案数量予以纠正，从有利于被告人的原则出发，依据查处的经鉴定确认的淫秽光碟数量认定二被告人贩卖淫秽物品的数量，体现了审慎的司法态度。

因为法律上的不明确，从实践判例情况来看，对于被查获未售出的淫秽光碟，认定贩卖淫秽物品未遂和既遂的判决各地不一。

针对本案中二被告人的行为，浙江省台州市三门县人民法院经审理认为构成贩卖淫秽物品牟利罪的既遂。理由是，刑法上所谓的犯罪既遂，是指行为人故意实施的行为已经具备了某一犯罪构成的全部要件。对于贩卖淫秽物品牟利罪而言，行为人只要以牟利为目的，实施了贩卖淫秽物品的行为，并达到法律所要求的程度，即属既遂。该罪中所指的贩卖，既包括卖出行为也包括为卖出而准备的买入行为。其只要求行为与罪状表述一致，并不像结果犯必须以具备危害结果为构成既遂的先决条件。贩卖淫秽物品牟利罪侵犯的客体为国家对文化市场的管理秩序和社会主义的健康风尚，对于为售出而买入的行为，无论其是否售出，已经为制作、复制淫秽光碟的犯罪行为提供了销售和传播的途径，社会主义的健康风尚受到了破坏，国家对文化市场的管理秩序受到了侵犯，故以既遂论处为宜，但因尚未售出，尚未流入社会，未造成严重后果，可酌情从轻处罚。

编写人：浙江省台州市三门县人民法院　王婕妤

49

利用网络云盘贩卖淫秽物品牟利在量刑时应综合评判

——张某传播淫秽物品、贩卖淫秽物品牟利案

【案件基本信息】

1. 裁判书字号

江苏省常州市武进区人民法院（2017）苏0412刑初1305号刑事判决书

2. 案由：传播淫秽物品罪、贩卖淫秽物品牟利罪

【基本案情】

2016年7月至2017年3月，被告人张某在其暂住地常州市武进区湖塘镇鸣凰西桥××号，通过QQ软件建立“××××影视群”，对该群进行管理，设立会员制度，收取会员费，群成员为100余人。被告人张某在群内不定期发布淫秽视频，并向群成员推销贩卖可以在线观看淫秽视频的“××云播”等软件、含有淫秽视频的云盘账号和密码等。

2017年2月12日，常州市文化广电新闻出版局执法人员通过QQ软件和微信与被告人张某取得联系，向其购买微云号和“××云播”软件。2017年3月5日，常州市文化广电新闻出版局执法人员欲再购买含有淫秽视频的网络云盘账号和密码，被告人张某从陈某（另案处理）处以人民币52元的价格购得115网络云盘账号和密码，后以人民币300元的价格贩卖给执法人员。

另查明，从被告人张某的QQ群、贩卖的微云号、“××云播”软件、115网络云盘内提取到视频文件，经过鉴定，QQ群中的100个视频文件，微云号中的105个视频文件，“××云播”软件中的287个视频文件，115网络云盘中的818个视频文件，均属于淫秽物品。

案发后，被告人张某的家属协助退出违法所得人民币1000元。

【案件焦点】

对于贩卖淫秽物品牟利部分，视频数量达500个以上，是否应当认定情节特别严重，在十年以上有期徒刑进行量刑。

【法院裁判要旨】

江苏省常州市武进区人民法院经审理认为：被告人张某，利用互联网建立主要用于传播淫秽电子信息的群组，成员达30人以上，其为建立者、管理者和主要传播者，属情节严重，其行为已构成传播淫秽物品罪；又以牟利为目的向群成员贩卖淫秽物品，其行为又构成贩卖淫秽物品牟利罪，应两罪并罚。被告人张某归案后能如实供述自己的罪行，依法可从轻处罚；已退出违法所得，可酌情从轻处罚。辩护人关于贩卖淫秽物品牟利部分系行政执法人员通过利诱手段取得证据，不应作为定案证据的辩护意见，经查，行政执法人员不存在引诱执法，以上辩护意见与事实不

符，不予采纳；关于认为被告人张某系有立功表现的辩护意见，法院认为，被告人张某交代淫秽物品上家的QQ号码和微信号，属于如实供述淫秽物品的来源，且其并无协助抓捕其他犯罪嫌疑人的行为，不符合立功条件，该辩护意见不予采纳；辩护人的其他辩护意见，符合本案实际，予以采纳。

江苏省常州市武进区人民法院依照《中华人民共和国刑法》第三百六十四条第一款、第三百六十三条第一款、第六十九条、第六十七条第三款、第五十二条、第五十三条第一款、第六十四条及《最高人民法院、最高人民检察院关于办理利用互联网、移动通讯终端、声讯台制作、复制、出版、贩卖、传播淫秽电子信息刑事案件具体应用法律若干问题的解释（二）》第三条的规定，作出如下判决：

一、被告人张某犯传播淫秽物品罪，判处有期徒刑一年；犯贩卖淫秽物品牟利罪，判处有期徒刑一年六个月，并处罚金人民币五千元；决定执行有期徒刑二年，并处罚金人民币五千元；

二、已退违法所得予以没收，上缴国库。

一审宣判后，被告人张某未提出上诉，检察机关亦未抗诉，一审判决发生法律效力。

【法官后语】

《刑法》第三百六十三条第一款规定了制作、复制、出版、贩卖、传播淫秽物品牟利罪。2004年《最高人民法院、最高人民检察院关于办理利用互联网、移动通讯终端、声讯台制作、复制、出版、贩卖、传播淫秽电子信息刑事案件具体应用法律若干问题的解释（一）》（以下简称《解释一》）出台，在此基础上，2010年《最高人民法院、最高人民检察院关于办理利用互联网、移动通讯终端、声讯台制作、复制、出版、贩卖、传播淫秽电子信息刑事案件具体应用法律若干问题的解释（二）》（以下简称《解释二》）公布。利用互联网、移动通信终端等贩卖淫秽电子信息刑事案件，较之传统的淫秽物品犯罪，传播范围更广，社会危害性更大，故上述司法解释针对此类淫秽物品电子信息犯罪规定了单独的定罪量刑标准，从严予以打击。例如，《解释一》明确以牟利为目的，利用互联网贩卖淫秽视频文件二十个以上即构成犯罪，一百个以上即应当在“三年以上十年以下有期徒刑，并处罚金”的幅度内量刑，五百个以上即应当在“十年以上有期徒刑或者无期徒刑，并处罚金或者没收财产”的幅度内量刑。

而上述司法解释缺乏关于网络云盘的规定，近年来，随着网络技术的不断发展，特别是云技术的发展，网络云盘的应用越来越广泛，网络云盘为用户免费或收费提供文件的存储、访问、备份、共享等文件管理功能，其特点是速度快、容量大，因其存储空间大，此类案件的涉案淫秽电子信息往往数量巨大，个别案件涉及云盘账号数万个，跟传统的硬盘、U盘、磁盘等媒介有着天壤之别，但通常而言，此类案件获利数额不大，传播人数不多，如果机械套用《解释一》《解释二》的规定处理此类案件，将出现量刑畸重现象，有违罪责刑相适应原则的要求。

本案在立案后，合议庭在考量案件事实时，就遇到了这个问题。被告人张某从他人处购买含有淫秽视频的网络云盘，又在网络上进行兜售，其贩卖获利的价格为人民币几百元，传播的人数也有限，如果按照《解释一》的规定，视频个数在500个以上，即属于情节特别严重，应当判处十年以上有期徒刑，且本案中并无减轻情节，无法在量刑档次以下判处刑罚。

案件开庭后，关于视频数量并未成为庭审的焦点，却是合议庭在评议时的重点。庭审结束后，尚未宣判时，《最高人民法院、最高人民检察院关于利用云盘制作、复制、贩卖、传播淫秽电子信息牟利行为定罪量刑问题的批复》于2017年11月22日发布，该批复第二条规定，对于以牟利为目的，利用网络云盘制作、复制、贩卖、传播淫秽电子信息的行为，在追究刑事责任时，鉴于网络云盘的特点，不应单纯考虑制作、复制、贩卖、传播淫秽电子信息的数量，还应充分考虑传播范围、违法所得、行为人一贯表现以及淫秽电子信息、传播对象等，综合评估社会危害性，恰当裁量刑罚，确保罪责刑相适应。

该批复发布以后，合议庭再次评议时一致认为，应该按照该批复对本案进行量刑。结合被告人的违法所得（几百元）、传播人数（一人），综合考虑本案中贩卖微云号、含有淫秽物品的软件、网络云盘等事实，贩卖淫秽物品牟利部分，判处有期徒刑一年六个月，并处罚金人民币五千元。

编写人：江苏省常州市武进区人民法院　周运　李艳伟

50

网络服务商提供的电子数据如何作为定案证据

——蒋某甲、蒋某乙传播淫秽物品牟利案

【案件基本信息】

1. 裁判书字号

浙江省诸暨市人民法院（2017）浙0681刑初1380号刑事判决书

2. 案由：传播淫秽物品牟利罪

【基本案情】

2016年7月左右开始，被告人蒋某甲、蒋某乙经商谋后决定在淘宝店铺销售淫秽视频牟利。被告人蒋某乙从网上买来多个淘宝店铺，被告人蒋某甲买来淫秽视频并保存在百度网盘中，创建百度网盘群组，事先把淫秽视频分享到群组，然后二人在淘宝店铺中公开销售。买家付款后，被告人蒋某甲、蒋某乙通过“阿里旺旺”发送百度云群组链接，买家通过百度网盘加入该群组后就可以观看、下载淫秽视频。已查实，被告人蒋某甲、蒋某乙利用多个淘宝店铺将淫秽视频销售给钟冬某、朱顺某、张某、骆天某等多人，累计非法获利13万余元。

2017年1月9日，公安机关抓获被告人蒋某甲、蒋某乙，从被告人蒋某甲处扣押作案使用的电脑主机一台、手机三部、笔记本二本，从被告人蒋某乙处扣押作案使用的笔记本电脑一台、手机二部。并从被告人蒋某甲、蒋某乙销售给钟冬某的百度群组链接中提取到284部视频，经鉴定，其中122部属于淫秽物品。

【案件焦点】

1. 百度网讯科技有限公司提供的涉案淫秽视频电子数据（以硬盘形式储存），能否作为认定被告人传播淫秽视频数量的证据，辩护人提出该电子数据取证过程无同步录音录像、无见证人在场见证和签字，硬盘中的视频是否为被告人所上传无法确定，并难以排除存在重复上传的问题；2. 百度网讯科技有限公司提供的硬盘中

储存的淫秽视频是否等同于被告人传播出去的淫秽视频。

【法院裁判要旨】

浙江省诸暨市人民法院经审理认为：结合全案证据，上述电子证据可以作为定案的依据，分析评判如下：

1. 关于百度网讯科技有限公司提供的涉案淫秽视频的电子数据（以硬盘形式储存），公安机关向百度网讯科技有限公司发出了《调取证据通知书》，百度网讯科技有限公司根据《调取证据通知书》中提供的百度云群链接，调取了该链接中的文件，并储存在硬盘中，交给公安机关。根据《最高人民法院、最高人民检察院、公安部关于办理刑事案件收集提取和审查判断电子数据若干问题的规定》第十四条"收集、提取电子数据，应当制作笔录，记录案由、对象、内容、收集、提取电子数据的时间、地点、方法、过程，并附电子数据清单，注明类别、文件格式、完整性校验值等，由侦查人员、电子数据持有人（提供人）签名或者盖章；电子数据持有人（提供人）无法签名或者拒绝签名的，应当在笔录中注明，由见证人签名或者盖章。有条件的，应当对相关活动进行录像"、第十五条第一款"收集、提取电子数据，应当根据刑事诉讼法的规定，由符合条件的人员担任见证人。由于客观原因无法由符合条件的人员担任见证人的，应当在笔录中注明情况，并对相关活动进行录像。"因此，对于存储在第三方网络平台中的电子数据，该平台依据公安机关的调取证据通知书收集后提供即可，不是必须要有同步录音录像或见证人在场见证。

2. 被告人蒋某甲、蒋某乙将淫秽视频上传并保存在百度网盘中，然后在淘宝店铺中公开传播牟利，二人长时间向多人传播淫秽视频，公安机关仅在其中一个被传播对象处即查获122部淫秽视频。并且，被告人的供述和证人的证言均可以证实二被告人存在对百度网盘内的淫秽视频进行更新和补充上传的行为，因而实际传播的淫秽视频超过122部。根据被告人的淘宝交易记录，结合被告人的供述和证人证言所能证实的商品名称、交易价格等特征，可以确定属于传播淫秽视频交易记录金额累计为13万余元。

另，根据《最高人民法院、最高人民检察院关于利用网络云盘制作、复制、贩卖、传播淫秽电子信息牟利行为定罪量刑问题的批复》（法释〔2017〕19号）的规定，对于以牟利为目的，利用网络云盘制作、复制、贩卖、传播淫秽电子信息的行为，在追究刑事责任时，鉴于网络云盘的特点，不应单纯考虑制作、复制、贩卖、传播淫秽电子信息的数量，还应充分考虑传播范围、违法所得、行为人一贯表现以及淫秽电子信息、传播对象是否涉及未成年人等情节，综合评估社会危害性，恰当裁量刑罚，确保罪责刑相适应。

浙江省诸暨市人民法院依照《中华人民共和国刑法》第三百六十三条第一款、第二十五条第一款、第六十七条第三款、第六十八条、第七十二条第一款及第三款等，作出如下判决：

一、被告人蒋某甲犯传播淫秽物品牟利罪，判处有期徒刑三年，缓刑三年六个月，并处罚金人民币二十万元；

二、被告人蒋某乙犯传播淫秽物品牟利罪，判处有期徒刑三年，缓刑三年六个月，并处罚金人民币二十万元。

一审判决后，被告人未上诉，检察机关未抗诉，判决已生效。

【法官后语】

电子证据是随着互联网技术发展和犯罪手段翻新而产生的新证据种类，其不同于传统的物证、书证等证据形式，具有无形性、多样性、易破坏性等特点。作为一种高科技证据，电子证据在定罪量刑方面发挥着日益重要的作用，但在刑事司法实践中也派生出了诸多问题，正是这些问题有时影响了部分刑事案件结果的认定，成为困扰司法实践的一个难题。犯罪现场难确定、证据真实性难证明，加上一些办案人员对电子证据的认识不到位，取证程序不到位，甚至违反强制性程序规定，导致被作为非法证据排除。正是在这样的背景下，《最高人民法院、最高人民检察院、公安部关于办理刑事案件收集提取和审查判断电子数据若干问题的规定》的出台对电子数据收集、审查、认定、应用等发挥了指引和规范作用。

在司法实践中，审查电子证据的关键要审查其证明力。第一，审查电子证据的真实性。电子证据易被篡改且不容易留痕迹，技术越发达，被伪造、被篡改、被删除的可能性反而越大。审理中，需重点审查取证的主体是否合法、手续是否齐全，电子证据提供者是否提供原始的、完整的数据，取证过程是否连贯等。第二，审查电子证据的合法性。审查取证的程序是否合法，包括法律手续是否完备、取证过程是否完整展现、是否存在程序违法事项等。随着办案条件的改善、办案设备的齐全，在调取、收集电子证据材料时，侦查机关应尽可能进行同步录音录像。同步录音录像具有可观看性、可回溯性，能够直观、全面反映侦查人员取证的过程，在非法证据排除过程中具有重要的证明作用。

随着电信网络诈骗、网上色情直播、网络传播淫秽物品等刑事案件的多发，对电子证据的收集和固定提出了更高的要求，司法机关及其办案人员应对此引起足够重视，及时更新证据收集、审查、应用等方面的思维和理念，提高办案能力和水平。

编写人：浙江省诸暨市人民法院　戴金飞

二、贪污贿赂罪

51

自收自支的事业单位中共同贪污的认定

——刘某贪污案

【案件基本信息】

1. 裁判书字号

北京市第三中级人民法院（2017）京03刑终657号刑事裁定书

2. 案由：贪污罪

【基本案情】

北京市顺义区自来水公司（现变更为北京顺义自来水有限责任公司，以下简称自来水公司）自2006年至2013年系自收自支事业单位。2007年至2012年，被告人刘某在担任自来水公司经理期间，利用管理自来水公司全面工作的职务便利，指使自来水公司财务科科长李某（另案处理）、现金会计张某（另案处理），从公司账户支取现金为领导班子成员及李某、张某发放上一年度“额外奖金”，并采取虚列开支等方式平账。其中，刘某个人所得人民币63万元，李某个人所得人民币32万元，张某个人所得人民币16万元。2016年1月22日，被告人刘某经侦查机关电话通知后主动到案。侦查期间，刘某、李某、张某已将上述个人所得钱款全部退缴。

【案件焦点】

自收自支的事业单位中，被告人刘某伙同财务人员违规给班子成员及财务人员发放额外奖金，如何定性。

【法院裁判要旨】

北京市顺义区人民法院经审理认为：对于被告人刘某的行为不构成贪污罪、属于违纪的辩解及辩护意见，经查，自来水公司虽然在案发期间系自收自支事业单位，但其经营具有社会公共性和垄断性，公司盈利源于其在市场竞争中具有的特殊优势地位，故自来水公司应当接受国家有关部门的监管，对公司资产进行分配应当按照规范的程序和要求进行。《关于奖金发放流程的说明》及相关证人证言证实，自来水公司的奖金发放具有一定的标准和流程，发放对象为全体员工，但涉案钱款的发放并无具体的标准和考核方法，金额由刘某个人决定且具有随意性，范围仅限于领导班子成员以及刘某个人决定的李某、张某二人，并采取了未如实记账、虚列支出平账的隐蔽手段，该行为已超出违纪的评价范围，具有严重违法性，客观上符合贪污罪的构成要件。主观上，被告人刘某明知奖金的正常决策和发放程序，仍然违反相关程序和要求发放涉案钱款、授意会计虚假记账，其本人亦领取了涉案钱款，足以证明其主观上具有非法占有的故意，故被告人刘某的行为构成贪污罪，被告人相关辩解及辩护人辩护意见不予采纳。被告人刘某作为国家工作人员，伙同他人利用职务上的便利，非法占有公共财物，数额巨大，其行为已构成贪污罪，且系共同犯罪，应予惩处。

北京市顺义区人民法院依照《中华人民共和国刑法》第十二条第一款，第九十三条第二款，第三百八十二条第一款，第三百八十三条第一款第二项、第二款、第三款，第二十五条第一款，第六十一条，第六十七条第一款，第五十二条，第五十三条，第六十四条，《最高人民法院、最高人民检察院关于办理贪污贿赂刑事案件适用法律若干问题的解释》第二条第一款、第十八条、第十九条第一款，作出如下判决：

一、被告人刘某犯贪污罪，判处有期徒刑三年，并处罚金人民币二十万元；

二、随案移送的赃款人民币六十三万元发还北京顺义自来水有限责任公司。

刘某持原审辩解提起上诉。

北京市第三中级人民法院认同一审法院裁判意见，依照《中华人民共和国刑事诉讼法》第二百二十五条第一款第一项①之规定，作出如下裁定：

① 对应2018年《刑事诉讼法》第二百三十六条第一款第一项。

驳回上诉人刘某之上诉，维持原判。

【法官后语】

本案的定性存在较大争议，有一般违纪、共同贪污、私分国有资产三种观点。在自收自支的事业单位中，多人违规发放额外奖金的行为，应从发放钱款来源，发放标准、范围、数额，账目体现等方面区分犯罪和一般违纪；从客观要件不同把握共同贪污和私分国有资产罪的关键区别；从对钱款的性质、来源是否知晓来判断行为人主观内容。

1. 综合多因素甄别一般违纪和犯罪

(1) 从所发钱款来源方面，考察单位对所分配财产有无自由支配权。自收自支的事业单位只有对当地财政核定比例的资金具有自由支配权，超出核定范围无支配权，如果将无权自由支配的钱款违规发放时，必然要经过虚列支出等方式套取钱款或违规截留钱款，这时行为侵犯的是国家对于公共财产的经营、管理和支配的权限，情节严重时就要受到刑法的规制。(2) 不能明显超出合理标准和范围。“一般而言，国有公司、企业在依法上交利税之后，国家行政事业单位利用非经营性资产转经营性资金获取的收入按规定上交后，将其所获利润部分用于发放奖金、福利的，是正当合法的行为。如果发放奖金、福利超过标准和范围的，则应认定为违反财经纪律行为，不构成犯罪。”① 但是，笔者认为，这里的“超过标准和范围”应当理解为不能明显超出合理的标准和范围，否则亦将纳入刑法评价范围。(3) 在账目体现方面，考察是否如实记账。毋庸置疑，如实记账相对于虚假平账，其社会危害性相对较小，一般作违纪评价。

本案中，首先，自来水公司属自收自支的事业单位，其发放工资、奖金由国资委进行核定，超出比例所额外发放的资金公司不具有支配权。其次，在案证据证明，自来水公司奖金发放需按照规范的程序和要求进行，且发放对象为全体员工，本案中所发奖金由刘某个人随意决定，无具体标准，且发放范围仅限于班子成员及两名财务人员，明显超过合理的范围和标准。最后，本案中所发奖金系刘某授意财务人员通过虚增支出套取的钱款，并在账目上进行了虚假平账，远远超出了违纪的

---

① 参见第 377 号指导案例：李祖清被控贪污案，载《刑事审判参考》第 47 集，法律出版社 2005 年版，第 69～71 页。

评价范围。综上，可以认定本案刘某行为已超出一般违纪行为，依法应当追究其刑事责任。

2. 关于共同贪污和私分国有资产的区分

(1) 从客观要件核心内容的不同把握二者的关键区别。从刑法条文来看，贪污罪客观要件的核心内容是“侵吞、窃取、骗取或以其他手段非法占有”，在共同贪污中，单位内个人或几个人的意志支配下，采取侵吞、窃取、骗取等所谓的“暗箱操作”的非法手段占有公共财产，具有小范围性和秘密性。而私分国有资产罪客观要件的核心内容是“违反国家规定，以单位名义私分”，具体而言，国有单位违反国有资产的管理分配制度，以单位名义将国有资产分配给个人，该罪作为单位犯罪，其犯罪意志具有整体性，同时具有较大范围的公开性，受益人一般不以某一特定层面为限且具有广泛性特征。此外，“贪污多会采取做假账或平账的手段以掩人耳目，私分国有资产一般在财务账上不会隐瞒私分的国有资产，只会采取不按规定规范记账的方法来应付各种监督。”①

本案中，虽然刘某及其他班子成员均提到发放奖金之前召开过班子会议，但并无会议记录、决议等相关文件，发放奖金的人员范围、数额均由刘某个人随意决定，未经正常决策程序和发放程序，亦无具体发放标准和考核办法，发放额外奖金实则刘某个人意志的体现。从发放范围来看，发放对象仅限所有班子成员、财务人员，相对于全体职工而言范围很小，且对其他职工保密，不具备一定的公开性。另外，发放奖金的钱款均由虚增支出等倒账套取出来的钱款，且使用未真实发生的发票进行虚假平账。综上，从决定主体、额外奖金的发放范围、公开性、记账方式等客观方面来看，刘某的行为不符合私分国有资产罪的犯罪构成，实则以发放奖金之名行共同贪污之实。

(2) 从受益人对发放钱款的性质、来源是否知晓来判断其主观内容。共同贪污表现的是个人犯罪意志，主观上要求每个成员均具有将公共财产非法占为己有的故意，故需对发放钱款的性质、来源均明知。而私分国有资产罪体现的是单位犯罪意志，单位决策人员应对所分钱款的性质、来源知悉，其他受益人则不需要知晓。本

---

① 参见第462号指导案例：高建华等贪污案，载《刑事审判参考》第58集，法律出版社2017年版，第67页。

案中，发放额外奖金数额、范围均由刘某个人决定，系刘某个人意志的体现。刘某明知奖金的正常决策及发放程序、规定，仍违反相关流程和规定发放额外奖金，并授意会计虚假记账，财务人员明知奖金发放不合常规，仍积极套取钱款、虚假记账，故刘某及财务人员对该钱款的性质和来源是明知的，主观上具有非法占有公共财物的故意。本案中自来水公司财务人员李某、张某已作另案处理，后经法院认定，李某、张某与刘某在本案贪污事实中构成共同犯罪，均已按贪污罪被判刑。

编写人：北京市顺义区人民法院　朱进博文

52

国有企业高管通过“关联交易”获益的性质认定

——韩春来贪污案

【案件基本信息】

1. 裁判书字号

北京市第一中级人民法院（2018）京01刑终101号刑事裁定书

2. 案由：贪污罪

【基本案情】

被告人韩春来在2010年至2013年间担任中视实业发展有限责任公司（国有独资公司，以下简称中视实业）副总经理，主管媒资开发部。陶小某为媒资开发部经理，徐志某、张某强为副经理。

2010年，中视国际音像资料馆开展特藏预处理和常规预处理，对磁带进行整理编目，并将该两项业务交给中视实业媒资部开展。因开展这项工作需要一些老旧机型设备，中视实业没有这些设备，经媒资开发部建议，总经理办公会研究决定采用租赁的方式。陶小某、徐志某、张某强共同商议由其三人成立一家公司承接中视实业设备租赁业务，共同赚取利润。三人将上述想法向韩春来说明，韩春来作为合同审批人，同意在今后的设备租赁过程中予以关照，并商议四人平分利润。2011年初，因徐志某、陶小某、张某强三人设立新公司的手续未办理完毕，徐志某通过挂靠龙科盛达公司的方式与中视实业签订了两份设备租赁合同，合同总金额人民币1261700元，徐志某、张某强出资人民币10余万元购买了开展业务需要的设备。2011年4月，徐志某的同学刘炳某、张伟某的同学尹大某作为挂名股东成立了新视科广公司，该二人不参与公司经营管理，公司运营中产生的花销及利润分配由徐志某记录。徐志某、陶小某、张伟某又陆续出资购买了开展业务需要的设备，公司登记验资所需资金从利润中支取，韩春来未出资。2011年9月至2013年，新视科广公司与中视实业共签订了8份设备租赁合同，合同总金额共计人民币12416240元，新视科广公司合同签字人为徐志某的妻弟康智某。在此期间，经徐志某、陶小某、张伟某商议，考虑到韩春来是公司领导，为了保证新视科广公司与中视实业开展业务更加顺畅，在平分利润的基础上，每年再多给予韩春来人民币15万元。三年间，韩春来收到利润款人民币283万元，徐志某、陶小某、张伟某各分得利润款人民币238万元。

2014年7月8日，侦查人员在调查韩春来涉嫌贪污的线索过程中，发现其妻子于某账户曾收到徐志某的大额汇款，经询问，韩春来主动交代了本案事实。2016年2月23日，侦查人员通过中国国际电视总公司纪检监察部门告知被告人韩春来于次日到侦查机关接受调查。次日，被告人韩春来主动到侦查机关接受调查，其到案后如实供述了上述犯罪事实，并退缴了所得赃款人民币283万元。

【案件焦点】

国有独资企业副总经理与下属部门职工合谋，利用单位职工成立的公司购买设备后高价租赁给本单位使用，从中非法获利行为如何定性。

【法院裁判要旨】

北京市海淀区人民法院经审理认为：被告人韩春来身为国家工作人员，利用职务上的便利，伙同他人非法占有公共财物，数额特别巨大，其行为已构成贪污罪。针对被告人韩春来及辩护人对指控罪名所提意见，经查，首先，作为国有企业工作人员，被告人韩春来等人具有维护公司利益，正确作出决策的义务，而从被告人韩春来的供述及内部审批文件等证据可看出，被告人韩春来等人为了私利，引导公司决策层作出错误判断，采用租赁而非购买设备的方式，人为增加了公司经营成本；

其次，被告人韩春来等人进一步通过控制租赁价格，使自己成立的公司与中视实业签订租赁合同，赚取高额利润；最后，被告人韩春来等人将自己公司所得利润平分，达到了个人侵吞公司财物的最终目的。综上，被告人韩春来的行为系利用自己职务便利，骗取公司公共财物的贪污行为，应以贪污罪定罪处罚。被告人及辩护人所提辩护意见，本院不予采纳。鉴于被告人韩春来主动交代侦查机关尚未掌握的罪行，系自首；且已退缴自己犯罪所得，有悔罪表现，本院依法对其从轻处罚。

北京市海淀区人民法院依照《中华人民共和国刑法》第三百八十二条第一款，第三百八十三条第一款第三项、第三款，第二十五条第一款，第五十三条第一款，第六十七条第一款，第六十四条，作出如下判决：

一、被告人韩春来犯贪污罪，判处有期徒刑十一年六个月，罚金人民币五十万元；

二、责令被告人韩春来与徐志某、陶小某、张伟某继续共同退赔人民币三十八万元，发还被害单位中视实业发展有限责任公司。

韩春来不服一审判决提出上诉。

北京市第一中级人民法院经审理认为：韩春来、徐志某等人身为中视实业媒资部的公职人员，在负责单位承揽的磁带编目业务中，为获私利，经共谋利用职务便利，在设备报价等方面进行操控，使得公司决策层在不明真相的情况下，自徐志某等人私自成立的公司租用设备。韩春来、徐志某等人本应在履职过程中，以实现公司利益最大化为职责，却以低廉的价格购买到设备后，以高出数倍的价格出租给单位使用，从中非法获利。故在扣除韩春来、徐志某等人购买设备的成本后，其获得的利益系欺骗单位所获的非法利益，对此韩春来等人均应承担刑事责任。虽然徐志某等人通过正常程序注册私人公司，但并不能因此使该公司的获利合法化。因此，对上诉人韩春来及其辩护人的此项意见不予采纳。依照《中华人民共和国刑事诉讼法》第二百二十五条第一款第一项①之规定，裁定如下：

驳回上诉，维持原判。

【法官后语】

本案涉及罪名虽为一般的职务犯罪，但因犯罪手段新颖，如何准确定性或为最

① 对应2018年《刑事诉讼法》第二百三十六条第一款第一项。

大难点。本案中，韩春来行为的定性争议主要为定为贪污罪还是受贿罪。

公诉机关在最初起诉时指控韩春来涉嫌受贿罪，主要基于以下几点因素考虑：第一，无法认定韩春来等人的租赁行为是蓄意操纵。采用租赁设备方式取代直接购买，是因现实中确实存在磁带编目业务不确定及部分设备无法买到的情况，这一点在徐志某等人提交的分析报告中也有所提及，故无法认定租赁行为有操纵故意；第二，现有证据无法认定租赁价格明显高于市场价格，认定贪污行为的客观证据不充分；第三，若认定为贪污罪，则无法计算公司损失。租赁设备价格虚高，但是租赁设备的正常租赁费用到底是多少无法计算导致公司的损失无法认定。

公诉机关起诉后又变更起诉，将指控罪名改为贪污罪，辩护人则对指控罪名提出异议，认为韩春来无罪。

判断韩春来的行为构成受贿罪还是贪污罪，应从犯罪构成着手分析。韩春来作为国有独资企业的副总经理，主管媒资开发部、享有合同审批权，其与媒资开发部经理、副经理等人合谋成立公司、购买设备，又利用其掌握的合同审批权，将设备高价租赁给本单位使用，几人私分所获非法利润。很明显，韩春来具备国家工作人员身份、利用了享有合同审批权的职务便利，这两点均符合受贿罪和贪污罪的要件。但关键在于，韩春来与他人合谋通过签订合同方式“转移”国有资产、从中获得非法利益的行为究竟应被评价为受贿罪的“非法收受他人财物，为他人牟取利益”，还是贪污罪的“非法占有公共财物”。也就是说，对韩春来等人犯罪手段的定性才是本案中区分受贿罪与贪污罪的关键。针对这个问题，我们主要从以下几个方面考虑：

第一，钱款的来源。从形式上看，韩春来分得的钱款来源于下属部门的职工，具备受贿款的表象；事实上，韩春来获得的钱款是几人通过合谋所非法获取的公共财物，无论钱款几易其手，其在整个犯罪行为中的来源和本质不会改变。第二，对实现非法占有公共财物手段的评价。多数贪污行为采取直接获取公共财物的方式，但本案的犯罪行为是通过成立公司、签订虚高价格合同等多种方式相结合而完成。虽然公司具有租赁设备的现实需求，但韩春来作为国有企业的副总经理不仅应行使权利，更应尽职履行审批义务，维护公司利益。但从韩春来的供述及内部审批文件等证据可看出，其为了私利，引导公司决策层作出错误判断，导致公司支付超出实际需求的高额成本，以明显虚高的租赁价格签订租赁合同。该占有公共财物的方式形式复杂、超越实际需求，足见韩春来等人在行为伊始就具备非法占有公共财物的主观故意。第三，对犯罪行为的整体评价。韩春来等人成立公司、签订高价合同的一系列行为应作为一个整体评价，其最终目的是占有公共财物。如果将其定性为受贿罪，则是将犯罪行为割裂评价，只评价了韩春来获得钱款、为其他人谋取利益的行为，忽视了成立公司、签订高价合同等合谋占有公共财物的行为。因此，韩春来的行为应被定性为贪污罪。

总之，评价犯罪行为应从整体出发，并做到主客观相结合，只有这样才能对犯罪行为作出公正客观的评判。

编写人：北京市海淀区人民法院　樊强　高曼洁

53

贪污罪主体的判断

——韩寿清、韩文某贪污案

【案件基本信息】

1. 裁判书字号

青海省海东市中级人民法院（2017）青02刑终65号刑事裁定书

2. 案由：贪污罪

【基本案情】

2010年，青海省化隆县人民政府将国有林地群科镇沙加台苗圃整体划拨给化隆县畜牧局管理。2012年3月，西宁平西房地产开发有限公司总经理韩寿清先后找到时任化隆县副县长的冶生某（另案处理）、化隆县畜牧局局长的马德某（另案处理），要求承包化隆县群科镇沙加台苗圃，冶生某安排马德某和韩寿清就承包具体事宜进行协商。2012年8月1日，在冶生某、马德某的安排下，化隆县畜牧局将沙加台苗圃整体移交给以韩文某（韩寿清之子）为法人代表的青海鑫源农牧开发有限公司经营管理，并签订《沙加台苗圃移交手续》。

2012年年底，青海省政府公告修建牙同（化隆牙什尕至黄南同仁）高速公路，途经化隆县群科镇沙加台苗圃。2012年12月初，化隆县政府对沙加台苗圃进行征地补偿登记，期间经马德某指认，将沙加台苗圃的征用土地及土地附着物丈量登记在韩文某名下，并签订《征地拆迁安置协议书》。2013年7月2日，化隆县国土局将沙加台苗圃征地补偿款3082555.51元转账给化隆县畜牧局，马德某请示冶生某同意付款给韩寿清后，化隆县畜牧局于2013年7月19日将2533887.76元转入韩寿清私人账户。2013年9月16日，在马德某安排下，化隆县畜牧局与青海鑫源农牧开发有限公司签订承包合同，合同中约定“若国家政策变化需要占用该地，赔偿时新建附着物赔偿和土地赔偿均归乙方（青海鑫源农牧开发有限公司）”，并将合同落款日期填写为2012年8月18日。

2013年10月18日，化隆县国土局通知化隆县畜牧局上缴国有土地补偿款。2014年4月21日，循化县人民检察院从青海鑫源农牧开发有限公司扣押沙加台苗圃征地附着物补偿款319108.26元，2015年1月26日，海东市监察局自韩寿清处扣押违法款项221.47795万元。

【案件焦点】

本案被告人韩寿清、韩文某是否构成贪污罪主体。

【法院裁判要旨】

青海省海东市乐都区人民法院经审理认为：被告人韩寿清、韩文某以承包国有苗圃的便利侵吞征地补偿款2533887.76元，数额巨大，其行为均已构成贪污罪。公诉机关指控二被告人犯贪污罪的事实清楚，证据确实充分，发表的公诉意见合理，本院予以支持。辩护人王某、张旦某关于被告人韩寿清、韩文某不构成贪污罪的辩护意见，本院不予采纳，被告人韩寿清在整个案件中处于主导地位，起了主要作用，应以主犯论处，应对本案全部犯罪承担责任；被告人韩文某在整个案件中出于从属地位，系从犯，应当减轻处罚。本案中，被告人韩寿清、韩文某并非典型的国家工作人员，考虑到本案主体的特殊性，且赃款全部追回，对二人在量刑时可酌情从轻处罚。根据被告人韩寿清、韩文某的犯罪事实、性质、情节及社会危害性，以及对被告人韩文某的庭前社会调查，对被告人韩文某适用缓刑不致再发生社会危害性，可以适用缓刑。据此，依照《中华人民共和国刑法》第三百八十二条第二款、第三百八十三条、第二十五条第一款、第二十六条第一款、第二十七条、第四十七条、第六十三条第一款、第七十二条第一款、第七十三条第二款及第三款之规定，判决如下：

一、被告人韩寿清犯贪污罪，判处有期徒刑五年，并处罚金人民币 50 万元，限本判决生效后三十日内缴纳；

二、被告人韩文某犯贪污罪，判处有期徒刑二年六个月，缓刑三年，并处罚金人民币 15 万元，限本判决生效后三十日内缴纳。

一审宣判后，被告人韩寿清提起上诉。

上诉人韩寿清及其辩护人辩护意见称，上诉人韩寿清与化隆县畜牧局承包的沙加台苗圃是事实，但所签订的合同是双方真实意思表示，应属于民事法律关系调整的范围。上诉人韩寿清在取得征地款前并没有和主管副县长冶生某、畜牧局局长马德某共同合谋骗取征地款，取得的款项是上诉人韩寿清与政府负责人多次协商的结果，所签订的合同是合法的，并具有自主经营权，如系受委托经营则各项经营活动应受委托人牵制，故原判依据《全国法院审理经济犯罪案件工作座谈会纪要》，属适用法律错误。原判认定上诉人韩寿清构成贪污罪属定性及适用法律错误，请求二审法院宣告上诉人韩寿清无罪。

青海省海东市中级人民法院经审理认为：上诉人韩寿清及原审被告人韩文某虽不具有国家工作人员的主体身份，但二人通过承包方式取得对国有财产的管理、经营权，并利用其二人管理、经营国有财产的身份便利，通过其他国家工作人员滥用职权的行为而非法占有了 2533887.76 元的国有土地补偿款和新建附着物补偿款，其行为均构成贪污罪。上诉人韩寿清及其辩护人就上诉人韩寿清不具备贪污罪主体资格，其行为不构成贪污罪的上诉及辩护意见与法不符，不能成立，不予采纳，青海省海东市人民检察院的二审出庭意见正确，予以采纳。原判认定的事实清楚，证据确实、充分，定罪正确，适用法律准确，量刑适当，审判程序合法，依照《中华人民共和国刑事诉讼法》第二百二十五条第一款第一项①之规定，裁定如下：

驳回上诉，维持原判。

【法官后语】

本案审理重点在于上诉人韩寿清是否构成贪污罪主体。根据《刑法》第九十三

① 对应 2018 年《刑事诉讼法》第二百三十六条第一款第一项。

条的规定，贪污罪的主体包括：(1) 国家机关从事公务的人员；(2) 国有公司、企业、事业单位、社会团体中从事公务的人员或者是受国家机关、国有公司、企业、事业单位委派到非国有公司、企业、事业单位中从事公务的人员，此条所指委派，即委任、派遣，如任命、指派、提名、批准等形式，不论被派遣的人身份如何，只要其从事公务即可认定为国家工作人员。(3) “其他依照法律从事公务的人员”。该“其他依照法律从事公务的人员”具体包括：(1) 依法履行职责的各级人民代表大会代表；(2) 依法履行审判职责的人民陪审员；(3) 协助乡镇人民政府、街道办事处从事行政管理工作的村民委员会、居民委员会等农村和城市基层组织人员；(4) 其他由法律授权从事公务的人员。根据上述规定，被告人韩寿清案发前系自己所开西平房地产开发有限公司总经理，被告人韩文某系青海鑫源农牧开发有限公司法人，其二人均属私营业主，即不属于在国家机关中从事公务的人员，也不是在国有公司、企业、事业单位和人民团体中从事公务的人员或是受上述单位委派到非国有公司、企业、事业单位中从事公务的人员，还不是“其他依照法律从事公务的人员”和“其他由法律授权从事公务的人员”，依据上述法律规定审查，被告人韩寿清和韩文某均不属于法律意义上的国家工作人员，不能成为贪污罪的犯罪主体，又无证据证实二被告人与其他国家工作人员（即被告人冶生某和马德某）合谋贪污公款并按照贪污的共同犯罪认定的情形。但依照《刑法》第三百八十二条第二款关于“受国家机关、国有公司、企业、事业单位、人民团体委托管理、经营国有财产的人员，利用职务上的便利，侵吞、窃取、骗取或者以其他手段非法占有国有财物的，以贪污论”的规定，被告人韩寿清、韩文某能够单独成为贪污罪的犯罪主体，该条中的“受委托管理、经营国有财产”，根据《最高人民法院关于印发〈全国法院审理经济犯罪案件工作座谈会纪要〉的通知》(2003年11月13日施行) 的规定，是指因承包、租赁、临时聘用等管理经营国有财产的人员，依据该解释，被告人韩寿清、韩文某虽不具有国家工作人员的主体身份，但二被告人是通过承包方式取得对国有财产的管理、经营权，并利用了其二人管理、经营国有财产的身份便利，通过其他国家工作人员（指冶生某、马德某）滥用职权的行为而非法占有了253万余元的国有土地补偿款和新建附着物补偿款，对此行为应当以贪污罪论处。

编写人：青海省海东市中级人民法院　者雪梅

54

职务犯罪中被告人身份、犯罪数额的认定

——索某甲贪污、受贿，向光某贪污案

【案件基本信息】

1. 裁判书字号

广西壮族自治区河池市天峨县人民法院（2017）桂1222刑初23号刑事判决书

2. 罪名：贪污罪、受贿罪

【基本案情】

贪污部分：2011年至2012年，被告人索某甲身为天峨县六排镇纳洞村村委党支书，利用协助镇政府开展农村危房改造工作的便利，以其名义或伙同他人虚报农村危房改造指标，骗取、侵吞危房改造补助资金：索某甲在协助该村村民索绍某、索某乙、黄甫某、韩彩某、余彩某办理申报危房改造补助过程中，私自将上述人员补助款7050元、2000元、3000元、8000元、5000元共计25050元占为己有；索某甲以自家2006年建成的一栋两层半平房作为危房进行申请，骗取国家危房改造资金19791元；索某甲明知向光某不符合危房改造条件对象，仍帮向光某以其妻子黄爱某的名义申报危房改造补助指标，骗取得补助款19623元。

受贿部分：纳洞村村民索某丙、索某丁、索某戊、向某甲、向某乙、向某丙、向某丁、黄言某向索某甲申请当年的农村危房改造指标，索某甲同意办理指标并利用职务便利办理了相关材料，其间索某甲向上述村民提出事成之后收取好处费的要求。危房改造补助款到账后，索某甲收取好处费共计31000元。

【案件焦点】

如何根据在案证据认定被告人身份、犯罪数额。

【法院裁判要旨】

广西壮族自治区河池市天峨县人民法院经审理认为：针对辩护人提出指控被告人索某甲贪污部分数额定性不当，应当从贪污数额中予以扣减的辩护意见，经查，首先在案证据证实，索某甲在索绍某和黄甫某不知情的情况下，私自拿二人的存折、银行卡到银行取款占为己有，索某甲对此亦作了有罪供述，可见其犯罪故意明显。其次，索某甲虽在案发前主动将索绍某户7050元退回纪委廉政账户，并不能改变其贪污的事实，但在量刑时可予以考虑。最后，索某甲在帮黄甫某户办理危房改造指标期间，私自通过黄甫某银行卡领取3000元占为己有，索某甲正是利用了其职务之便，获取违法所得。辩护人上述辩护意见，与查明事实不符，不予采纳。

广西壮族自治区河池市天峨县人民法院依照《中华人民共和国刑法》第三百八十二条第一款及第三款、第三百八十五条、第三百八十三条第一款第一项、第三百八十三条第二款及第三款、第三百八十六条、第二十五条、第二十六条、第二十七条、第三十七条、第六十一条、第六十二条、第六十三条、第六十七条第一款、第六十九条、第五十二条、第五十三条、第四十七条、第六十四条及《最高人民法院、最高人民检察院关于办理贪污贿赂刑事案件适用法律若干问题的解释》第一条第一款、第十五条、第十九条的规定，作出判决如下：

一、被告人索某甲犯贪污罪，判处有期徒刑一年零二个月，并处罚金十万元；犯受贿罪，判处有期徒刑一年，并处罚金十万元。决定执行有期徒刑二年，并处罚金二十万元；

二、被告人向光某犯贪污罪，免予刑事处罚；

三、被告人索某甲、向光某已经退赔的违法犯罪所得，予以没收，上缴国库。

【法官后语】

1. 关于本案身份犯问题。被告人索某甲身为村委党支书，利用协助政府从事农村危房改造工作之便，骗取国家用于危房改造的专项资金，数额较大，被告人索某甲的行为已构成贪污罪。但身为村民的向光某是否符合贪污罪的主体？答案也是肯定的。《刑法》中所称的“国家工作人员”是指在国家机关中从事公务的人员，包括在各级国家机关、行政机关、司法机关和军事机关中从事公务的人员。利用职务上的便利，侵吞、窃取、骗取或者以其他手段非法占有国有财物的，以贪污论。与前款所列人员勾结，伙同贪污的，以共犯论处。本案中，被告人索某甲利用党支书协助政府从事农村危房改造工作之便，骗取国家用于危房改造的专项资金，符合贪污罪的主体；向光某虽然不是国家工作人员，却明知索某甲利用职务之便骗取危房改造专项资金，仍然为其提供帮助，骗取补助款，应以贪污罪共犯论处。故二被告人的行为均已构成贪污罪。

2. 关于贪污数额认定问题。辩护人提出应将部分贪污数额从总额中减出的意见，不应采纳。虽然被告人索某甲案发后主动退还了部分贪污的资金到检察院廉政账户，但仍无法改变其已经贪污的事实。在案证据证实，索某甲在索绍某和黄甫某不知情的情况下，私自拿二人的存折、银行卡到银行取款占为己有，索某甲对此亦作了有罪供述，可见其犯罪故意明显。索某甲在帮黄甫某户办理危房改造指标期间，私自拿了黄甫某户银行卡领取3000元占为己有，索某甲正是利用了其职务之便，方能获取违法所得，否则其根本不可能有机会占有黄甫某户的钱款。综上，对于辩护人提出的意见，与查明事实不符，不应采纳。

编写人：广西壮族自治区河池市天峨县人民法院　郭仕伟

55

犯意联络松散的互相帮助共同犯罪的认定

——史连某、赵克某贪污案

【案件基本信息】

1. 裁判书字号

北京市第三中级人民法院（2017）京03刑初103号刑事判决书

2. 案由：贪污罪

【基本案情】

北京市朝阳区西坝河某号楼1104室原系北京海关的房产，于1998年分配给北京海关工作人员吴某居住，同年进行了房改，北京海关将1104室房屋以人民币45147元的价格出售给吴某，并办理了产权证。后吴某调到海关总署工作，海关总署重新为其调整分配了住房，吴某遂将1104室腾退后交给海关总署，后该房屋的材料和钥匙一直由时任海关总署机关服务中心机关资产处处长的被告人史连某保管。2011年4月26日，被告人史连某利用其担任机关资产处处长的职务之便，在被告人赵克某的帮助下，将其实际控制的1104室擅自过户到其个人名下，房产交易约定成交价格为人民币42.78万元。后史连某将该房屋无偿交给其朋友岳某居住，直至2014年10月30日，岳某以史连某的名义将该房屋出售给他人，所获售房款人民币142万元均归岳某所有。

北京市朝阳区双花园某号楼502室原系海关总署自建的房产，后分配给工作人员陆某居住。1999年，海关总署以人民币97087元的价格将该房屋出售给陆某，并办理了产权证，性质为已购公房。2009年，海关总署根据陆某的申请，将同样户型和面积的双花园某号楼201室调换给陆某，陆某同时将502室腾退，后该502室被海关总署调换给北京海关，用于给职工分配住房，但因种种原因，北京海关对该房产一直未分配，该房产的钥匙和资料由机关资产处负责保管。被告人赵克某在任北京海关行政处房管科科长期间，知道有一套海关总署给北京海关的房产一直尚未分配给他人的情况，遂于2010年下半年，主动找到被告人史连某，提出自己想要这套房子。史连某利用其担任机关资产处处长的职务便利，在未经请示海关总署领导，亦未向北京海关通报的情况下，擅自将502室的钥匙和相关材料交给赵克某，并在2011年帮助赵克某办理了该房屋的上市手续。后赵克某于2011年4月26日将该房屋过户到其妻子褚某名下，房产交易时约定的成交价格为人民币85.67万元。

2015年，海关总署在对自有住房进行清查、核对时，发现陆某名下有502室和201室两套住房，遂开始进行调查，后赵克某主动向海关总署坦白了其将502室登记到其妻子褚某名下的事实，并于2015年5月27日向海关总署上交了502室的房产证及钥匙。

2016年10月9日，被告人史连某、赵克某经电话通知到案。

一审审理期间，被告人史连某要求岳某退缴涉案房款，后岳某将人民币159.46万元退缴至法院。

【案件焦点】

赵克某与史连某是否具有共同的犯罪故意及意思联络，是否共同实施了犯罪行为，二人是构成贪污罪的共同犯罪还是各自利用了自己的职务便利分别非法占有502室和1104室。

【法院裁判要旨】

北京市第三中级人民法院经审理认为：对于被告人史连某、赵克某及各自辩护人所提二被告人不构成贪污罪的共同犯罪的辩解和辩护意见，经查，经庭审举证、质证并予以确认的书证、证人证言及史连某、赵克某的供述等证据能够证实，赵克某伙同史连某，利用史连某担任海关总署机关服务中心机关资产处处长的职务便利，擅自将由机关资产处负责保管的相关房产手续取出后，在赵克某的帮助下，通过伪造公证书、委托书等虚假文书的方式，指派史连某的妹夫周某冒充房屋所有权人，将1104室过户到史连某名下，将502室过户到赵克某妻子褚某名下。史连某、赵克某为达到将各自占有控制的房产据为己有的目的，相互联系，相互配合，共同完成侵吞公共财物的行为。故史连某、赵克某的辩解及其各自辩护人的辩护意见，缺乏事实和法律依据，不予采纳。

被告人史连某、赵克某身为国家工作人员，利用职务上的便利，共同侵吞公共财物，数额巨大，其行为均已构成贪污罪，依法应予惩处。鉴于被告人史连某在案发后积极退缴全部房款及其收益，认罪、悔罪态度好；被告人赵克某在没有受到办案机关调查之前，主动向组织交代全部犯罪事实，并及时将涉案房产退回单位，具有自首情节，且认罪、悔罪态度好；同时考虑到被告人史连某、赵克某在各自侵吞涉案房屋的过程中互为帮助，并非共同占有，犯意联络较为松散，虽然应当对贪污总数额承担责任，但在量刑时应当予以体现。故综合以上情节，对被告人史连某可酌予从轻处罚，对被告人赵克某可依法从轻处罚，并均适用缓刑。被告人史连某于2014年将1104室出售给他人后所得的收益，应作为非法所得予以没收。

北京市第三中级人民法院依照《中华人民共和国刑法》第三百八十二条第一款及第三款、第三百八十三条第一款第二项、第二十五条第一款、第二十六条第一款及第四款、第六十七条第一款、第七十二条第一款及第三款、第七十三条第二款及第三款、第五十二条、第五十三条、第六十四条及《最高人民法院、最高人民检察院关于办理贪污贿赂刑事案件适用法律若干问题的解释》第二条第一款、第十九条第一款之规定，作出如下判决：

一、被告人史连某犯贪污罪，判处有期徒刑三年，缓刑三年，并处罚金人民币二十万元；

二、被告人赵克某犯贪污罪，判处有期徒刑三年，缓刑三年，并处罚金人民币二十万元；

三、在案扣押被告人史连某退缴的人民币一百五十九万四千六百元，其中，人民币四十二万七千八百元发还海关总署；人民币九十九万二千二百元予以没收，上缴国库；人民币十七万四千六百元冲抵被告人史连某的罚金。

宣判后，公诉机关未抗诉，被告人均未上诉，判决已生效。

【法官后语】

二被告人系犯意联络松散的互相帮助犯罪行为，虽然犯意联络松散，但能够证明二被告人主观上具有侵吞国有资产的共同故意，客观上共同实施了贪污的行为，系共同犯罪。

表面看来，史连某对502室没有非法占有的目的，也没有从502室谋取任何利益，其仅仅是将本来就属于北京海关的房产交给北京海关的赵克某，史连某实际非法占有的是1104室；赵克某对于史连某非法占有1104室没有事先预谋，仅仅是帮助史连某介绍了可以办理过户的中介公司，赵克某实际非法占有的是502室。似乎二人只是各自利用了自己的职务便利分别非法占有1104室和502室，其行为的交叉之处仅在于通过同一个中介公司完成过户手续。

但实际上，二被告人主观上具有侵吞国有资产的共同故意，又互相实施了具有刑法意义的帮助行为，应共同对贪污1104室和502室的行为负刑事责任。二人对于涉案1104室和502室系国有资产是明知的，对于对方无权将房屋过户到自己名下、通过非法手段予以过户的行为系贪污犯罪行为亦是明知的，仍互相帮助对方将二处房产予以侵吞。史连某在明知赵克某因为单位调房问题心理不平衡，想将502室据为己有、且赵克某并不负责北京海关房屋管理的情况下，依然将502室的相关手续交给赵克某用于办理过户，为赵克某贪污502室的行为提供了帮助，而不仅仅是一种放任，不能仅以滥用职权或玩忽职守来评价；赵克某在明知史连某想将1104室据为己有的情况下，依然帮助史连某联系能够办理该事宜的中介，如果没有该特定中介的作用，在房屋实际所有人并不能真正到场的情况下，史连某不可能办理完成过户手续，该作用并非一般普通中介所能够达成的，赵克某对于史连某侵吞1104室的行为所起到的帮助作用并非简单的“介绍中介”，而是对于史连某的贪污犯罪具有刑法意义上的帮助行为。在两起贪污行为中，二人互为主从犯，虽然互相对于对方为主犯的贪污对象没有非法占有，但不影响其帮助对方非法占有的意图和行为。

二被告人为达到将各自占有控制的房产据为已有的目的，相互联系，相互配合，在各自侵吞涉案房屋的过程中互为帮助，利用史连某的职务便利将房产相关手续拿到手后，隐瞒所在单位，在赵克某的帮助下，通过伪造公证书、委托书等虚假文书的方式，在房屋所有权人不在场的情况下，由史连某的妹夫周某冒充房屋所有权人，共同完成侵吞公共财物的行为。虽然二人并非共同占有，犯意联络较为松散，仍应当对贪污总数额承担责任。

编写人：北京市第三中级人民法院　钟欣　王硕

56

贪污罪与挪用公款罪的界限

——蓝甲贪污案

【案件基本信息】

1. 裁判书字号

广西壮族自治区河池市巴马瑶族自治县人民法院（2017）桂1227刑初26号刑事判决书

2. 案由：贪污罪

【基本案情】

2010学年度至2013学年度，被告人蓝甲在担任巴马瑶族自治县东山乡卡桥小学校长期间，利用掌管该校教学及学生补助经费的职务便利，领取公款共计755777.78元，其中从东山乡中学报账员覃某处领取卡桥小学办公经费99279.78元、内补费（寄宿生生活补助费、大石山区补助费）432175元、营养餐费134262元，学前班学费、柴火费、练习册费等杂费87461元，与该校报账员兰美某、蒙继某分别借支办公经费1700元、900元。其间，被告人蓝甲将其掌管的上述各项经费先后转交给蒙继某397713.5元、兰美某3455元、韦某500元、罗福某17460元，余款336649.28元未设置账目及入财务账而由其支配，前后用于学校公务开支、支付工友费和发放教师奖金、补助等共计257666.77元，至2013年12月3日，巴马瑶族自治县纪委对学生家长举报蓝甲侵吞学生营养餐费问题立案调查时止，结算表明蓝甲掌管的经费结余78982.51元没有用于学校开支和计入财务账，并不能说明去向，而手上掌管的经费仅存余款12506.93元（已退缴县纪委），造成实际短款共计66475.58元。为冲销其短款数，蓝甲借其采购业务联系存在的关系，让蒙朝某、蒙耕某、蓝乙、宁小某、彭永某、陈海某等人虚列学校采购营养餐费食品和办公用品等开支白条混淆纪委调查，补平上述全部短款账目。蓝甲短款的66475.58元用于个人及家庭生活开支，直至案发前仍未归还。案后，蓝甲退赔69099.01元到巴马瑶族自治县人民检察院。在审查起诉期间，蓝甲又与他人串通，另虚列白条开支票据共计66639.2元交到巴马瑶族自治县人民检察院，企图以该票据为实际开支抵销其挪用款项，经查证不实。

【案件焦点】

挪用公款罪与贪污罪的界限。

【法院裁判要旨】

广西壮族自治区河池市巴马瑶族自治县人民法院经审理认为：被告人蓝甲身为国家工作人员，利用职务上的便利，采用收款不入账并虚列票据隐瞒真实开支的手段，侵吞公款共计人民币66475.58元，数额较大。其与他人串通另虚列开支票据、做假证等，企图抵销其侵吞之款项，可见其主观上具有对这部分公款非法占有的目的，并不想归还，其行为更符合贪污罪之构成要件，应以贪污罪对蓝甲定罪处罚。公诉机关指控被告人蓝甲犯挪用公款罪定性不准确，本院予以纠正。蓝甲案后积极退赃，本院酌情从轻处罚。

广西壮族自治区河池市巴马瑶族自治县人民法院依照《中华人民共和国刑法》第三百八十二条第一款、第三百八十三条第一款第一项、第九十三条、第五十二条、第五十三条，《最高人民法院、最高人民检察院关于办理贪污贿赂刑事案件适用法律若干问题的解释》第一条第一款、第十九条第一款之规定，作出如下判决：

被告人蓝甲犯贪污罪，判处有期徒刑八个月，并处罚金人民币十万元。

【法官后语】

公诉人在庭上发表公诉意见坚持认为行为人蓝甲构成的罪名是挪用公款罪，因此本案需要解决的一个争议焦点是挪用公款罪与贪污罪的界限。

两罪在客观的行为上有重叠，如都可以把公款划到个人账户上使用，因此主要区别在于行为人主观上的目的，如果是具有非法占有公款的目的，就是贪污罪，如果是暂时挪用资金以后归还，则是挪用公款罪。

综合本案的情况，笔者认为行为人蓝甲的行为定性为贪污罪更为合适。理由如下：

1. 被告人蓝甲利用掌管该校教学及学生补助经费的职务便利，领取公款后，除部分公款有据可查用于办公外，还有余款78982.51元没有用于学校开支和计入财务账，并不能说明去向，而手上掌管的经费仅存余款12506.93元（已退缴县纪委），造成实际短款共计66475.58元。在这一阶段，蓝甲的行为可能是贪污，也可能只是想挪用。蓝甲的领款、用款方式符合当时环境的惯例，因此不宜直接推定其贪污。如果蓝甲就此把短款全部归还，则按照排除合理怀疑的原则，只能认定其为挪用公款罪。

2. 在蓝甲知道其被学生家长举报，面临调查时，为冲销其短款数，蓝甲借其采购业务联系存在的关系，让多人虚列学校采购营养餐费食品和办公用品等开支白条混淆纪委调查，补平上述全部短款账目。在审查起诉期间，蓝甲又与他人串通，另虚列白条开支票据共计66639.2元交到巴马瑶族自治县人民检察院，企图以该票据为实际开支抵销其挪用款项，经查证不实。从这些行为来看，可以推定蓝甲原来就不想归还公款，因此排除了其主观上只是想挪用公款的合理怀疑，从而认定其行为构成贪污罪。

编写人：广西壮族自治区河池市巴马瑶族自治县人民法院　陈斌

57

挪用公款罪共犯的认定

——杨荣富等挪用公款案

【案件基本信息】

1. 裁判书字号

江苏省泰州市中级人民法院（2017）苏12刑终217号刑事裁定书

2. 案由：挪用公款罪

【基本案情】

2009年6月至2015年9月，被告人杨荣富利用其担任泰州市刁铺街道合作经济经营管理站（农经站）站长、泰州市高港区刁铺街道农业服务中心副主任职务之便，与被告人吉杰、陈进等人共谋，先后从泰州市刁铺街道合作经济经营管理站账户上挪用公款161次，用于验资、增资、缴纳投标保证金、转借他人赚取利息差等营利活动，累计人民币59923.4万元。被告人杨荣富与被告人吉杰、陈进等人约定以月利率1%～1.2%收取利息，并将获得的利息部分上缴单位入账、部分占为己有。其中，被告人杨荣富与被告人吉杰共同挪用公款累计人民币50415.4万元，目前因客观原因尚有人民币578万元未能归还；被告人杨荣富与被告人陈进共同挪用公款累计人民币8658万元，已全部归还；被告人杨荣富与曹春某（另案处理）共同挪用公款累计人民币850万元，已全部归还。

案发后，被告人杨荣富主动投案，并如实供述自己的罪行。被告人吉杰主动投案，一度如实供述自己的罪行。被告人陈进在办案机关掌握其犯罪线索的情况下，经电话通知到案，如实供述自己的罪行。被告人杨荣富向中共泰州市高港区纪律检查委员会退出非法所得人民币433022.08元。

【案件焦点】

挪用公款罪共犯的认定。

【法院裁判要旨】

江苏省泰州市高港区人民法院经审理认为：被告人杨荣富身为国家工作人员，利用职务上的便利，伙同被告人吉杰、陈进挪用公款归个人进行营利活动，其中被告人杨荣富、吉杰挪用公款数额巨大不退还；被告人陈进情节严重，其行为均已经构成挪用公款罪。被告人杨荣富与被告人吉杰、陈进分别构成共同犯罪。泰州市高港区人民检察院指控被告人杨荣富、吉杰、陈进犯挪用公款罪，事实清楚，证据确实、充分，应予支持。被告人杨荣富在共同犯罪中起主要作用，系主犯，应按照其所参与的全部犯罪处罚。被告人吉杰、陈进在共同犯罪中起次要作用，系从犯，因被告人吉杰不能退还公款，被告人陈进已归还全部公款，故对被告人吉杰依法从轻处罚，对被告人陈进减轻处罚。被告人杨荣富犯罪以后自动投案，如实供述自己的罪行，系自首，依法从轻处罚。被告人陈进如实供述自己的罪行，依法从轻处罚。被告人杨荣富、陈进自愿认罪，酌情从轻处罚。被告人陈进案发前归还全部公款，酌情对被告人杨荣富、陈进从轻处罚。被告人杨荣富、吉杰、陈进分别反复挪用同一笔公款，犯罪数额累加计算，分别酌情从轻处罚。被告人杨荣富退出部分赃款，酌情从轻处罚。本案根据被告人陈进挪用公款的犯罪事实和情节，不宜对其适用缓刑。

江苏省泰州市高港区人民法院依照《中华人民共和国刑法》第三百八十四条第一款、第九十三条第二款、第二十五条第一款、第二十六条第一款及第四款、第二十七条、第六十七条第一款及第三款、第六十四条之规定，作出如下判决：

一、被告人杨荣富犯挪用公款罪，判处有期徒刑十一年；

二、被告人吉杰犯挪用公款罪，判处有期徒刑十年；

三、被告人陈进犯挪用公款罪，判处有期徒刑三年；

四、被告人杨荣富退出的赃款433022.08元（暂存纪委），发还被害单位。继续追缴被告人杨荣富、吉杰犯罪所得赃款5346979.92元，发还被害单位。

宣判后，三被告人提出上诉，江苏省泰州市中级人民法院经审理后裁定驳回上诉，维持原判。

【法官后语】

根据《最高人民法院关于审理挪用公款案件具体应用法律若干问题的解释》中的规定，挪用公款给他人使用，使用人与挪用人共谋，指使或者参与策划取得公款的，以挪用公款罪的共犯定罪处罚。但在司法实践中，使用人往往辩称不知是挪用的公款，也未指使、策划，对挪用公款不具有决定性作用，不应当构成挪用公款罪的共犯。是否构成挪用公款罪的共犯，关键在于是否明知挪用的是公款，主观上是否具有共同挪用的故意，客观上是否有共同的挪用行为。如行为人与挪用人共谋，指使、教唆国家工作人员挪用公款或者参与策划、实施挪用，则行为人与挪用人构成挪用公款罪的共犯。

本案中，对被告人吉杰是否构成挪用公款罪的共犯问题，经查，被告人吉杰曾向口岸农经站借款被拒，后无意间发现陈进向刁铺农经站借款后，便找有关人员和杨荣富打招呼。后与杨荣富就借款方式、利息等进行了协商，杨荣富并告知其借款一事不要对外声张，要确保资金的安全，及时返还。之后被告人吉杰自己或通过他人向刁铺农经站借款136次用于进行个人营利活动。上述事实，上诉人吉杰归案后做过多次稳定一致的供述，足以证实是其主动联系杨荣富进行借款，二人并就借款方式、利息等进行合谋的犯罪事实。无论是口岸农经站借款被拒，还是刁铺农经站借款需要打招呼、杨荣富让其不要声张等，均说明农经站借款的隐蔽性、非正规性，均不符合一个金融放贷机构应有的特征，且被告人吉杰作为一名注册会计师，理应较常人有着更为敏锐的分析，且其在侦查阶段多次明确表示知晓农经站的款项系公款，相关书证也证实其借款时即知道是向农经站借款，现其提出不知道农经站的钱是公款的辩解与客观事实明显不符。其在明知是公款的情况下，仍与杨荣富商量、谋划挪用公款采取的方式、利息的支付等，并着手实施了具体挪用公款的行为，故被告人吉杰虽不是国家工作人员，但其明知是公款，仍与杨荣富共谋挪用并使用，应以挪用公款罪的共犯论处。但被告人吉杰对公款不具有管理职权，对公款的外借、审批不具有决定性的作用，应认定为从犯。

编写人：江苏省泰州市高港区人民法院　华涛

58

民营经济协会会费是否属于公款

——朱某挪用公款案

【案件基本信息】

1. 裁判书字号

江苏省泰州市海陵区人民法院（2017）苏1202刑初26号刑事判决书

2. 案由：挪用公款罪

【基本案情】

被告人朱某于2012年至2013年间，利用担任泰州工商行政管理局海陵分局西仓工商所（现更名为泰州市海陵区市场监督管理局城西分局，以下简称西仓工商所）会计，经手、保管西仓工商所收取的泰州市海陵区民营经济协会西仓分会（以下简称民营经济协会西仓分会）会费的职务便利，多次挪用该会费合计人民币549260元，存入其个人卡号为6228453420036××××××的甲银行卡内（后该账号挂失变更为6228453420068××××××）用于购买理财产品并获取收益。具体分述如下：

1. 被告人朱某于2012年12月至2013年1月间，利用上述职务便利，多次挪用西仓工商所收取的民营经济协会西仓分会会费合计人民币217300元，存入上述银行卡内用于购买理财产品并获取收益。2013年1月28日，被告人朱某将上述款项解缴至泰州市海陵区民营经济协会账户。

2. 被告人朱某于2013年1月至2013年2月间，利用上述职务便利，多次挪用西仓工商所收取的民营经济协会西仓分会会费合计人民币37800元，存入上述银行卡内用于购买理财产品并获取收益。2013年2月6日，被告人朱某将上述款项解缴至泰州市海陵区民营经济协会账户。

3. 被告人朱某于2013年2月至2013年3月间，利用上述职务便利，多次挪用西仓工商所收取的民营经济协会西仓分会会费合计人民币126000元，存入上述银行卡内用于购买理财产品并获取收益。2013年3月13日，被告人朱某将上述款项解缴至泰州市海陵区民营经济协会账户。

4. 被告人朱某于2013年3月至2013年4月间，利用上述职务便利，多次挪用西仓工商所收取的民营经济协会西仓分会会费合计人民币168160元，存入上述银行卡内用于购买理财产品并获取收益。2013年4月18日，被告人朱某将上述款项解缴至泰州市海陵区民营经济协会账户。

【案件焦点】

1. 关于被告人朱某的行为定性问题；2. 对被告人朱某能否适用免予刑事处罚的问题。

【法院裁判要旨】

江苏省泰州市海陵区人民法院经审理认为：被告人朱某身为国家工作人员，利用职务上的便利，挪用公款归个人使用，数额较大，进行营利活动，其行为已构成挪用公款罪。公诉机关指控的犯罪事实清楚、证据确实充分、指控的罪名成立，应予支持。

关于辩护人提出的被告人朱某挪用的钱款不属于公款性质，不应当认定被告人朱某构成挪用公款罪的辩护意见，综合本院上述评判，无事实和法律依据，本院不予采纳。关于辩护人提出的建议对被告人朱某免予刑事处罚的辩护意见，于法有据，本院予以采纳。

被告人朱某犯挪用公款罪，其犯罪以后自动投案，如实供述自己的罪行，且当庭自愿认罪，具有自首情节。根据法律规定，可以从轻或者减轻处罚。其中，犯罪较轻的，可以免除处罚。被告人朱某于案发前归还全部挪用的款项，案发后退出全部违法所得。结合被告人朱某的犯罪情节、认罪态度、悔罪表现，依法可对其免除刑事处罚。综上，本院对被告人朱某挪用公款罪免予刑事处罚。

为维护国家廉政建设制度和公职人员职务廉洁性，惩罚犯罪，依照《中华人民共和国刑法》第三百八十四条第一款、第九十三条第一款、第六十七条第一款、第三十七条、第六十四条以及《最高人民法院、最高人民检察院关于办理贪污贿赂刑事案件适用法律若干问题的解释》第六条之规定，判决如下：

一、被告人朱某犯挪用公款罪，免予刑事处罚；

二、被告人朱某退出的涉案违法所得计人民币六百一十元予以没收，上缴国库。

【法官后语】

1. 民营经济协会会费是否属于公款性质

公款的认定问题，不仅包括国家所有的货币资金，也包括由国家管理、使用等过程中的私人货币，甚至包括赃款，也就是说，无论款项的来源如何，只要它属于国家管理、使用的，那么就属于公款。本案中，民营经济协会挂靠于海陵市场监管局（原泰州工商行政管理局），财政均由海陵市场监管局财务科统一管理，从现有证据来看，民营经济协会的会费系统一交至各工商所，再由各工商所统一解缴至工商局的相关账户中，且报销使用（即用于民营经济协会会员时）时也必须按照海陵市场监管局财务科的相关程序进行报销，综上可见，工商行政管理局即后来的市场监管局对民营经济协会会费具有管理权、支配权，故该款应当属于公款。

2. 被告人朱某的行为如何定性

虽其辩解主观上并未以谋利为目的，而且在会计工作中曾存在将公款存入个人账户的情形，但应当注意的是，虽然本案未给国家财产造成损失，但是被告人朱某的行为与单纯将公款存入个人账户随后取出的财会违规行为有本质区别，被告人朱某在签订理财协议的时候明知自己银行卡用于公款临时存储，却加以利用，为追求物质利益，或用来弥补自己在公务上的未能报销的部分，或用来请客吃饭，购买理财产品获取收益，虽然该理财产品与一般理财产品具有一定的区别，可以随时取回，但本质上都是挪用公款实施的谋利行为，与会计违规使用个人银行卡存取公款的性质完全不同，涉及刑事犯罪，应当认定为挪用公款罪。

3. 对被告人朱某能否免予刑事处罚

法院综合被告人朱某的犯罪情节、悔罪表现，考虑到被告人朱某挪用公款的行为未给国家财产造成损失，且在案发前予以归还入账，加之被告人朱某有自首情节等，最终决定对被告人朱某免予刑事处罚。

编写人：江苏省泰州市海陵区人民法院　刘烨

59

多次挪用公款并归还的数额计算问题

——陈某挪用公款案

【案件基本信息】

1. 裁判书字号

福建省永安市人民法院（2017）闽0481刑初287号刑事判决书

2. 案由：挪用公款罪

【基本案情】

2014年8月至2016年4月，被告人陈某在担任永安监狱第四监区内勤期间，利用经手上缴罪犯罚金、发放罪犯刑满释放余额款的职务便利，多次以罪犯刑满释放余额款名义从永安监狱罪犯物资供应站账户领取人民币121770.4元的罪犯罚金，归个人使用，进行信用卡还款、民间“标会”等营利活动。案发前，被告人陈某已归还挪用的公款人民币121770.4元。案发后，被告人陈某在接受福建省永安监狱纪检调查时，接电话通知后主动到案，并如实交代了其挪用公款的犯罪事实。

【案件焦点】

被告人多次挪用公款并归还，犯罪数额是否应累计计算的问题。

【法院裁判要旨】

福建省永安市人民法院经审理认为：被告人陈某身为永安监狱的国家工作人员，利用经手上缴罪犯罚金、发放罪犯刑满释放余额款的职务便利，多次挪用罪犯上缴的罚金人民币121770.4元归个人使用，进行营利活动，数额较大，其行为已构成挪用公款罪。公诉机关指控的罪名成立。被告人陈某多次挪用公款，应酌情从重处罚。被告人陈某在接受单位调查时，主动交代自己的犯罪事实，属自首。在案发前已全部归还挪用的公款，且每次挪用公款的数额较小，挪用时间较短，犯罪情节较轻，可以免予刑事处罚。辩护人提出的以上辩护意见，法院予以采纳，其他辩护意见，不予采纳。

福建省永安市人民法院依照《中华人民共和国刑法》第三百八十四条第一款、第六十七条第一款，《最高人民法院、最高人民检察院关于办理贪污贿赂刑事案件适用法律若干问题的解释》第六条，《最高人民法院关于审理挪用公款案件具体应用法律若干问题的解释》第二条第一款第二项的规定，作出如下判决：

被告人陈某犯挪用公款罪，免予刑事处罚。

【法官后语】

挪用公款数额大小，对于定罪量刑具有重要意义。由于《刑法》第三百八十四条和相关司法解释对三种不同用途的挪用公款行为规定了不同的定罪标准，使得如何计算多次挪用公款的数额成为挪用公款罪司法实践中颇有争议的问题。本案中，被告人陈某多次挪用公款并在3个月内归还，且每次挪用的金额均未达到犯罪标准，此时，本案被告人的行为是否构成挪用公款罪的焦点就在于其多次挪用公款进行营利活动（“标会”）的数额能否累计计算的问题。

《最高人民法院关于审理挪用公款案件具体应用法律若干问题的解释》（以下简称《解释》）第四条规定：“多次挪用公款不还，挪用公款数额累计计算……”。结合本案犯罪事实，尽管《解释》没有明确多次挪用公款未达到追诉标准的情形下应如何计算犯罪数额的情形，但按照财产型犯罪的一般定罪理论，笔者认为本案挪用数额应当累计计算。主要理由为：第一，累计计算数额符合数额犯的定罪理论。挪用公款侵犯的法益主要是公共财产（同时也侵犯了国家财经管理制度），可归入财产型犯罪，而财产型犯罪是典型的数额犯。挪用公款罪法律条文中“数额较大”“数额巨大”等罪状表述及《最高人民法院、最高人民检察院关于办理贪污贿赂刑事案件适用法律若干问题的解释》第五条、第六条规定也均能够显示挪用公款罪属于数额犯。刑法理论对于数额犯的一般处理是将行为人数次实施的行为评价为一罪并且累计数额，适用相应的法定刑。第二，累计计算数额与同类型案件处理可保持一致。我国《刑法》对多次贪污、多次受贿未经处理的情形，均规定应累计计算贪污或受贿数额。结合本案，行为人多次挪用公款，从犯罪形态上看，其每一起挪用行为都是独立的犯罪行为，均已实际非法占用公款，为既遂。因此，根据刑法体系解释的原理，可比照其他同类型案件处理对犯罪数额实行累计计算。第三，累计计算数额符合立法初衷。挪用公款罪保护的是多重法益，包括公款的占用权、使用权、收益权以及国家财经管理制度和职务行为的廉洁性。被告人陈某作为永安监狱的国家工作人员，利用经手上缴罪犯罚金、发放刑满释放余额款的职务便利，多次挪用罪犯上缴的罚金归个人使用，进行营利活动，已经侵犯了国家正常的财经管理制度，严重损害国家工作人员职务行为的廉洁性，尽管行为人在3个月内归还挪用款项，涉案数额也应当累计计算，亦符合法律打击和惩治腐败的立法初衷。第四，归还所挪用公款属于量刑情节。陈某归还挪用的公款不影响认定其构成挪用公款罪，但可作为从轻或减轻处罚的量刑情节。《解释》第二条规定，挪用公款“在案发前部分或者全部归还本息，可以从轻处罚；情节轻微的，可以免除处罚”。由此可见，归还所挪用的公款为重要的量刑情节，本案被告人陈某在接受单位调查时，主动交代自己的犯罪事实，属自首。在案发前已全部归还挪用的公款，且大部分挪用公款的数额较小，挪用时间较短，犯罪情节较轻，可以免予刑事处罚。

综上，认定本案陈某多次挪用公款进行营利活动且归还的行为应当累计计算犯罪数额，挪用公款总计121770.4元，构成挪用公款罪。

编写人：福建省永安市人民法院　宋明泉　廖欣

60

“斡旋受贿”的认定

——陈某受贿案

【案件基本信息】

1. 裁判书字号

福建省宁德市中级人民法院（2017）闽09刑终488号刑事裁定书

2. 案由：受贿罪

【基本案情】

2008年9月间，被告人陈某任职于福鼎市山前街道社区建设管理办公室，该办公室隶属街道机关内设机构，承担街道社区建设、城乡规划管理等工作，在实际工作中负责对山前街道辖区内“两违”巡查、旧房改建初步审查、将违章用地和违章建设情况通报福鼎市城建大队并配合现场执法。2014 年 10 月至 2015 年 6 月间，被告人陈某利用职务便利，收取他人给予的钱款或香烟，并为他人谋取利益。具体事实分述如下：

1. 2012 年 9 月，林德某、余月某等人欲将位于福鼎市桐城街道流美路 191 号、193 号、195 号、197 号、199 号、201 号六幢房屋拆除重建，但因未办理新房重建手续，在重建过程中多次被福鼎市城建大队制止。2014 年 10 月间，林德某、余月某等人得知被告人陈某在福鼎市山前街道社区建设管理办公室工作，便请求陈某帮忙，在商谈过程中，被告人陈某得知上述六幢房屋无法办理重建手续，但仍答应帮助重建，并提出在当时建房市场价 390 元/平方米的基础上加价 40 元，即按 430 元/平方米的价格包建上述六幢房屋，林德某等人表示同意。之后，被告人陈某开始承建上述房屋，并利用其在工作中形成的与城建大队有业务往来、认识城建大队队员等便利条件，先后多次向接到群众举报前来现场执法的城建大队队员打招呼。因陈某的关系，城建大队执法人员在执法过程中予以关照，仅给予警告及拆除部分建筑材料的处罚，其间，被告人陈某继续进行抢建。2015 年 8 月间，被告人陈某再次抢建上述六幢房屋第三层时被城建大队制止。经福鼎市土地测绘队测算，该六幢房屋建成总建筑面积 1603.64 平方米。至此，被告人陈某共收到林德某等六户房主支付的建房款 673000 元，扣除建房成本 625419.6 元，被告人陈某从中收受贿赂款 47580.4 元。

2. 2015 年 6 月间，林贤某等人欲将位于福鼎市山前街道永康路 81 号、83 号、85 号、87 号四幢房屋拆除重建，但重建申请未获得相关部门审批。后林贤某等人得知将重建申请手续上报到被告人陈某处进行备案即可，遂请求陈某帮忙，并给予陈某现金 4400 元及 3 条“中华牌”香烟。被告人陈某收受上述现金及香烟后，为林贤某等人向城建大队打听消息并帮助协调房屋重建过程中遇到的邻里纠纷。经福鼎市价格认证中心价格鉴定，3 条“中华牌”香烟价值 1350 元。

案发后，被告人陈某于 2016 年 2 月 16 日经福鼎市人民检察院通知后到案接受询问，后向该院退缴款项 54200 元。

【案件焦点】

1. 被告人陈某是否构成受贿犯罪及犯罪数额认定；2. 被告人陈某是否构成自首。

【法院裁判要旨】

福建省福鼎市人民法院经审理认为：被告人陈某身为基层国家工作人员，利用自身职位形成的便利条件，通过其他工作人员职务上的行为，为请托人谋取不正当利益，收受请托人财物共计47580.4元；利用职务便利，收受请托人财物共计5750元，为请托人谋取利益，其行为已构成受贿罪，数额较大，公诉机关指控罪名成立。被告人陈某到案后能如实供述罪行，属坦白，可从轻处罚；主动退缴违法所得，可酌情从轻处罚；但不属于犯罪情节轻微，辩护人关于对被告人陈某免予刑事处罚的辩护意见无理，不予采纳。据此，依照《中华人民共和国刑法》第三百八十八条、第三百八十五条第一款、第三百八十六条、第三百八十三条第一款第一项、第六十七条第三款、第六十四条及《最高人民法院、最高人民检察院关于办理贪污贿赂刑事案件适用法律若干问题的解释》第一条第一款的规定，判决如下：

一、被告人陈某犯受贿罪，判处有期徒刑九个月，并处罚金人民币110000元；

二、扣押在案的被告人陈某退缴的违法所得53330.4元，由扣押机关予以没收，上缴国库。

宣判后，陈某提起上诉。

福建省宁德市中级人民法院经审理同意一审法院的裁判意见，裁定：驳回上诉，维持原判。

【法官后语】

本案的争议焦点在于被告人陈某为帮助林德某等人建房，在城建大队与林德某等房主之间的斡旋行为是否构成受贿犯罪。对此，根据《刑法》第三百八十八条"国家工作人员利用本人职权或者地位形成的便利条件，通过其他国家工作人员职务上的行为，为请托人谋取不正当利益，索取请托人财物或者收受请托人财物的，以受贿论处"的规定，被告人陈某的上述行为应以受贿论处。理由如下：首先，被告人陈某具有"利用本人职权或者地位形成的便利条件"。2003年《全国法院审理经济犯罪案件工作座谈会纪要》第三条第三项规定，《刑法》第三百八十八条规定的“国家工作人员利用本人职权或者地位形成的便利条件”是指行为人与被其利用的国家工作人员之间在职务上虽然没有隶属、制约关系，但是行为人利用了本人职权或者地位产生的影响和一定的工作联系，如单位内不同部门的国家工作人员之间，上下级单位没有职务上隶属、制约关系的国家工作人员之间，有工作联系的不同单位的国家工作人员之间等。在案《山前街道防范“两违”巡查制度方案》、福鼎市城市建设监察大队提供的三办拆违联系人员名单等书证、证人王志某证言及被告人陈某供述能够反映城建站系两违巡查单位，城建站与市城建大队均属于福鼎市“两违办”的成员单位，城建站对全市城区三个街道办事处范围内的城建监察执法，各城建站需对各自辖区内的城建等事项进行巡逻检查，每日向市城建大队汇报检查情况，配合市城建大队对辖区内的违建进行执法等，足以证实陈某的岗位职责促使其与福鼎市城建大队在平常工作中具有业务上的联系。其次，被告人陈某通过“打招呼”等行为利用了其他国家工作人员职务上的行为。本案中，被告人陈某在“包建”流美路房屋的过程中，向市建设局城建大队规划三队人员打招呼，请求城建大队在违建执法检查时给予关照。从城建大队队员的证言中可以看出，正是基于城建大队和城建站均有管理“两违”以及重建巡查执法等工作，在辖区内有联合执法，城建大队的工作也需要场建站来配合和支持，所以在对陈某“包建”的流美路房屋进行执法时考虑到陈某的请托给予照顾，在执法过程中尽量不用破坏性强拆的执法方式，减少给陈某造成的损失，在前两次执法检查过程中均没有采取破坏手段，并将违建拆除、恢复原状。最后，被告人陈某为请托人林德某等人谋取了不正当利益。本案中，流美路的六幢房屋均在流美大桥边上，林德某等人将房屋拆除建完地基后，就被城建大队查处，经多次尝试后，均一直无法继续建设，最后通过找陈某帮助建设房屋，达到了将房屋建至2层、局部3层的状态，系采取非法手段谋取不正当利益的行为，未经审批违建房屋系不正当的利益。

综上，陈某的行为构成受贿罪。

编写人：福建省福鼎市人民法院　丁贤

61

“借款型”受贿案件的认定

——欧爱国受贿、巨额财产来源不明案

【案件基本信息】

1. 裁判书字号

湖南省益阳市中级人民法院（2017）湘09刑初9号刑事判决书

2. 案由：受贿罪、巨额财产来源不明罪

【基本案情】

2007年至2011年，被告人欧爱国在担任湖南宾馆党委书记、总经理期间，利用职务之便，帮助长沙甲房地产开发有限公司总经理冯均某承接项目。冯均某以长沙甲房地产开发有限公司的名义承接了湖南宾馆住宅安置项目，以长沙市建设工程集团有限公司（以下简称长沙建工集团）名义承建了湖南宾馆二号楼、公寓楼土建工程以及二栋宿舍楼工程。冯均某为感谢欧爱国的帮助，于2009年至2013年，共出资80.22万元为欧爱国及其亲属装修四套房屋，并送给欧爱国28万元现金，欧爱国均予以收受。被告人欧爱国及其辩护人认为收受冯均某28万元应当认定为借款。

【案件焦点】

欧爱国收受冯均某28万元是否应当认定为借款。

【法院裁判要旨】

湖南省益阳市中级人民法院经审理认为：被告人欧爱国及其辩护人关于收受冯均某28万元，应当认定为借款的意见，经查，证人冯均某的该28万元最初是交给欧爱国交付装修款，但欧爱国没有向冯均某公司交纳装修款，冯均某表示不再收回，欧爱国没有反对，事后也一直没有还给冯均某，同时欧爱国的供述及妻子彭德

某的证言也能证实该28万元冯均某表示无需归还，故该28万元已变为了馈赠，欧爱国对该款的占有变成了受贿。被告人欧爱国及其辩护人提出的该意见不成立，本院不予采纳。

湖南省益阳市中级人民法院依照《中华人民共和国刑法》第三百八十五条第一款、第三百八十六条、第三百八十三条第一款第二项及第二款、第三百九十五条第一款、第六十七条第三款、第六十九条第一款及第三款、第六十四条，《最高人民法院、最高人民检察院关于办理贪污贿赂刑事案件适用法律若干问题的解释》第二条第一款、第十九条第一款之规定，作出如下判决：

一、被告人欧爱国犯受贿罪，判处有期徒刑七年六个月，并处罚金人民币五十万元；犯巨额财产来源不明罪，判处有期徒刑二年；决定执行有期徒刑八年六个月，并处罚金人民币五十万元；

二、对被告人欧爱国的违法所得及其巨额财产来源不明罪的财产差额予以追缴，上缴国库。

宣判后，被告人欧爱国没有提起上诉。

【法官后语】

当前贿赂型职务犯罪高发、多发的现象日趋显著，且行受贿手段越来越具隐蔽性。最高人民法院出台的《全国法院审理经济犯罪案件工作座谈会纪要》规定了国家工作人员利用职务上的便利以借为名向他人索取财物或者收受财物谋取不正当利益的认定可以通过分析行为人主客观诸要素进行综合判断，实际上就是以司法解释的形式确认了刑事推定可以运用于此类犯罪的认定中，上述纪要对“以借为名”受贿案件的认定，作了如下规定：具体认定时，不能仅看是否有书面借款手续，应当根据以下因素综合判定：（1）有无正当、合理的借款事由；（2）款项的去向；（3）双方平时关系如何、有无经济往来；（4）出借方是否要求国家工作人员利用职务上的便利为其谋取利益；（5）借款后是否有归还的意思表示及行为；（6）是否有归还的能力；（7）未归还的原因；等等。

针对本案，欧爱国与冯均某并无经济上的往来，虽冯均某的该28万最初是交给欧爱国交付的装修款，且欧爱国没有向冯均某公司缴纳装修款，冯均某表示不再收回，欧爱国也没有归还的意思和行为，所以该28万元虽名为借，但实际上已变为送，欧爱国对该款项的占有变成了受贿。

综上，认定以借为名的受贿犯罪，须结合具体个案事实与证据，从以上七个方面进行关联性分析研究，以得出相应的判断结论。需要说明的是，上述七个方面的认定要点仅是提出了揭示受贿犯罪行为本质特征的司法认定途径，结论性的认定应当建立在确实、充分的证据证明基础之上。

编写人：湖南省益阳市中级人民法院　彭轶欧

62

特定关系人在受贿案件中犯罪性质的认定

——张某某受贿案

【案件基本信息】

1. 裁判书字号

北京市第二中级人民法院（2017）京02刑初108号刑事判决书

2. 案由：受贿罪

【基本案情】

1. 2016年4月至2016年7月间，王某某（已判刑）利用担任国务院国资委监事会第17办事处主任等职务上的便利，为王某甲、赵某某承接中纺集团公司下属中纺粮油连王（大连）工业有限公司等单位工程项目提供帮助。2016年6月，王某甲、赵某某筹资人民币150万元后，王某甲提出为王某某购买车辆，王某某让王某甲直接与其妻子被告人张某某联系。后张某某明知王某甲对王某某有请托事项，仍将自己的银行卡账号提供给王某甲。2016年6月17日，王某甲向张某某银行账户内汇款人民币150万元。

2. 2014年间，王某某利用担任国务院国资委监事会第17办事处主任等职务上的便利，为闫某实际控制的哈尔滨农展粮贸有限公司股权转让提供帮助。2014年下半年，王某某将一张写有被告人张某某名字和银行账号的纸条交给闫某，2014年10月24日、2014年11月4日，闫某通过他人向该账号先后两次汇款，共计人民币400万元。张某某明知上述钱款系王某某的非法收入，将该钱款用于归还家庭借款。

3. 2015年下半年至2016年6月，王某某利用担任国务院国资委监事会第17办事处主任等职务上的便利，为孙某某任法定代表人的榆树市吉好粮食收储有限公司股权转让提供帮助。其间，被告人张某某明知王某某收受孙某某的人民币70万元系非法收入，将该钱款用于家庭使用。

4. 2006年至2016年6月，王某某利用担任国务院国资委监事会副局级专职监事，第15办事处、第17办事处主任及正局级专职监事等职务上的便利，为王某某亲友的子女入职中纺集团等公司提供帮助。2011年至2016年间，王某某在北京市东城区中纺大厦门口等地先后多次收受王某某给予的现金共计人民币250万元，并将上述钱款交给被告人张某某用作家庭支出。

【案件焦点】

1. 张某某在他人向其担任国家工作人员的丈夫王某某行贿时在场是否构成受贿罪的共犯；2. 张某某向请托人提供自己的银行卡账号的行为，是否构成受贿罪的共犯；3. 张某某明知系其丈夫的受贿所得而用于家庭开支，是否构成掩饰、隐瞒犯罪所得罪。

【法院裁判要旨】

北京市第二中级人民法院经审理认为：

1. 关于公诉机关对张某某掩饰、隐瞒王某甲等人给予的人民币150万元，构成掩饰、隐瞒犯罪所得罪的指控，以及辩护人所提张某某系被动参与，没有事前预谋，也没有为请托人与王某某之间牵线搭桥，不构成受贿罪的辩护意见。

经查：在案证据证明，王某甲等人向王某某提出请托事项时，张某某在场；之后王某甲向张某某索取银行卡账号，张某某明知王某甲对王某某有请托事项，仍将自己的银行卡账号提供给王某甲，帮助王某某收受王某甲等人给予的人民币150万元。虽然张某某与王某某没有事先预谋，但其在明知王某某利用职务便利为他人谋利的情况下，仍帮助王某某收受财物时，已具有了和王某某共同收受贿赂的故意，应当以受贿罪的共犯论处。

2. 关于公诉机关对张某某掩饰、隐瞒闫某、孙某某、王某某给予王某某的人民币720万元，构成掩饰、隐瞒犯罪所得罪的指控。

经查：掩饰、隐瞒犯罪所得罪侵犯的客体主要是司法机关对刑事犯罪进行追究的活动，客观方面主要表现为窝藏、转移、收购、代为销售或者以其他方法掩饰、隐瞒的行为。在案证据证明，张某某与王某某系夫妻关系，在家庭分工中，由张某某具体管理家庭收入，支付家庭开支。张某某虽然明知王某某交给其的部分钱款系非法收入而用于家庭开支，但没有证据证明其系为逃避司法机关对刑事犯罪的追究而对上述钱款实施窝藏、转移等行为，故张某某没有掩饰、隐瞒犯罪所得的主观故意，不符合掩饰、隐瞒犯罪所得罪的犯罪构成要件。

综上，北京市第二中级人民法院经审理认为：被告人张某某明知王某甲等人对其担任国务院国资委监事会第17办事处主任的丈夫王某某有请托事项，仍帮助王某某非法收受王某甲等人钱款，数额巨大，其行为已构成受贿罪，依法应予惩处。鉴于张某某在共同犯罪中起辅助作用，系从犯，且到案后能够如实供述犯罪事实，积极退缴全部赃款，认罪、悔罪，本院依法对其减轻处罚，并宣告缓刑。

北京市第二中级人民法院依照《中华人民共和国刑法》第三百八十五条第一款、第三百八十六条、第三百八十三条第一款第二项及第三款、第二十五条第一款、第二十七条、第六十七条第三款、第六十一条、第五十二条、第五十三条、第七十二条第一款及第三款、第七十三条第二款及第三款，以及《最高人民法院、最高人民检察院关于办理贪污贿赂刑事案件适用法律若干问题的解释》第二条第一款、《最高人民法院、最高人民检察院关于办理受贿刑事案件适用法律若干问题的意见》第七条之规定，判决：

被告人张某某犯受贿罪，判处有期徒刑二年，缓刑二年，并处罚金人民币五万元。

【法官后语】

本案处理的重点在于如何准确把握受贿案件中国家工作人员的近亲属行为性质的认定。国家工作人员近亲属参与贿赂犯罪受贿主要表现为：与国家工作人员共谋收受贿赂；诱导、劝说请托人或国家工作人员收受贿赂；在请托人和国家工作人员之间联系、撮合收受贿赂；转达、传递请托信息；帮助收受财物；窝藏、转移国家工作人员所收受的赃款等。对国家工作人员近亲属参与的贿赂犯罪案件如何准确定性，应当根据行为人的主观故意和客观行为，具体问题具体分析。

1. 明知国家工作人员利用职务便利为他人谋利，帮助其收受财物，应当以受贿罪的共犯论处。

根据共同犯罪理论，二人以上基于共同的故意实施共同的犯罪行为，是共同犯罪。2007年《最高人民法院、最高人民检察院关于办理受贿刑事案件适用法律若干问题的意见》（以下简称《意见》）规定，“特定关系人与国家工作人员通谋，共同实施前款行为（国家工作人员利用职务上的便利，为请托人谋取利益，授意请托人将有关财物给予特定关系人——笔者注）的，对特定关系人以受贿罪的共犯论处”。在本案中第一起事实中，请托人向王某某提出请托事项时，张某某在场；之后张某某明知请托人向其索取银行卡号是欲向王某某行贿，仍将自己的银行卡号提供给请托人，帮助王某某收受请托人给予的钱款，其行为符合《意见》中特定关系人与国家工作人员通谋共同实施受贿以共犯论处的相关规定。需要说明的是，特定关系人与国家工作人员通谋包括事先的通谋，也包括事中的通谋，虽然张某某与王某某没有事先就受贿一事有通谋，但其明知王某某利用职务便利为他人谋利的情况下，仍把自己的银行卡账号提供给请托人，此时就具有了和王某某共同收受贿赂的故意，故应当以受贿罪的共犯论处。

2. 国家工作人员近亲属没有与国家工作人员通谋，仅是国家工作人员收受财物时在场，一般不能以受贿罪的共犯论处。

在第三起事实中，请托人在请张某某、王某某夫妇吃饭时，向王某某提出请托事项，饭后请托人将装有钱款的手提袋放在张某某夫妇驾驶车辆的后排座。由于受贿罪的本质是权钱交易，请托人给予王某某财物是为利用王某某国家工作人员的职务便利为自己谋取利益，张某某是否在场，并不会对行、受贿的完成造成影响，也没有对国家工作人员受贿起到帮助作用，故不宜以受贿罪的共犯论处。

3. 在本案第二起至第四起事实中，国家工作人员近亲属明知国家工作人员的钱款系非法收入而用于家庭开支，不宜以掩饰、隐瞒犯罪所得罪论处。理由如下：

（1）从《刑法》规定上看，张某某的行为不属于典型意义上的掩饰、隐瞒行为，没有对司法机关追究刑事犯罪活动造成重大影响。

从《刑法》第三百一十二条的规定来看，明知是犯罪所得而予以窝藏、转移、收购、代为销售或者以其他方式掩饰、隐瞒的，即构成掩饰、隐瞒犯罪所得罪。“窝藏”是指提供藏匿犯罪所得的场所；“转移”是指将犯罪所得从一个地点转移到另外一个地点；"收购"是指为自己或者为他人购买赃物；"代为销售"是指明知是犯罪所得的赃物而为犯罪分子代为销售；"其他方法"是指上述行为以外的掩饰、隐瞒行为，如提供资金账户，协助将财产转换为现金、金融票据、有价证券，通过转账的方式协助资金转移、协助将资金汇往境外等。在司法实践中，掩饰、隐瞒犯罪所得的表现形式多种多样，立法者不可能在法条中一一列举，所以用"以其他方法掩饰、隐瞒"的兜底式表述予以概括，但应该明确的是，由于掩饰、隐瞒犯罪所得罪侵犯的客体主要是司法机关对刑事犯罪进行追究的活动，故行为人无论采取何种方式，为犯罪分子逃避法律制裁而对犯罪所得予以掩饰、隐瞒的目的是显见的。本案中，张某某将王某某的违法所得用于归还家庭债务，支付家庭开支，没有为逃避法律制裁而特意予以窝藏、转移，故张某某的行为并非典型意义上的窝藏、转移行为。案发后，张某某积极退缴全部赃款，未对司法机关追究刑事犯罪活动造成重大影响。

（2）对近亲属间掩饰、隐瞒犯罪所得罪的处罚应考虑裁判效果。

基于家庭的伦理与和谐，夫妻之间在日常生活中不可避免地存在经济上财产共有的关系，具体表现为家庭成员共同支配家庭收入。从宽严相济刑事政策角度讲，对于家庭成员之间发生的掩饰、隐瞒犯罪所得，相对一般人之间的掩饰、隐瞒犯罪所得，入罪的标准应更为严格，如果没有积极主动地实施对犯罪所得的掩饰、隐瞒行为，追究刑事责任应当更为慎重。本案中，张某某与王某某系夫妻关系，案发时张某某已经退休，王某某的收入是家庭收入的主要来源，张某某将王某某的违法所得作为家庭消费支出，是基于二人家庭成员关系的共同生活行为，符合基本的家庭伦理观念，没有超出一般社会认识可以容忍的范围，社会危害性没有达到需以刑罚处罚的程度，故不作为犯罪处理为宜，否则背离了刑法谦抑的精神。

编写人：北京市第二中级人民法院　陈胜涛

63

交易型受贿行为的交易时间及受贿中的“明显”不合理差价的认定

——赫国强受贿案

【案件基本信息】

1. 裁判书字号

北京市海淀区人民法院（2017）京0108刑初443号刑事裁定书。

2. 案由：受贿罪

【基本案情】

被告人赫国强于1993年3月至2010年4月担任北京市政管理处桥通所主任，负责北京市辖区内桥梁、通道的维修、养护。2004年至2009年间，陈某（已判决）担任法定代表人的北京甲建筑分包有限责任公司及陈玉某（未起诉）担任法定代表人的北京市乙市政工程抢险队在桥通所承接了多项市政养护工程。查明：2008年3月间，被告人赫国强借购买轿车之机，以购车款的形式收受陈某给予的人民币20万元。2008年7月间，被告人赫国强以人民币400万元的价格向陈玉某出售其位于北京市大兴区凉水河一街××号院××层××室房屋一套。经鉴定，该套房产同期市场价格为人民币3518058元，差价为人民币481942元。

综上，被告人赫国强受贿数额为人民币681942元。被告人赫国强于2016年5月11日被传唤到案，在侦查机关已掌握线索的情况下如实供述了上述犯罪事实。公诉机关移送扣押的赃款人民币15万元。在审理阶段，赫国强的家属退缴531942元，现扣押在案。

【案件焦点】

1. 如何认定交易型受贿行为的交易时间；2. 如何认定交易型受贿中的“明显”

不合理差价。

【法院裁判要旨】

北京市海淀区人民法院经审理认为：被告人赫国强身为国家工作人员，利用职务上的便利，非法收受他人财物，为他人谋取利益，数额巨大，其行为已构成受贿罪，应予惩处。北京市海淀区人民检察院指控被告人赫国强犯受贿罪的两起事实清楚，证据确凿，指控罪名成立，但另一起指控事实不能成立，本院依法予以纠正。经查：根据赫国强的供述、陈玉某的证言及辩护人提交的证据，在2004年年底至2005年年初的这段时间，赫国强已与陈玉某达成了房屋交易的共识，并且陈玉某在2005年2月前已实际交付房屋给赫国强，赫国强进行装修后实际占有该房屋，因此应以2005年2月作为陈玉某将房屋给予赫国强的时间点，双方此后支付房款、完成过户手续等行为，仅是对房屋交易事实的进一步确认，并不影响交易时间点的确认。故认定赫国强构成受贿，亦应以此时间点作为评估涉案房屋价值的依据。根据我院委托作出的评估鉴定意见，涉案房屋2005年2月的鉴定价格为117万余元，与双方实际交易价格115万元基本相当，不宜认定赫国强在此次房屋交易过程中赚取了差价，故我院对检察机关指控的第一起事实不予认定。

针对辩护人所提凉水河房屋的买卖价格仅高于鉴定价格的13.7%，不能认定为明显不合理高价的意见，经查，判断是否属于明显不合理价格不应仅参照差价比例，亦应参照差价金额，本案赫国强出售该房屋的价格已高于房屋实际价值40余万元，数额巨大，差价明显，故该起事实应以交易形式受贿予以认定。

被告人赫国强在办案机关采取调查措施期间，如实交代办案机关掌握的线索所针对的事实，依法不认定为自首。但鉴于其如实供述犯罪事实，有较好的悔罪态度，且已退赔全部违法所得，故本院依法对其从轻处罚。

北京市海淀区人民法院依照《中华人民共和国刑法》第三百八十五条第一款，第三百八十六条，第三百八十三条第一款第二项，第五十三条第一款，第六十七条第三款，第六十四条，作出如下判决：

一、被告人赫国强犯受贿罪，判处有期徒刑三年，罚金人民币二十万元。

二、在案扣押人民币六十八万一千九百四十二元予以没收。

【法官后语】

本案在审理中涉及两个难点：第一，如何认定交易型受贿行为的交易时间；第二，如何认定交易型受贿中的“明显”不合理差价。

交易型受贿的犯罪数额按照交易时市场价格与实际支付价格的差额计算，交易时间的确定直接影响差价计算中的一个变量，故该时间点的认定是交易型受贿犯罪数额认定的核心问题。一般来说，正常的房屋交易流程是签订合同、支付房款、房屋转移占有等，几个步骤在时间上紧密相连，此时交易时间以签订合同、付房款的时间认定即可。但部分交易型受贿行为中，交易房屋并不符合正常的市场交易规则，因此在交易时间、交易价格等方面呈现违背正常交易逻辑的现象。如本案，在2004年年底至2005年年初的这段时间，赫国强已与陈玉某达成了房屋交易的共识，并且陈玉某在2005年2月前已实际交付房屋给赫国强，赫国强进行装修后实际占有该房屋，但完成房屋交易手续是在三年之后的2008年左右，事实上占有房屋与完成房屋转移手续之间存在数年的时间差。房屋作为大宗交易商品，不仅涉及钱款数额巨大，而且因时间变化而产生的震荡幅度较大，因此，交易时间的确定对确定犯罪数额至关重要。对于达成交易意向房屋转移占有在先、签订合同支付房款在后，且时间相距甚远的情况，以哪个时间点作为交易时间存在争议。一种观点认为，以法律上完成房屋所有权转移为准，即以签订合同、支付房款的时间认定，这样做也符合民法上房屋买受行为的规定；另一种观点认为，以事实上完成房屋转移占有为准，即以达成交易意向、房屋转移占有的时间认定。本案中，我们采纳了第二种观点，主要基于以下两点考虑：第一，从刑法理论上看，取得财物即为受贿罪的既遂，达成房屋交易意向并转移占有即为受贿既遂，之后支付房款、完成过户等行为，是对房屋交易的进一步确认，于理论有据；第二，从犯罪事实上看，以赫国强事实上占有房屋作为认定受贿行为的时间点更加客观公正，不仅能够以当时的标准评价当时的行为，而且避免进入房屋价格大幅震荡这一法外因素成为犯罪数额决定性因素的怪圈，符合事实逻辑。如果我们以法律上完成房屋所有权转移手续作为认定交易时间点，则给了行受贿双方自主选择权，受贿人事实上占有房屋后可以选择房价较低时完成过户手续，从而降低了犯罪数额，甚至极端情况下，双方没有完成转移所有权的手续，就会造成无法确定犯罪数额的后果，法律就给了犯罪人以可乘之机。基于上述几点因素，同时本着有利于被告人的原则，以赫国强事实上占有房屋作为认定交易时间的标准，并依此时间点所做的鉴定价格认定受贿数额。最终鉴定价格与交易价格基本相当，因此我们对公诉机关起诉的该起事实不予认定。

《最高人民法院、最高人民检察院关于办理受贿刑事案件适用法律若干问题的意见》规定了交易形式受贿的三种情形，包括以明显低于市场价格购买和以明显高于市场价格出售，该意见对于“明显”一词未作明确界定。有意见认为应参照《最高人民法院关于适用〈中华人民共和国合同法〉若干问题的解释（二）》第十九条第二款规定，转让价格达不到交易时交易地指导价或者市场交易价百分之七十的，或者转让价格高于当地指导价或者市场交易价百分之三十的，一般可以视为明显不合理价格。我们认为刑事应有别于民事标准，判断交易价格是否属于明显不合理价格，不能仅以差价比例来认定，而应将差价比例与差价绝对值两个因素综合考虑。尤其是涉及房屋等大宗商品交易时，即便较小的差价比例也会造成巨大的差价数额，只以其中一个因素作为考量的标准是片面的。即使差价比例较低，但是差价金额较大，特别是差价数额已经达到定罪量刑标准的，亦应视为“明显”不合理差价。正如本案中，凉水河房屋的买卖价格虽仅高于鉴定价格的13.7%，但该售价已高于房屋实际价值40余万元，应当认定为“明显”不合理差价，符合交易型受贿的规定。

编写人：北京市海淀区人民法院　樊强　高曼洁

64

国家工作人员以“人脉关系”参与合伙并分享利润构成受贿罪

——周国强受贿案

【案件基本信息】

1. 裁判书字号

重庆市第三中级人民法院（2016）渝03刑初13号刑事判决书

2. 案由：受贿罪

【基本案情】

被告人周国强系重庆某检察院工作人员，叶某系建筑商人。周国强与叶某商定由周国强利用人脉关系入伙拿工程，叶某做工程，利润二人分配。之后，周国强通过某区副区长、国土资源管理分局局长等人关照，为叶某中标该区土地整理项目，收受叶某30万元；通过某县县委书记、国土资源和房屋管理局局长等人关照，为叶某中标该县土地整理项目，收受叶某30万元；通过某园林局局长关照，为叶某中标园林局工程，收受叶某485万元。其间，周国强陆续借给叶某500万元，叶某按每月2分支付利息。

【案件焦点】

被告人周国强与叶某是合伙关系还是请托关系，周国强收受叶某的钱款是合伙利润还是受贿。

【法院裁判要旨】

重庆市第三中级人民法院经审理认为：被告人周国强身为国家工作人员，利用职务上的便利，为他人谋取利益，又利用职权或者地位形成的便利条件，通过其他国家工作人员职务上的行为，为他人谋取不正当利益，非法收受他人贿赂695万元，其行为已构成受贿罪，且数额特别巨大。周国强到案后能够如实供述其主要犯罪事实，系坦白，并在提起公诉前积极退出赃款500万元，可以从轻处罚。

重庆市第三中级人民法院依照《中华人民共和国刑法》第三百八十五条、第三百八十八条、第三百八十六条、第三百八十三条第一款第三项及第三款、第六十七条第三款、第六十四条、第五十二条、第五十三条及《最高人民法院、最高人民检察院关于办理贪污贿赂刑事案件适用法律若干问题的解释》第三条第一款、第十三条、第十八条、第十九条之规定，作出如下判决：

一、被告人周国强犯受贿罪，判处有期徒刑十一年六个月，并处罚金二百万元；

二、对被告人周国强退至重庆市武隆县人民检察院的500万元，予以没收，上缴国库。对被告人周国强违法所得195万元继续追缴，上缴国库。

周国强不服提起上诉。

重庆市高级人民法院经审理认为：上诉人周国强身为国家工作人员，利用职务便利，为请托人谋取利益，收受他人贿赂50万元；其又利用本人职权和地位形成的便利条件，通过其他国家工作人员职务上的行为，为请托人谋取不正当利益，收受他人贿赂645万元；周国强收受贿赂共计695万元，其行为侵犯了国家工作人员职务行为的不可收买性，构成受贿罪，数额特别巨大，依法应予处罚。周国强到案后，如实供述主要犯罪事实，可以对其从轻处罚。

重庆市高级人民法院依照《中华人民共和国刑事诉讼法》第二百二十五条第一款第一项①的规定，作出如下裁定：

驳回上诉，维持原判。

【法官后语】

本案处理的主要争议是周国强以“人脉关系”参与合伙并分享利润是否构成受贿罪：

1. 周国强与叶某不构成民法上的合伙关系。首先，周国强并未向两人的“合伙”经营投入资金。周国强虽向叶某支出了500万元，但这是借贷关系，不是融资关系。周国强借给叶某的借款共计500万元，叶某均按每月2分利息，按季度向周国强支付利息，有银行转账凭证、叶某的证言、周国强的供述及退赃委托书相互印证。周国强还借款给蒋某某等其他人，均是每月2分月息，按季度付息，亦印证周国强与叶某之间也是借贷关系而不是融资关系。

其次，周国强并未实际参与“合伙”中的管理和经营。叶某的证言、周国强的供述等证据相互印证证明，周国强实际上是以其“人脉关系”协调项目作为合伙分“利润”，并没有参与实际投资、管理和经营。周国强的妻子虽然与叶某签订了聘用协议，实际上也未参与过任何投资、管理和经营。由此可见，周国强的行为符合《最高人民法院、最高人民检察院关于办理受贿刑事案件适用法律若干问题的意见》中“国家工作人员利用职务上的便利为请托人谋取利益，以合作开办公司或者其他合作投资的名义获取‘利润’，没有实际出资和参与管理、经营的，以受贿论处”的情况。

2. 周国强利用“人脉关系”拿工程，实质上是利用了其职权或地位便利，并通过其他国家工作人员，为请托人谋取了不正当利益。“利用本人职权或者地位形成的便利条件”，是指行为人与被其利用的国家工作人员之间在职务上虽然没有隶

---

① 对应2018年《刑事诉讼法》第二百三十六条第一款第一项。

属、制约关系，但是行为人利用了本人职权或者地位产生的影响和一定的工作联系，如单位内不同部门的国家工作人员之间、上下级单位没有职务上隶属、制约关系的国家工作人员之间、有工作联系的不同单位的国家工作人员之间等。周国强虽然与某区、某县、某园林局领导存在同学、朋友、邻居关系，但其作为国家司法工作人员，且某区、某县曾经或一直处于周国强所在检察院的辖区，周国强与某区、某县领导必然存在一定的影响与工作联系，属于利用职权或地位便利的情形。某园林局领导在周国强介绍叶某做园林局工程前，曾通过周国强协调沟通一个职务犯罪案件，对周国强的职权、地位十分了解，也属于利用职权或地位便利的情形。

"谋取不正当利益"，是指行贿人谋取违反法律、法规、规章或者政策规定的利益，或者要求对方违反法律、法规、规章、政策、行业规范的规定提供帮助或者方便条件。在招投标、政府采购等商业活动中，违背公平原则，给予相关人员财物以谋取竞争优势的，属于"谋取不正当利益"。周国强通过协调关系打招呼，为叶某在招投标中谋取不正当竞争优势，中标工程项目，应当认定为叶某谋取了不正当利益。

综上，周国强的行为符合《刑法》第三百八十八条"国家工作人员利用本人职权或者地位形成的便利条件，通过其他国家工作人员职务上的行为，为请托人谋取不正当利益，索取请托人财物或者收受请托人财物的，以受贿论处"的犯罪构成要件，周国强的上述事实行为构成受贿罪。

编写人：重庆市第三中级人民法院　张慧　杨军

65

共同受贿中各受贿人受贿数额的认定

——王洪琦受贿案

【案件基本信息】

1. 裁判书字号

安徽省滁州市中级人民法院（2017）皖11刑终67号刑事判决书

2. 案由：受贿罪

【基本案情】

全椒县农业生产资料公司（以下简称县生资公司）是全椒县供销合作社联合社下属企业，是全椒县供销合作社联合社出资的集体所有制企业。全椒县碧云美食娱乐城（以下简称碧云美食城）是县生资公司的下属单位，其主要资产为碧云美食城大楼。

2002年3月23日，全椒县人民政府任命王洪琦担任县生资公司经理。2003年至2015年，王洪琦伙同原全椒县供销合作社联合社主任董玉某，利用职务之便，收受碧云美食城承包人冯正某财物，为其谋取利益，个人实际所得250万元。具体事实如下：

1. 2002年7月，王洪琦与董玉某、冯正某三人共谋由冯正某承包碧云美食城，经营碧云美食城收益三人均分。2002年8月15日，王洪琦代表县生资公司与冯正某签订碧云美食城承包租赁合同，由冯正某承包碧云美食城。2003年6月30日，冯正某以"非典"疫情影响碧云美食城餐饮业要求减免承包租金为由，冯正某与县生资公司签订一份补充协议，将碧云美食城年租金从每年27万元降至22万元。2006年5月16日，冯正某县生资公司又签订一份补充协议，将碧云美食城租期延长10年，续延期间年租金降为17.6万元。自2003年至2015年，冯正某按年度根据碧云美食城的经营利润给王洪琦与董玉某各自送钱，其中王洪琦共计收到189万元。

2. 2010年1月28日，冯正某与甲银行有限责任公司全椒县支行签订房屋租赁合同，将碧云美食城一、二层每层自西向东共六间房屋出租给甲银行有限责任公司全椒县支行作为营业场所，租期10年，前五年年租金45万元，后五年年租金49.5万元。自2010年至2015年，冯正某按年度将碧云美食城部分转租的租金送给王洪琦与董玉某，其中王洪琦共计收受61万元。

案发后，王洪琦退出全部违法所得250万元。

【案件焦点】

在共同受贿犯罪案件中，对各受贿人应当以共同参与的受贿犯罪数额还是应当以个人实际所得数额定罪处罚。

【法院裁判要旨】

安徽省滁州市全椒县人民法院经审理认为：对于被告人王洪琦及其辩护人提出的被告人王洪琦与董玉某不是共同犯罪、受贿数额为个人实际所得数额的上诉理由和辩护意见，经查，2002年7月份，被告人王洪琦、冯正某及董玉某三人事先通谋，由冯正某承包碧云美食城，碧云美食城经营收益三人均分；后在被告人王洪琦与董玉某利用职务的便利下，冯正某取得碧云美食城承包经营权；被告人王洪琦与董玉某在未出资、经营管理的情况下，按照事先约定收受冯正某钱款。故王洪琦与董玉某构成共同犯罪。对于共同受贿犯罪，被告人王洪琦受贿所得数额可以以其参与或者组织、指挥的共同受贿数额认定，而不是以个人实际所得数额认定。王洪琦及其辩护人提出的此节上诉理由和辩护意见不能成立。

安徽省滁州市全椒县人民法院依法作出如下判决：

一、被告人王洪琦犯受贿罪，判处有期徒刑十年，并处罚金七十五万元；

二、被告人王洪琦违法所得250万元，依法予以追缴，上缴国库。

王洪琦及其辩护人持原审辩解与辩护意见提起上诉。

安徽省滁州市中级人民法院经审理认为：关于王洪琦与董玉某是否构成共同受贿犯罪的问题，二审法院同意一审法院裁判意见。但在共同受贿犯罪中，王洪琦、董玉某作用相当，难以区分主从犯，行贿人行贿时已分别送给二人，如按二人共同受贿数额处罚不能体现罪责刑相适应原则，故按二人实际所得数额认定受贿数额，并考虑共同受贿犯罪的情况予以处罚较为适当。对于王洪琦及其辩护人提出的共同受贿案件中按照个人实际所得数额处罚的上诉理由和辩护意见，予以采纳。

综合全案，安徽省滁州市中级人民法院依法作出如下判决：

一、维持安徽省全椒县人民法院（2016）皖1124刑初69号刑事判决第二项，即“被告人王洪琦违法所得250万元，依法予以追缴，上缴国库”；

二、撤销安徽省全椒县人民法院（2016）皖1124刑初69号刑事判决第一项，即“被告人王洪琦犯受贿罪，判处有期徒刑十年，并处罚金七十五万元”；

三、上诉人王洪琦犯受贿罪，判处有期徒刑七年，并处罚金六十万元。

【法官后语】

本案是共同受贿犯罪案件中对各受贿人应当以个人实际所得数额定罪处罚的典型

案例。《最高人民法院研究室关于共同受贿案件中受贿数额认定问题的研究意见》[①]（以下简称《意见》）认为：作为原则，对于共同受贿犯罪，应当根据各受贿人参与或者组织、指挥的共同犯罪数额量刑；作为例外，对于难以区分主从犯的受贿共犯，行贿人的贿赂款分别或者明确送给多人，且按照个人实际所得数额处罚更能实现罪刑相适应的，可以按照其个人所得数额处罚。该《意见》公布以来，引发学术界和司法实务界广泛关注和探讨，也为该案提供了一个重要的分析样本。

对于《意见》，必须首先厘清《意见》的适用效力问题，即能否直接适用于个案。最高人民法院研究室就某一争议问题的研究意见解读属于对请示单位的批复，虽不具有与司法解释以及最高人民法院制定的相关指导意见同等的效力，但该类研究意见解读具有逻辑清晰、说理透彻的特点，并对争议问题给出较为明确的倾向性意见，便于实务部门的理解与适用，因此在实践中被广泛参照适用。

而《意见》关于共同受贿犯罪受贿数额的认定问题，应当原则上依照《刑法》总则的共犯规定，按照"部分实行全部责任"的共犯归责原则，认定个人所参与的共同受贿犯罪的总额。适用例外规定应当从严把握，必须同时满足以下三个条件：第一，共同受贿人难以区分主从犯。第二，行贿人的贿赂款分别或者明确送给多人，且各受贿人为被动收受贿赂。第三，按照个人实际所得数额处罚更能实现罪责刑相适应。

本案中，王洪琦、董玉某、冯正某三人达成碧云美食城经营收益分成三份，每人各得一份时，冯正某是美食城的经理，王洪琦是县生资公司的经理，而董玉某则为县供销社主任。美食城是生资公司的财产，生资公司隶属于供销社。王洪琦是冯正某取得美食城经营权的主要操作者，董玉某虽没有具体经手，但其作为领导对美食城经营权的办理也有相关作用，所以王洪琦与董玉某之间难以区分主从犯。本案王洪琦无索贿行为，应属被动收受贿赂，至于王洪琦为行贿人谋取利益后，行贿人是否送钱、送多少、何时送，送谁不送谁，受贿总额，各受贿人事先往往是不明知、不确定的，更不是各受贿人决定的，而是取决于行贿人。因此，在被动收受贿赂，且对他人受贿数额不明知，也不应当明知的情况下，仍然要求所有犯罪人均对

---

① 《最高人民法院研究室关于共同受贿案件中受贿数额认定问题的研究意见》，载张军主编：《司法案例与指导》2012年第2期，人民法院出版社2012年版，第148～154页。

其不明知的受贿数额承担全部刑事责任，事理、情理皆不通。本案中，在王洪琦对董玉某受贿数额不明知的情况下，要求王洪琦对其不明知的受贿数额承担全部刑事责任，于法无据，不能体现罪责刑相适应原则。

综上，本案王洪琦的行为符合适用《意见》中例外规定所有条件，即王洪琦应按个人实际所得数额250万元定罪处罚，二审法院据此进行了改判，这样也有利于从实质上实现刑事司法的公平性，也为此类案件的审理提供了有益的借鉴。

编写人：安徽省滁州市中级人民法院　邓见阁

66

共同受贿犯罪中受贿数额的认定

——邱祥某受贿案

【案件基本信息】

1. 裁判书字号

福建省福州市中级人民法院（2017）闽01刑终1091号刑事判决书

2. 案由：受贿罪

【基本案情】

被告人邱祥某在担任闽清县委农办、县农业局农业资源区划办主任期间，于2007年与福建甲土地整理工程设计有限公司（以下简称甲公司）总经理陈某某以及时任闽清县农发办主任方实某（另案处理）商议，将闽清县农发办的土地治理项目的可行性研究报告编制和项目设计指定甲公司实施设计，并约定，甲公司按可行性报告编制费和项目设计费30%的比例给予方实某和邱祥某回扣款。2008年至2013年，邱祥某、方实某共收受陈某某给予的可行性报告编制费和项目设计费回扣款共计385000元。其中，邱祥某分得110900元、方实某分得116900元、闽清县农发办工作人员黄瑞某分得10000元，付出项目评审红包90000元、2007年闽清县农办住房公积金补贴10000元、2009年闽清县农办中秋国庆两节补贴3300元、闽清县农发项目建设监督小组及相关人员补贴900元等。

2009年10月，方实某、邱祥某向福州乙工程监理咨询有限公司（以下简称乙公司）总经理郑金某提出，乙公司在闽清县监理工程多，需要增加经费来聘请人员代为管理，经协商，由乙公司拿出监理费的30%作为聘请乡镇工作人员代为管理的工作经费。2009年至2013年，邱祥某在方实某的授意下，向郑金某收取监理费回扣款共计182000元，并按方实某的指示，给乡镇临时聘请的工作人员共计发放40000元的误工补贴，剩余回扣款人民币142000元由方实某、邱祥某均分，邱祥某分得人民币71000元，后邱祥某又从其个人分得的回扣款中再分给县农发办工作人员黄瑞某4000元，邱祥某实际分得监理费回扣款人民币67000元。

案发后，邱祥某通过其家属退缴赃款177900元，并预缴罚金100000元。

【案件焦点】

共同受贿案件是以个人实际所得数额量刑，还是应当根据行为人所参与的共同受贿数额量刑。

【法院裁判要旨】

福建省福州市闽清县人民法院经审理认为：邱祥某在担任闽清县农发办工作人员期间，伙同闽清县委农办、农发办主任方实某在实施闽清县农业综合开发项目过程中，利用职务便利，为甲公司和乙公司谋取利益，共同非法收受甲公司和乙公司贿赂款人民币527000元，其中邱祥某分得人民币177900元，其行为已构成受贿罪。邱祥某到案后能如实供述，依法可以从轻处罚。邱祥某退出全部赃款，可酌情从轻处罚。根据被告人邱祥某的犯罪情节和悔罪表现，可以宣告缓刑。判决：

一、被告人邱祥某犯受贿罪，判处有期徒刑二年，缓刑二年，并处罚金人民币10万元；

二、扣押在案的赃款人民币89000元予以没收，由暂扣单位闽清县人民检察院上缴国库；被告人邱祥某向闽清县人民法院退缴的赃款人民币88900元予以没收，由闽清县人民法院上缴国库。

一审宣判后，福建省福州市闽清县人民检察院提出抗诉。福建省福州市人民检察院认为抗诉正确，应予支持。抗诉理由是，本案系共同受贿案件，邱祥某应当以其共同参与的受贿数额52.7万元定罪处罚。邱祥某没有法定减轻处罚情节。原审法院在法定刑以下判处刑罚，属适用法律错误，量刑畸轻。

邱祥某的辩护人提出辩护意见称，应认定邱祥某为从犯，以邱祥某实际所得量刑更能体现罪责相适应原则。

福建省福州市中级人民法院经审理认为：在案证据显示邱祥某积极参与共同受贿犯罪，其在共同受贿犯罪的犯意提起中起积极作用，在收取回扣等客观行为上起主要作用，邱祥某的地位、作用与同案人方实某相当，不宜区分主从犯。此外，甲公司、乙公司贿送回扣款时也未明确送给邱祥某与方实某每人的具体数额，邱祥某与方实某二人对共同受贿有着明确的犯意联络，且对收受贿赂的总金额也知情。按照邱祥某与方实某共同参与的受贿数额人民币 52.7 万元定罪处罚，是罚当其罪的。福州市人民检察院抗诉意见，予以采纳。原判以邱祥某实际所得 177900 元定罪处罚有误，依法予以纠正。依照《中华人民共和国刑事诉讼法》第二百二十五条第一款第二项①，《中华人民共和国刑法》第三百八十五条、第三百八十六条、第三百八十三条第一款第二项、第二十五条第一款、第五十二条、第六十四条、第六十七条第三款、第七十二条第一款，《最高人民法院、最高人民检察院关于办理贪污贿赂刑事案件适用法律若干问题的解释》第二条第一款、第十八条、第十九条之规定，判决如下：

一、维持福建省闽清县人民法院（2017）闽 0124 刑初 19 号刑事判决的第二项，即对涉案赃款之判决；

二、撤销福建省闽清县人民法院（2017）闽 0124 刑初 19 号刑事判决第一项，即对原审被告人邱祥某定罪处刑之判决；

三、原审被告人邱祥某犯受贿罪，判处有期徒刑三年，缓刑三年，并处罚金人民币 20 万元。

【法官后语】

共同受贿是按照个人所得金额量刑还是按照所参与的共同受贿数额量刑，实践中的做法长期不统一。有观点认为按照个人所分得的金额来量刑更能体现罪责刑相适应原则，特别是在行为人分得的钱款在共同犯罪总额中占比不大的，往往容易引发人的恻隐之心，认为从个人所得量刑更为适当。但是，从共同犯罪的立法精神出

---

① 对应 2018 年《刑事诉讼法》第二百三十六条第一款第二项。

发，共同受贿应当按照所参与的或者组织、指挥的全部犯罪处罚。从因果共犯论出发，共同正犯“部分实行全部责任”归责依据是，在共同犯罪中，由于犯意相通、目的相同，虽然分工不同，但每个人的行为都在相互利用、补充对方的行为，每个人的实行行为要么都对法益侵害结果具有物理性贡献（物理的因果性），要么一方的实行行为强化了另一方的犯意、增加了犯罪的决心，从而与法益侵害结果之间具有心理的因果性。共同犯罪各行为人看似独立的行为形成一个整体，每个人的行为都是他人行为的一部分，他人的行为也是自己行为的一部分，各自行为所形成的整体性行为导致了最终危害后果的发生。故各行为人不仅要对自己的行为及其结果承担刑事责任，而且要对他人的行为及其结果承担刑事责任，亦即所有共犯均须对其参与的整个共同犯罪行为及其结果承担刑事责任。《最高人民法院研究室关于共同受贿案件中受贿数额认定问题的研究意见》[①] 也持相同观点。

具体到本案中，邱祥某和方实某二人具备共同受贿明显的主观犯意联络，虽然方实某作为邱祥某的领导，在犯意提起上较邱祥某更为主动，在部分受贿款项的分配上，邱祥某按照方实某的指示进行。但是，整个共同受贿中，邱祥某既有参与前期谋划和回扣收取的商议，又在客观受贿行为上发挥主要作用，负责向行贿人收取回扣款、具体经办回扣款的分配和使用。邱祥某和方实某二人在主观上不仅对共同受贿具有明知，对共同受贿所带来的危害后果以及所得的共同金额也是明知的，主观上二人具有共同受贿的故意，客观上互相辅助配合，共同实施了受贿犯罪，因此，邱祥某应当共同对52.7万元的受贿总金额承担刑事责任。

编写人：福建省福州市中级人民法院　高芸秀　方圆

---

① 《最高人民法院研究室关于共同受贿案件中受贿数额认定问题的研究意见》，载张军主编：《司法案例与指导》2012年第2期，人民法院出版社2012年版，第148~154页。

67

公职人员收受超过法律保护限度的借款利息如何定性

——刘某受贿案

【案件基本信息】

1. 裁判书字号

云南省昆明市西山区人民法院（2017）云0112刑初1279号刑事判决书

2. 案由：受贿罪

【基本案情】

2012年6月至2014年6月，被告人刘某在西双版纳傣族自治州景洪市挂职副市长期间，利用分管教育部门工程建设项目审批、款项拨付等职务上的便利，为曲靖市甲建工集团有限公司项目经理赵建某（男，46岁）在承建景洪市校舍安全工程方面提供帮助，并收受其分三次给予的人民币30000元、10000欧元（折合人民币80160元）和8800美元（折合人民币54022.82元），款项均用于被告人刘某的个人消费。

2013年7月3日，被告人刘某在景洪市挂职副市长期间，利用分管相关工作的职务便利，将人民币500000元通过承建景洪市校舍安全工程的景洪市第二建筑工程公司项目经理彭某（男，45岁）出借给他人，并分别于2013年7月29日收取利息60000元，2014年1月9日收取本息共计560000元。

另查明，2016年12月26日，昆明市西山区人民检察院反贪污贿赂局接到昆明市人民检察院交办的刘某涉及有关经济问题的线索，经检察长批准展开初查。2017年5月3日昆明市西山区人民检察院反贪局干警到云南省人大常委会将刘某通知到检察院接受询问，刘某如实交代了自己的犯罪事实。同年5月5日，昆明市西山区人民检察院对刘某涉嫌受贿罪一案立案侦查。同年5月10日，被告人刘某向昆明市西山区人民检察院上缴受贿暂扣款人民币335221元。

【案件焦点】

1. 关于被告人刘某将500000元经由彭某出借给他人后收取的120000元利息的定性以及本案犯罪数额的认定；2. 被告人刘某的行为是否成立自首。

【法院裁判要旨】

云南省昆明市西山区人民法院经审理认为：

（一）关于被告人刘某将500000元经由彭某出借给他人后收取的120000元利息的定性以及本案犯罪数额的认定。

本院认为，根据最高人民法院有关司法解释的规定，在有利息约定且不存在超利率约定自愿支付利息的情况下，民间借贷中受法律保护的借款年利率为不超过24%。本案中，被告人刘某将人民币500000元经由彭某借给他人，半年时间收取利息120000元。根据上述司法解释的规定，刘某收取的利息已超出受法律保护以上利息60000元。对该60000元的性质，经查，刘某与彭某基于彭某在刘某分管的教育领域做校安工程而结识，刘某之所以敢借500000元给彭某，且不怕承担风险，主要是考虑到其在工程资金拨付等方面的职权对彭某做工程形成的制约，此背景下，刘某敢收取受法律保护以上利息60000元，彭某亦实际支付了此高额利息，并按时退还本金，双方此行为过程体现的是权钱交易，即权力的制约与寻租。故就该60000元超额利息，性质应定性为贿赂款，并计入本案被告人刘某的受贿犯罪数额。

（二）关于本案其他量刑情节。

公诉机关提出被告人刘某具有自首情节，理由是被告人刘某在未被采取强制措施的情况下就到检察机关接受询问，如实交代了自己的犯罪事实。对此，本院认为，根据最高人民法院、最高人民检察院《关于办理职务犯罪案件认定自首、立功等量刑情节若干问题的意见》第一条的规定：……没有自动投案，在办案机关调查谈话、讯问、采取调查措施或者强制措施期间，犯罪分子如实交代办案机关掌握的线索所针对的事实的，不能认定为自首。本案中，被告人刘某并未主动投案，其在被检察机关调查谈话时，检察机关已掌握其收受赵建某、彭某贿赂的线索，故控辩双方提出的被告人刘某具有自首情节，不能成立，被告人刘某属于在提起公诉前如实供述自己的罪行。控辩双方提出被告人刘某具有退赃情节，查证属实。

综上，被告人刘某作为国家机关工作人员，利用职务上的便利，非法收受他人财物，为他人谋取利益，数额共计折合人民币224182.82元，其行为已构成受贿罪。

云南省昆明市西山区人民法院鉴于被告人刘某在提起公诉前如实供述自己的罪行、真诚悔罪、积极退交全部涉案赃款，避免、减少损害结果的发生，根据《中华人民共和国刑法》第三百八十五条第一款、第三百八十六条、第三百八十三条、第七十二条第一款及第三款、第七十三条第二款及第三款、第五十二条、第五十三条、第六十四条，《最高人民法院、最高人民检察院关于办理贪污贿赂刑事案件适用法律若干问题的解释》第二条第一款、第十九条第一款之规定，作出如下判决：

一、被告人刘某犯受贿罪，判处有期徒刑三年，缓刑三年，并处罚金人民币200000元；

二、扣押在案赃款人民币224182.82元予以没收并上缴国库。

【法官后语】

受贿罪，是指国家工作人员，利用职务上的便利，索取他人财物，或者非法收受他人财物并为他人谋取利益的行为。

受贿罪的犯罪对象为财物，但不局限于现金及具体物品，也包括财产性利益。虽然直接收受他人数额较大的金钱为他人谋取利益是最典型的受贿形式，但近年来随着经济社会的发展，收受贿赂的形式多种多样，新类型受贿层出不穷。比如，以交易形式受贿，低买或者高卖；收受干股；以合作投资名义受贿；以委托理财名义受贿；以赌博形式受贿；“挂名”取酬；收受房产、汽车等未办理权属变更等。上述受贿形式越来越隐蔽，给案件侦办、审理带来很大障碍。

然而，与上述列举的受贿形式相比，本案以借贷收息的形式收受贿赂，更加“别出心裁”，给案件的定罪量刑带来较大考验。从民法上考量，我国并不禁止公民之间进行借贷，民间借贷在实践中广泛发生，我国仅对民间借贷的利率有一定限制。对此，1991年，最高人民法院出台《关于人民法院审理借贷案件的若干意见》（已失效），其中第六条规定：“民间借贷的利率可以适当高于银行的利率，各地人民法院可根据本地区的实际情况具体掌握，但最高不得超过银行同类贷款利率的四倍（包含利率本数）。超过此限度的，超出部分的利息不予保护。”2012年，最高人民法院民一庭出具的《建立和完善我国民间借贷法律规制的报告》，仍提出“无论以何种形式表现，借贷本金所有的借期收益和逾期收益，均应当以银行同期同类贷款基准利率4倍为限。超过部分或冲抵本金，或不予保护，应把握此限进行计算和重新调整”。2015

年最高人民法院出台《关于审理民间借贷案件适用法律若干问题的规定》，其中第二十六条规定，借贷双方约定的利率未超过年利率24%，出借人请求借款人按照约定的利率支付利息的，人民法院应予支持。借贷双方约定的利率超过年利率36%，超过部分的利息约定无效。借款人请求出借人返还已支付的超过年利率36%部分的利息的，人民法院应予支持。第三十一条规定，没有约定利息但借款人自愿支付，或者超过约定的利率自愿支付利息或违约金，且没有损害国家、集体和第三人利益，借款人又以不当得利为由要求出借人返还的，人民法院不予支持，但借款人要求返还超过年利率36%部分的利息除外。根据上述民事司法解释及政策，民间借贷在2015年以前，受法律保护的利率以银行同期同类贷款基准利率4倍为限。2015年新的司法解释实施以来，一般情况下民间借贷不超过24%的年利率是法律明确予以保护的。

就本案来看，表面上，被告人刘某和彭某的口供均表示二人之间是委托借贷关系，双方亦有资金往来转账。但综合全案证据考量，双方案发前不存在亲属关系或其他密切关系，无任何经济往来；双方委托借款的背景发生在刘某担任景洪市分管教育的副市长，彭某在刘某分管的领域做工程期间，二者之间具有职务上请托与被请托的基础；被告人刘某庭审中表示其敢将500000元这笔数额不小的款项在无任何担保的情况下拿给彭某出借主要倚仗其职务对彭某有制约关系，彭某亦在借款当月即预支一半利息，并在半年后如数还本付息。综合上述分析，我们认为，即便我国民法不禁止民间借贷，但被告人刘某与借款人之间，在约定有委托借款利息且不存在借款人超过利率约定自愿支付利息的情况下，刘某收取的超过24%年利率的利息共计60000元，实际体现的是权力的制约与寻租关系，应依法认定为受贿数额。

编写人：云南省昆明市西山区人民法院　孟阳

68

公务支出的把握标准

——李某受贿案

【案件基本信息】

1. 裁判书字号

山东省淄博市博山区人民法院（2017）鲁0304刑初172号刑事判决书

2. 案由：受贿罪

【基本案情】

2013年下半年至2017年上半年，被告人李某在担任淄博第一中学英语教研组组长期间，利用选定教辅资料的职务之便，分7次非法收受书商宋某某56000元订书回扣。庭审中，辩护人提出，被告人李某收取的回扣中有较大部分用于本教研组的公务支出，如为老师购买水果、组织老师聚餐、看望生病的老师或者老师家属等，应从受贿数额中扣除。

【案件焦点】

被告人李某为教研组活动共同支出的费用是否属于公务支出而从受贿金额中扣除。

【法院裁判要旨】

山东省淄博市博山区人民法院经审理认为：被告人李某身为国家工作人员，利用职务之便，非法收受他人财物，为他人谋取利益，数额较大，其行为已构成受贿罪。辩护人所提被告人李某收取的回扣中有较大部分用于本教研组共同支出的辩护意见，无相关证据证实，本院不予采纳。据此以受贿罪判处被告人李某拘役五个月，缓刑六个月，并处罚金人民币十万元。

宣判后，被告人李某未上诉，公诉机关未抗诉，判决已发生法律效力。

【法官后语】

针对本案的争议焦点，一种观点认为，被告人李某收受的书本回扣为教研组老师购买水果、组织老师聚餐、看望生病的老师或者老师家属等支出的费用是在其担任教研组长期间为教研组活动支出的费用，属于公务支出，应该从其受贿金额中扣除；另一种观点认为，被告人李某从收受的书本回扣中为教研组老师支出的费用是其个人行为，不代表单位意志，不属于公务支出，更不应从其受贿金额中扣除。

笔者赞同后一种观点，被告人李某为教研组活动共同支出的费用不属于公务支出，不应从其受贿金额中扣除。

受贿罪是指国家工作人员利用职务上的便利，索取他人财物，或者非法收受他人财物，为他人谋取利益的行为。我国《刑法》第三百八十五条第二款规定，国家工作人员在经济往来中，违反国家规定，收受各种名义的回扣、手续费，归个人所有的，以受贿论处。但对于受贿案件中所遇到的“所收受的回扣用于公务支出”情节该如何认定的问题在理论界观点不统一，司法实践中的做法也不同。2006年6月，上海市高法刑二庭、上海市检察院《商业贿赂犯罪法律适用研讨会纪要》规定，认定行为人将所收受的财物用于公务支出，不予定罪或从受贿数额中扣除，但应从严掌握认定标准：(1) 证据的确实性。(2) 用途的合法性。(3) 公务支出行为的公开性。司法实践中一般采取了将用于公务支出、不以个人占有为目的的收受金额从受贿数额中扣除的做法，同时为了不放纵犯罪，对于“用于公务支出”情节中的公务支出给以严格限定，如果行为人私自将财物用于公务支出的，只能从一定程度上说明回扣使用的目的正当合法，行为人社会危害性、主观恶性较小，因此只能作为量刑的一个酌定从宽处罚情节考虑，不能一概予以扣除。

是否属于公务支出，笔者认为应该从以下三方面来看：

1. 是否由单位集体决定

用于公务开支应至少由单位领导集体知晓并决定，需要有领导的审批手续，不是个人因担任一定领导职务就可以私自决定的。本案中李某担任教研组组长，对本教研组的经费使用和私人账户混同，收受回扣并没有入账，支出时没有任何手续，单位领导及其他教研组副组长并不知情，去看望老师及其家属、为教师们发放水果等均未经教研组领导集体讨论决定。

2. 是否属于合法开支的范围

公务支出的范围应是用于公务，公务开支范围也有财政部门明确规定。本案中李某为教研组老师发放节日水果、老师聚餐、看望老师及其家属等这些虽然是为了本教研组老师发放的福利，但这些项目不是列入单位财务支出的范围，仍然属于私人人情往来，不能将这些私人联络感情、人情往来的项目混同于公务开支。

3. 是否公开说明来源、用途

用于公务支出应公开说明支出的来源及用途，本案中李某用于向老师发放福利的这些费用支出并未明确说明费用来源及用途，老师并不知晓这些费用是李某的个人支出还是教研组的费用支出，更不知晓这些费用是来自收受书商的回扣。

综合本案案情考虑，被告人李某及辩护人提供了QQ聊天记录、被告人李某书写的看望老师家属的明细、账户明细、点菜明细、发放明细等证据，用以证明被告人收取的回扣中有一部分用于公务支出，如为老师购买水果、组织老师聚餐、看望生病的老师或者老师家属等。但李某组织老师聚餐、为老师购买水果并非学校或者教研组安排，没有经过单位集体决定，不代表单位意志，而且其他老师对于聚餐、水果等费用来源并不知情，只是李某私自将回扣用于教研组的私人组织的活动，故被告人李某为本教研组共同支出的费用不属于公务支出，也不能从受贿数额中予以扣除。

编写人：山东省淄博市博山区人民法院　徐瑛

69

以行贿手段获取应得利益属于谋取不正当利益

——石才伟受贿、单位行贿案

【案件基本信息】

1. 裁判书字号

广西壮族自治区柳州市中级人民法院（2017）桂02刑终181号刑事裁定书

2. 案由：受贿罪、单位行贿罪

【基本案情】

2009 年至 2013 年，被告人石才伟利用其担任金秀县地税局副局长、局长的职务便利，为他人在工程建设、缴纳税金等方面提供帮助，收受他人给予的现金共计 43 万元。2012 年至 2014 年，被告人石才伟担任金秀县地税局党组书记、局长职务。金秀县政府每年向该局下达征税指标额度，对完成征税任务及超额完成征税任务的部分，政府对地税局予以奖励。石才伟为了感谢时任该县县长赵贵某在征税奖励及经费拨付等方面给予该局的关照和帮助，代表金秀县地税局并以该局名义，先后四次送给赵贵某现金共计 61.2 万元。上述送给赵贵某的 61.2 万元现金中，其中三次共计 40 万元是从单位经费中套取，另一次 21.2 万元系石才伟以该局名义向何日某借款后，以单位帮赵贵某补交购房差价的名义送给赵贵某。

【案件焦点】

1. 征税奖励是县政府文件明确规定发放给税务部门的激励奖，石才伟通过行贿手段谋求县长赵贵某在征税奖励及经费拨付等方面给予该局的关照和帮助，是否属于谋取不正当利益；2. 行政机关负责人为谋取单位利益，使用单位资金向其他国家机关工作人行贿，是单位行贿行为，还是滥用职权行为。

【法院裁判要旨】

广西壮族自治区柳州市柳南区人民法院经审理认为：被告人石才伟身为国家工作人员，利用职务上的便利，非法收受他人财物共计 43 万元，为他人谋取利益，其行为构成受贿罪，且受贿数额巨大。金秀县地税局为谋取县政府在征税奖励及经费拨付等方面给予本单位关照和帮助，由石才伟以单位资金或者以单位名义借来的资金，向时任金秀县县长的赵贵某行贿 61.2 万元，谋取不正当利益，情节严重，时任该局局长的石才伟系单位主管人员和行为决策、实施的直接责任人，其构成单位行贿罪。公诉机关指控被告人石才伟犯滥用职权罪，罪名有误，予以更正；被告人及辩护人认为构成滥用职权罪的意见不予采纳。被告人石才伟一人犯数罪，依法应当数罪并罚。石才伟归案后如实供述自己的罪行，交待了办案机关未掌握的同种较轻罪行，认罪悔罪，退缴全部赃款。综合考虑上述情节及犯罪事实、性质、社会危害程度，一审法院决定对石才伟从轻处罚，作出判决：

一、被告人石才伟犯受贿罪，判处有期徒刑三年六个月，并处罚金人民币二十万元；犯单位行贿罪，判处有期徒刑六个月；决定执行有期徒刑三年十个月，并处罚金人民币二十万元；

二、被告人石才伟退出的赃款人民币四十三万元，予以没收，上缴国库。

宣判后，石才伟对判决不服，提起上诉。

广西壮族自治区柳州市中级人民法院经审理认为：上诉人石才伟身为国家工作人员，利用职务上的便利，非法收受他人财物，为他人谋取利益，其行为已构成受贿罪，且受贿数额巨大。金秀县地税局为谋取不正当利益而行贿，情节严重，石才伟作为直接负责的主管人员，其行为已构成单位行贿罪。石才伟一人犯数罪，依法应当数罪并罚。原判认定的事实清楚，证据确实、充分，定罪准确，审判程序合法；并根据石才伟的犯罪数额、有如实供述自己的罪行、能全部退赃等的具体情节，依法予以从轻处罚，在法定的量刑幅度内科处的刑罚，量刑适当，处理正确。石才伟及其辩护人所提量刑过重的意见，与查明的事实和法律规定不符，不能成立，本院不予采纳；至于所提构成自首的意见，在一审中业已提出，一审判决已予以充分论述，依法认定不构成自首是正确的。据此，依照《中华人民共和国刑事诉讼法》第二百二十五条第一款第一项①的规定，裁定如下：

驳回上诉，维持原判。

【法官后语】

本案公诉人、被告人及辩护人在法庭辩论时提出，石才伟送钱给赵贵某，目的是获得政府在年度税收超额分成奖金及经费拨付方面给予金秀县地税局关照和帮助，现没有证据能证实政府在给予地税局相关经费和奖励是不当的，因此不能认定被告人谋取的属于不正当利益，其行为造成国家损失，是滥用职权行为而非单位行贿行为。经查，金秀县政府对确定地税局年度征税基数及超额完成的奖励具有决定权，县长赵贵某是该政策的主要决策者之一。石才伟连续多年向赵贵某行贿，目的在于获得县政府在征税奖励及经费拨付等方面给予该局关照和帮助。依法行政是对国家行政机关的基本要求，行政机关上下级间、各部门间的管理活动应当遵照法律、法规的规定，遵守有关的规章、制度，石才伟通过向县长行贿的手段，影响决

① 对应2018年《刑事诉讼法》第二百三十六条第一款第一项。

策者的个人倾向，谋求县政府在政策制定和管理时给予该局关照和帮助，其谋取利益的手段违法，故属不正当利益。在司法实践中，认定是否属于谋取不正当利益，应从谋取的手段、程序、利益内容等方面进行判断，三个方面只要符合手段违法、程序违法、利益内容违法中的一项，即可认定为谋取不正当利益，而不论行贿者谋取的利益本身是否是正当的、应得的。

在国家机关工作人员职务犯罪过程中，往往都必然地伴随着滥用职权为自己或者为他人谋取利益的行为，在认定这类犯罪时，要紧紧围绕犯罪目的这一主线来判定所触犯的罪名，准确把握犯罪全部事实，不可简单地将被告人行为手段或者方式所触犯的罪名作为定罪罪名。本案石才伟滥用职权，套取单位资金及以单位名义向他人借款，只是其非法获取行贿款的手段，其行为的目的在于为单位获取不正当利益，故应以单位行贿罪追究其刑事责任。

编写人：广西壮族自治区柳州市柳南区人民法院　钟国存

70

如何认定受贿罪的犯罪未遂

——被告人毕华、沈叶某受贿案

【案件基本信息】

1. 裁判书字号

湖南省高级人民法院（2018）湘刑终2号刑事裁定书

2. 案由：受贿罪

【基本案情】

2002年4月至2015年1月，被告人毕华在担任湖南省郴州市副市长、湖南省农村信用社联合社党委副书记、湖南省科学技术协会党组书记、副主席等职务期间，利用其职务上的便利，为他人谋取利益，单独或者伙同被告人沈叶某（系毕华妻子）收受他人财物折合人民币共计6150207元（其中2000000元系未遂）、50000

美元、230000 港元。

2011 年至 2015 年，被告人毕华收受谢继某所送的人民币 3638052 元（含未遂 2000000 元）。其中，2013 年谢继某为感谢毕华帮忙承接了省信用联社业务用房建安工程项目，承诺待工程完工、结算后送给毕华人民币 2000000 元，毕华表示同意。至 2015 年 1 月案发时止，省信用联社业务用房建安工程项目尚未结算，毕华没有取得该款。

【案件焦点】

如何认定受贿罪的犯罪未遂。

【法院裁判要旨】

湖南省株洲市中级人民法院经审理认为：被告人毕华身为国家工作人员，利用职务上的便利，为他人谋取利益，非法收受他人财物，共计人民币 5227767 元（含未遂 2000000 元）、50000 美元折合人民币 314275 元（按当时汇率计算）、230000 港元折合人民币 191190 元（按当时汇率计算），合计人民币 5733232 元（含未遂 2000000 元），数额特别巨大，其行为构成受贿罪。被告人沈叶某作为国家工作人员的近亲属代为转达请托事项，收受请托人财物，和毕华共同收受财物共计人民币 208715 元、230000 港元折合人民币 191190 元（按当时汇率计算），合计人民币 399905 元，数额巨大，其行为构成受贿罪。被告人毕华、沈叶某共同故意受贿，是共同犯罪。毕华在共同犯罪中起主要作用，是主犯，依法应当从重处罚；沈叶某起次要作用，系从犯，依法应当减轻处罚。毕华在湖南省纪委对其“两规”期间，如实交待了办案机关未掌握的大部分受贿犯罪事实，具有坦白情节，依法可以从轻处罚。毕华在湖南省纪委对其“两规”期间，检举揭发了他人的违法违纪犯罪事实，经检察机关立案侦查并查证属实，具有立功表现，依法可以减轻处罚。毕华确有悔罪表现，积极退缴赃款赃物，可以酌情从轻处罚。沈叶某能够如实供述自己的罪行，具有坦白情节，依法可以从轻处罚。沈叶某认罪态度好，确有悔罪表现，积极退缴赃款赃物，可以酌情从轻处罚。沈叶某犯罪情节较轻、有悔罪表现、宣告缓刑对所居住社区没有重大不良影响，应当对其宣告缓刑。据此，对被告人毕华适用《中华人民共和国刑法》第三百八十五条第一款、第三百八十六条、第三百八十三条第一款第三项及第二款、第二十三条、第二十五条第一款、第二十六条第一款及第四款、第五十二条、第五十三条、第六十七条第三款、第六十八条、第六十四条之规定，对被告人沈叶某适用《中华人民共和国刑法》第三百八十五条第一款、第三百八十六条、第三百八十三条第一款第二项及第二款、第二十五条第一款、第二十七条、第五十二条、第五十三条、第六十四条、第七十二条第一款、第七十三条之规定，判决如下：

一、被告人毕华犯受贿罪，判处有期徒刑九年，并处罚金人民币五十万元；

二、被告人沈叶某犯受贿罪，判处有期徒刑二年，缓刑三年，并处罚金人民币二十万元（已缴纳）；

三、被告人毕华、沈叶某犯罪所得的人民币3733232元，予以追缴，上缴国库。

宣判后，被告人毕华不服，向湖南省高级人民法院提起上诉。二审期间，被告人毕华申请撤诉。湖南省高级人民法院经审理认为：原审判决认定被告人毕华犯受贿罪事实清楚，证据确实、充分，适用法律正确，量刑适当，审判程序合法，依法裁定准许上诉人毕华撤回上诉。原审判决发生法律效力。

【法官后语】

本案审理过程中，对被告人毕华收受谢继某2000000元的行为是否应认定为犯罪未遂有正反两种意见。笔者认为，根据本案的具体情况，被告人毕华收受谢继某2000000元的行为应认定为犯罪未遂。具体分析如下：

《刑法》第二十三条第一款规定：已经着手实行犯罪，由于犯罪分子意志以外的原因而未得逞的，是犯罪未遂。犯罪未遂的成立，必须具备的条件是：

1. 犯罪分子已经着手实行犯罪。所谓“着手”，是指已经开始实行某一具体犯罪构成客观要件的行为，从犯罪发展的过程看，着手不是犯罪预备行为的结束，而是犯罪实行行为的开始。

2. 犯罪未得逞。所谓没有得逞，是指犯罪行为人没有完成某一犯罪的全部构成要件。犯罪在着手之后，如果不能被认定为中止又不能被认定为既遂的，就属于未遂。

3. 犯罪没有得逞是由于犯罪分子意志以外的原因。所谓意志以外的原因，是指违背犯罪分子犯罪本意的其他因素，其原因在主观、客观方面是多种多样的，只要不是行为人主动放弃犯罪或者主动有效地防止犯罪结果发生的，就都属于犯罪人意志以外的原因。

从受贿罪的发展过程来看，受贿犯罪行为可分为受贿人利用职务上的便利为他人谋取利益、收受贿赂、行贿人谋取了利益三个阶段。在司法实践当中，如何认定受贿罪的犯罪未遂，应结合客体要件是否受侵害、客观行为是否实行、收受贿赂的目的和结果是否发生进行综合评判。本案当中，被告人毕华利用职务上的便利，帮助谢继某承揽到省信用联社农信家园小区建安工程第二标段项目，为谢继某谋取了巨大利益。为感谢毕华的帮助和今后能继续在省信用联社承揽工程，谢继某多次向毕华行贿，共计人民币1638052元，二人为谋取长期的共同利益，形成了稳定、持续的权钱交易关系。本案的事实和证据充分表明，被告人毕华已经“着手”实施犯罪行为，其行为已侵犯了国家工作人员职务行为的廉洁性，已从追求犯罪结果发生的预备行为转为直接追求犯罪结果发生的实行行为，符合已经着手实行犯罪的条件。其后，被告人毕华利用职务上的便利，帮助谢继某承揽到省信用联社业务用房建安工程项目，谢继某向毕华承诺，待其工程完工后送给毕华2000000元，毕华表示愿意收受，其收受他人贿赂的主观故意充分表现出来，客观上形成了以权换利的约定，二人实际已达成行、受贿的共同犯意。因谢继某承建的工程未完工、结算，至案发时，被告人毕华未取得该款，没有对公私财物的所有权造成实际侵犯，表明犯罪人的犯罪目的并没有达到，不应认为受贿罪客观方面要件已经完全齐备。综观全案，毕华没有完成收受2000000元贿赂的犯罪行为，故意犯罪未能既遂，行为没有发生所希望的法定构成要件结果，其行为既不是犯罪中止，也不是犯罪既遂，且并非其自动放弃犯罪或者自动有效地防止犯罪结果发生的。因此，被告人毕华的行为属于已经着手实行犯罪，由于犯罪分子意志以外的原因而未得逞，其行为是犯罪未遂。

编写人：湖南省株洲市中级人民法院　陈平平

71

行贿款暂存于行贿人处是否影响行贿既遂的认定

——陈某受贿、行贿案

【案件基本信息】

1. 裁定书字号

福建省福州市中级人民法院（2017）闽01刑初77号刑事判决书

2. 案由：受贿罪、行贿罪

【基本案情】

2012年至2016年，被告人陈某利用其担任福建日报社广告处处长兼广告公司总经理、福建日报新闻发展有限公司总经理的职务便利，以及通过其他国家工作人员职务上的行为，为甲公司、福建省乙传媒有限公司（以下简称福建乙公司）等单位谋取利益，收受上述单位财物共计价值人民币568.07万元。

2013年7月至11月，经被告人陈某与林某等人商议，陈某通过海峡都市报社社长兼海祥公司董事长孙某的帮助，使得林某挂靠的甲公司获得琅琴湾项目一期的承建权。2013年11月，为表示感谢，陈某经手将林某提供的现金200万元贿送给孙某。

【案件焦点】

行受贿案件中，行受贿双方达成合意将行贿款暂存于行贿人处，是否影响行贿既遂的认定。

【法院裁判要旨】

福建省福州市中级人民法院经审理认为：关于陈某的辩护人提出的陈某经手送给孙某的200万元，系尚未着手的预备行贿行为的辩护意见。经查，陈某的供述与孙某的证言可以相互印证到，林某将200万元款项交给陈某之后，陈某到孙某的办公室明确告诉孙某甲公司拿的200万元已经在他那里，随时可以拿走，孙某基于二人关系非常好且放在陈某处更安全也不怕陈某没钱给他等考虑，同意将200万元款项先放在陈某处。此时，孙某已经实际控制了该款项，虽然其后因为孙某没有急着用钱所以没有拿走该笔钱款，但不影响本院对该受贿行为已经既遂的认定。相关辩护意见于法无据，不予采纳。被告人陈某身为国家工作人员，利用职务上的便利，为他人谋取利益，索取、非法收受他人款项共计人民币216.6万元；其还利用本人职权或者地位形成的便利条件，通过其他国家工作人员职务上的行为，为他人谋取不正当利益，索取、收受他人财物共计价值人民币351.47万元。其行为已构成受贿罪。其为谋取不正当利益，给予国家工作人员款项人民币200万元，其行为已构成行贿罪。其一人犯两罪，应予以并罚。其受贿人民币568.07万元中，311.47万元系索贿，应从重处罚。依照《中华人民共和国刑法》第三百八十五条第一款、第三百八十六条、第三百八十八条、第三百八十三条第一款第三项及第二款、第三百八十九条第一款、第三百九十条第一款、第六十四条，《最高人民法院、最高人民检察院关于办理贪污贿赂刑事案件适用法律若干问题的解释》第三条第一款、第八条、第十九条，最高人民法院、最高人民检察院《关于办理职务犯罪案件认定自首、立功等量刑情节若干问题的意见》第三条之规定，判决如下：

一、被告人陈某犯受贿罪，判处有期徒刑十一年，并处罚金人民币一百万元；犯行贿罪判处有期徒刑六年，并处罚金人民币二十万元。决定合并执行有期徒刑十五年，并处罚金人民币一百二十万元；

二、追缴被告人陈某的违法所得人民币七百六十八万零七百元，予以没收，上缴国库。侦查机关扣押在案的金条两根共重二百克、手表一块，予以抵缴陈某的违法所得。

【法官后语】

关于行贿罪的既未遂标准，理论界一直存在争议，主要有以下几种观点：(1) 给付说，认为应以行为人实施给付行为作为既遂的标志，对方是否实际接受贿赂，是否实际为行为人谋取不正当利益，在所不问。(2) 谋利说，认为应以受贿人实际是否为行为人谋取不正当利益作为既遂的标准。因为行为人给付财物并非最终目的，其最终目的是为了谋取到不正当利益。(3) 区别说，认为应区分不同情况，对先获取不正当利益后给付财物的，以是否获取不正当利益作为既未遂的标准；对先给付财物后获取不正当利益的，以给付财物作为既遂的标准。(4) 给付和收受说，认为应以行贿人实际给付财物并提出请托，受贿人实际收受财物作为既遂的标准。笔者赞同第四种观点。根据我国刑法理论的通说，犯罪既未遂区别的标志就是行为人所实施的行为是否具备刑法分则所规定的行贿罪的全部构成要件。对于行贿罪而言，就是行贿人已经着手实施了给付财物的实行行为，并以谋取不正当利益为目的就成立既遂。

在前述分析的基础上，本案的关键在于如何认定行贿人是否实施完成给付行为。行、受贿是一组对合犯，这点与受贿罪的既遂标准息息相关。通说认为，受贿罪既未遂的标准是失控加控制说。因此，行贿人是否实施完成给付行为也可以借鉴受贿罪的失控加控制说理论，即财物已经脱离所有人的控制并实际置于受贿人的控制和占有之下。

对照本案，陈某系帮助林某向孙某行贿200万元，200万元款项的实际所有人为林某，在陈某找到孙某之前，林某已经将200万元款项转账至陈某账户，陈某至孙某办公室告诉孙某以上情况并告诉孙某随时可以向其支取，孙某基于二人关系较好等多方面原因即同意将款项暂放于陈某处。这一系列的行为足以证明，200万元款项已经实际脱离林某的控制并实际置于孙某的控制下。因此，陈某的行贿行为已经既遂。

编写人：福建省福州市中级人民法院　林燕芳

72

党校教授属于国家机关中从事公务的人员

——罗志先受贿案

【案件基本信息】

1. 裁定书字号

北京市高级人民法院（2017）京刑终192号刑事裁定书

2. 案由：受贿罪

【基本案情】

1. 被告人罗志先于2014年间，利用担任中共中央党校政法教研部教授的地位形成的便利条件，在涉及南宁甲科技人员创业服务有限责任公司（以下简称甲公司）的民事案件向最高人民法院申请再审过程中，接受甲公司负责人彭建某的请托，私下接触并请托最高人民法院审理案件的法官对案件申请再审提供帮助。为此，被告人罗志先三次收受彭建某给予的人民币199508元。

2. 被告人罗志先于2013年至2014年间，利用担任中共中央党校政法教研部教授的地位形成的便利条件，在闫志某报考新疆维吾尔自治区伊犁哈萨克自治州特克斯县公务员的过程中，接受闫志某之父闫兴某的请托，请在此期间先后任中共伊犁哈萨克自治州党委组织部副部长、常务副部长、中共伊犁哈萨克自治州党委副秘书长、霍尔果斯经济开发区党工委常务副书记、管委会副主任、霍尔果斯市委书记的王某在公务员招考面试中对闫志某予以关照。为此，被告人罗志先收受闫兴某、闫志某给予的2万元。中直机关纪工委调查罗志先期间，罗志先于2015年9月将2万元退还闫兴某。

案发后，被告人罗志先向中央党校退缴219508元，现已扣押在案。

【案件焦点】

被告人罗志先作为中共中央党校的教授，是否应认定为国家工作人员。

【法院裁判要旨】

北京市第一中级人民法院经审理认为：根据《中国共产党党校工作条例》，中国共产党党校是党委的重要部门，应认定为国家机关。党校的职责包括培训轮训各级党员领导干部及后备干部等，党校的工作人员依法履行教学、培训等职责应认定为从事公务。罗志先作为中共中央党校政法教研室副局级教授，其岗位职责包括承担主体班次教学任务、积极参与重要问题调研等。罗志先属于国家机关中从事公务的人员，符合受贿罪的主体要件。罗志先及其辩护人将中共中央党校混同于一般高校，将罗志先从事公务的行为混同于一般高校教师从事教学活动的职务行为的辩解和辩护意见，缺乏事实和法律依据。在案证据证明，甲公司负责人彭建某向罗志先提出请托，最高人民法院法官王洪某接受罗志先请托，金利某、王季某、李某某等为罗志先居间介绍，均是基于罗志先身为中共中央党校教授而产生的影响，而非罗志先与彭建某、王洪某、王季某、李某某等人系朋友关系。事实上，罗志先与彭建某、王洪某等人也并不熟悉。中共中央党校与最高人民法院虽为不同的部门，但并不影响罗志先利用中共中央党校教授的地位而形成的便利条件斡旋最高人民法院的法官。被告人罗志先及其辩护人的该项辩解和辩护意见，缺乏事实和法律依据，本院不予采纳。

法院认为，被告人罗志先身为国家工作人员，利用本人职权或者地位形成的便利条件，通过其他国家工作人员职务上的行为，为请托人谋取不正当利益，收受请托人财物，其行为已构成受贿罪。罗志先所犯受贿罪，数额巨大，依法应予惩处。罗志先退缴全部赃款，依法可对其从轻处罚。

北京市第一中级人民法院依法判决如下：

一、被告人罗志先犯受贿罪，判处有期徒刑三年，并处罚金人民币二十万元；

二、在案扣押的人民币二十一万九千五百零八元予以没收，上缴国库。

罗志先不服一审判决提出上诉。北京市高级人民法院经审理同意一审法院的裁判意见。依照《中华人民共和国刑事诉讼法》第二百二十五条第一款第一项①之规定，裁定：

驳回上诉，维持原判。

【法官后语】

本案的核心问题在于被告人罗志先的身份是否属于国家工作人员。辩护方认为，罗志先作为中共中央党校的教授，与一般高校的教授并无不同，均是在教学方面履职，不具备职权，未从事公务，故不能认定为国家工作人员。辩护方主要的法律依据是，最高人民法院、最高人民检察院《关于办理商业贿赂刑事案件适用法律若干问题的意见》第五条第三款规定：“学校及其他教育机构中的教师，利用教学活动的职务便利，以各种名义非法收受教材、教具、校服或者其他物品销售方财物，为教材、教具、校服或者其他物品销售方谋取利益，数额较大的，依照刑法第一百六十三条的规定，以非国家工作人员受贿罪定罪处罚。”

笔者认为，被告人罗志先作为中共中央党校的教授，应认定为国家工作人员。

---

① 对应2018年《刑事诉讼法》第二百三十六条第一款第一项。

中共中央党校是中共中央直属事业单位。根据《中国共产党党校工作条例》（以下简称《条例》）第二条第一款的规定，中国共产党党校是在党委直接领导下培养党员领导干部和理论干部的学校，是党委的重要部门，是培训轮训党员领导干部的主渠道，是党的哲学社会科学研究机构。《条例》第五条规定，党校的基本任务是："（一）培训轮训各级党员领导干部及后备干部，培养理论干部；（二）承办党委和政府举办的专题研讨班；（三）围绕国际国内出现的新情况新问题开展科学研究，承担党委和政府下达的调研任务，推进理论创新；（四）针对改革开放和社会主义现代化进程中的重大理论和现实问题，开展马克思主义中国化最新成果的理论宣传，开展党的路线、方针、政策的宣传；（五）按照国家有关法律法规和政策规定，开展学位研究生以及其他形式的干部继续教育和培训；（六）开展同国内国（境）外教育、研究等机构和组织的合作与交流。"

此外，根据《全国法院审理经济犯罪案件工作座谈会纪要》的规定，刑法中所称的国家机关工作人员，是指在国家机关中从事公务的人员，包括在各级国家权力机关、行政机关、司法机关和军事机关中从事公务的人员。根据有关立法解释的规定，在依照法律、法规规定行使国家行政管理职权的组织中从事公务的人员，或者在受国家机关委托代表国家行使职权的组织中从事公务的人员，或者虽未列入国家机关人员编制但在国家机关中从事公务的人员，视为国家机关工作人员。在乡（镇）以上中国共产党机关、人民政协机关中从事公务的人员，司法实践中也应当视为国家机关工作人员。从事公务，是指代表国家机关、国有公司、企业、事业单位、人民团体等履行组织、领导、监督、管理等职责。公务主要表现为与职权相联系的公共事务以及监督、管理国有财产的职务活动。

根据《条例》规定的中国共产党党校的性质和基本任务，结合相关司法解释的规定，我们认为，党校不同于一般的学校，党校作为党委的重要部门，应认定为国家机关。党校教师等党校工作人员代表党校履行党校的职责时，应认定为从事公务。党校的特殊性决定了与其职权相联系的公共事务与一般国家机关的公务表现形式有所不同，一般国家机关的公务多表现为组织、领导、监督、管理等，但党校的公务表现形式是培训轮训、调研等。公务的根本属性是与职权、职责相联系的公共事务，党校公务的表现形式是由其法定职责所决定，其表现形式不同于一般国家机关的公务不能作为否认其公共事务属性的依据。相关司法解释虽对公务常见的表现形式，如组织、领导、监督等进行了列举，但司法解释并未否定从事公务还有其他的表现形式。党校教师等党校工作人员代表党校履行教学、培训等职责的公务行为的外在表现虽与一般高校教师从事教学活动的职务行为基本相同，但性质却完全不同，不能仅因外在表现的相似就得出二者性质相同的结论。

回到本案，罗志先作为中共中央党校政法教研室副局级教授，其岗位职责包括承担主体班次教学任务、积极参与重要问题调研等，罗志先依法履行教学、培训等职责，应认定为国家机关中从事公务的人员，符合受贿罪的主体要件。这是中共中央党校的特殊性所决定的，对罗志先不能适用最高人民法院、最高人民检察院《关于办理商业贿赂刑事案件适用法律若干问题的意见》第五条的规定。

编写人：北京市第一中级人民法院　林辛建

73

国有事业单位技术管理人员被派至中外合作企业后再利用职务便利实施犯罪行为的主体身份认定

——姜某某受贿案

【案件基本信息】

1. 裁判书字号

北京市西城区人民法院（2017）京0102刑初430号刑事判决书

2. 案由：受贿罪

【基本案情】

被告人姜某某于2008年至2012年，在被北京市建筑设计研究院委派至北京金田建筑设计有限公司（北京建院约翰马丁国际建筑设计有限公司）工作期间，在由北京市建筑设计研究院负责设计工作的外交部新闻领事中心智能系统设计项目及青岛体育中心体育场维修改造项目中，利用担任电气负责人的职务便利，为参与该项目的北京甲集成智能系统工程有限公司谋取利益，其间分别于2009年1月23日、

2011 年 1 月 25 日及 2012 年 1 月 19 日，先后收取该公司总经理杨建某给予的钱款共计人民币 12 万元；被告人姜某某后于 2016 年 9 月 26 日，在接侦查机关工作人员电话通知后，自行到检察机关接受讯问，现已退出全部违法所得。公诉机关认为，被告人姜某某身为公司工作人员，利用职务上的便利，非法收受他人财物，为他人谋取利益，其行为触犯了《刑法》第一百六十三条之规定，应以非国家工作人员受贿罪追究刑事责任。被告人姜某某当庭对公诉机关指控的事实未提出异议，并表示认罪。被告人姜某某的辩护人于某当庭提出辩护意见：一、被告人姜某某在本案中的主体身份系非国家工作人员；二、被告人姜某某从杨建某处收取的是自身职务以外的劳务收入；三、公诉机关指控“被告人姜某某从杨建某处收受 12 万元”尚属证据不足。请求对被告人姜某某从轻处罚。

【案件焦点】

被告人姜某某在从国有事业单位被委派至中外合作企业后，再以技术管理人员身份参与由国有事业单位所承揽工程期间，是否仍属于“国家工作人员履行职务行为”。

【法院裁判要旨】

北京市西城区人民法院经审理认为：被告人姜某某在被国有事业单位委派到非国有公司后，在由该国有事业单位承揽的工程项目中担任技术负责人并履行职务的行为，属于代表国有事业单位履行监督、管理职责的从事公务行为，公诉机关指控的罪名有误，法院予以纠正。被告人姜某某作为接受国有事业单位委派在非国有公司中从事公务的人员，在本案涉及的工程项目中虽确有为相关企业提供劳务帮助的行为，但该行为与被告人姜某某在上述工程项目中所负职责不可分割，现公诉机关指控被告人姜某某收受钱款数额的证据确实、充分。鉴于被告人姜某某能够当庭认罪，且已退出全部违法所得，具备一定悔罪表现，可酌情从轻处罚；综合考虑被告人姜某某的犯罪情节及悔罪表现，依法可对其宣告缓刑。判决：

一、被告人姜某某犯受贿罪，判处有期徒刑一年，缓刑一年，并处罚金人民币十万元；

二、在案扣押款项人民币十二万元，予以没收。

宣判后，被告人姜某某未提出上诉，公诉机关未提出抗诉。

【法官后语】

被告人姜某某在北京市建筑设计研究院担任室主任、高级工程师期间，具备干部身份，系“国家工作人员”，其在被北京市建筑设计研究院派至北京金田建筑设计有限公司（北京建院约翰马丁国际建筑设计有限公司）工作后，人事档案仍保留在北京市建筑设计研究院，直至其从北京市建筑设计研究院（北京市建筑设计研究院有限公司）退休，可见其在被委派期间，“国家工作人员”的身份从未丧失。本案涉及的两个项目（外交部新闻领事中心智能系统设计项目、青岛体育中心体育场维修改造项目）中，均是由北京市建筑设计研究院作为设计主体承揽在先，其中在外交部项目中，基于专业工作延续性的考虑，北京市建筑设计研究院指派被告人姜某某作为电气专业负责人参与并开展技术管理工作，被告人姜某某的电气专业负责人工作属于当然的“履行职务行为”；而在青岛体育中心项目中，被告人姜某某作为北京建院约翰马丁国际建筑设计有限公司的电气部部长兼总工程师，亦是以北京市建筑设计研究院电气专业负责人的身份开展技术管理工作，应认定其在中外合作企业中系代表国有出资主体履行监督、管理职责，亦属于“从事公务行为”。被告人姜某某作为接受国有事业单位委派在非国有公司中从事公务的人员，在本案涉及的工程项目中虽确有为相关企业提供劳务帮助的行为，但该“劳务行为”存在的基础正是其在上述工程项目中所负的技术管理职责，被告人姜某某的涉案行为在本质上仍是“利用职务便利，非法收受他人财物，为他人谋取利益”的收受贿赂行为。

编写人：北京市西城区人民法院　程杰

74

协警是否可以构成受贿罪、帮助犯罪分子逃避处罚罪的犯罪主体

——余茂某受贿、帮助犯罪分子逃避处罚案

【案件基本信息】

1. 裁判书字号

福建省莆田市荔城区人民法院（2017）闽0304刑初503号刑事判决书

2. 案由：受贿罪、帮助犯罪分子逃避处罚罪

【基本案情】

被告人余茂某自2014年10月由莆田市荔城区黄石镇综治办派驻莆田市公安局荔城分局刑侦大队三中队担任协警，日常在民警的带领下进行现场协助抓捕、看守和押送犯罪嫌疑人等各类辅助性勤务保障工作。2016年8月，被告人余茂某在同案人刘超某的引荐下，认识了在莆田市荔城区黄石镇水南居委会开设“××”会所的同案人陈关某。被告人余茂某在明知“××”会所系卖淫嫖娼场所的情况下，仍然利用职务便利，向同案人陈关某索取人民币39000元。

被告人余茂某收受同案人陈关某的钱财后，答应同案人陈关某、刘超某在遇到公安机关对足浴按摩、桑拿洗浴等场所进行检查时，提前通知同案人陈关某，帮助上述同案人逃避处罚。2016年11月某日，被告人余茂某在掌握莆田市公安荔城分局黄石派出所将对辖区内的足浴按摩、桑拿洗浴场所进行检查的情况后，提前发微信告知同案人陈关某，让同案人陈关某暂时关闭“××”会所逃避检查，导致公安机关直到2017年1月9日才查获该“××”卖淫会所。

莆田市荔城区人民检察院以受贿罪、帮助犯罪分子逃避处罚罪对被告人提起公诉。

【案件焦点】

协警是否可以构成受贿罪、帮助犯罪分子逃避处罚罪的犯罪主体。

【法院裁判要旨】

福建省莆田市荔城区人民法院认为：被告人余茂某身为有查禁犯罪活动职责的国家机关工作人员，利用职务上的便利，索取他人财物，共计人民币39000元，又向犯罪分子通风报信，帮助犯罪分子逃避处罚，其行为已构成受贿罪、帮助犯罪分子逃避处罚罪，应予以数罪并罚。判决：

一、被告人余茂某犯受贿罪，判处有期徒刑十个月，并处罚金人民币十万元；被告人余茂某犯帮助犯罪分子逃避处罚罪，判处有期徒刑七个月。总和刑期一年五个月，并处罚金人民币十万元，决定执行有期徒刑一年三个月，并处罚金人民币十万元；

二、责令被告人余茂某退出赃款人民币3900元，予以没收，上缴国库。

宣判后，余茂某未提出上诉，判决已生效。

【法官后语】

本案被告人余茂某属莆田市公安局荔城分局刑侦大队三中队协警。目前协警队员在公安机关占有一定数量，特别是基层派出所配备数量更大，有的甚至达到全所警力的二分之一。协警的配备对于缓解一线警力不足、打击犯罪、改善社会治安状况起到一定的积极作用，但由于缺乏专业培训，在执法水平、廉洁纪律等方面无法与人民警察相比，容易导致受贿、渎职案件的发生，致使人民警察的形象受到损害，人民群众的生命财产受到侵害，这是一个不容忽视的问题。本案的争议焦点在于协警是否可以构成受贿罪、帮助犯罪分子逃避处罚罪的犯罪主体。如果可以，是否应当数罪并罚。

1. 协警是否可以构成受贿罪的犯罪主体

《刑法》第九十三条规定："本法所称国家工作人员，是指国家机关中从事公务的人员。国有公司、企业、事业单位、人民团体中从事公务的人员和国家机关、国有公司、企业、事业单位委派到非国有公司、企业、事业单位、社会团体从事公务的人员，以及其他依照法律从事公务的人员，以国家工作人员论。"根据该条规定，国家工作人员具体可以归纳为四种情形：第一，国家机关中从事公务的人员；

第二，国有单位中从事公务的人员；第三，国有单位委派到非国有单位从事公务的人员；第四，其他依照法律从事公务的人员。第一种是标准的国家工作人员，后三种是以国家工作人员论的准国家工作人员。这四种情形的人员都有一个共同的特征就是必须是“从事公务”的人员。

2003年11月13日最高人民法院《全国法院审理经济犯罪案件工作座谈会纪要》规定，刑法中的国家机关工作人员，是指在国家机关中从事公务的人员，包括在各级国家权力机关、行政机关、司法机关和军事机关中从事公务的人员。在依照法律、法规规定行使国家行政管理职权的组织中从事公务的人员，或者在受国家机关委托代表国家行使职权的组织中从事公务的人员，或者虽未列入国家机关人员编制但在国家机关中从事公务的人员，视为国家机关工作人员。

故本案中，被告人余茂某由莆田市荔城区黄石镇综治办派驻莆田市公安局荔城分局刑侦大队三中队担任协警，日常在民警的带领下进行现场协助抓捕、看守和押送犯罪嫌疑人等各类辅助性勤务保障工作。被告人余茂某虽未列入国家机关人员编制，但在公安机关中从事公务，担任协警，视为国家机关工作人员，可以构成受贿罪犯罪主体。

2. 协警是否可以构成帮助犯罪分子逃避处罚罪的犯罪主体

根据2002年12月28日九届全国人大常委会第三十一次会议通过的《关于〈中华人民共和国刑法〉第九章渎职罪主体适用问题的解释》的规定，在依照法律、法规规定行使国家行政管理职权的组织中从事公务的人员，或者在受国家机关委托代表国家机关行使职权的组织中从事公务的人员，或者虽未列入国家机关人员编制但在国家机关中从事公务的人员，在代表国家机关行使职权时，有渎职行为，构成犯罪的，依照刑法关于渎职罪的规定追究刑事责任。因此，协警可以构成渎职罪的主体。

帮助犯罪分子逃避处罚罪的犯罪主体为特殊主体，即有查禁犯罪活动职责的国家机关工作人员，包括国家安全机关、公安机关、检察机关中负有查禁犯罪活动职责的司法工作人员。本案被告人余茂某作为莆田市公安局荔城分局刑侦大队三中队的协警，虽未列入国家机关人员编制，但属于在公安机关中从事公务的人员，具备本罪的犯罪主体。

此外，帮助犯罪分子逃避处罚罪是行为犯，只要行为人出于帮助犯罪分子逃避处罚的目的，实施了通风报信、提供便利的行为，至于犯罪分子是否实际上逃避了处罚，不影响本罪的成立。应当注意，情节严重是本罪的加重处罚情节。司法实践中，一般是指多次向犯罪分子或者向多名犯罪分子通风报信、提供便利的；致使罪行严重的犯罪分子逃避处罚的；造成恶劣社会影响的等情形。

3. 受贿罪、帮助犯罪分子逃避处罚罪能否数罪并罚

2012年《最高人民法院、最高人民检察院关于办理渎职刑事案件适用法律若干问题的解释（一）》第三条规定，国家机关工作人员实施渎职犯罪并收取贿赂，同时构成受贿罪的，除刑法另有规定外，以渎职犯罪和受贿罪数罪并罚。本案中，被告人余茂某同时构成受贿罪、帮助犯罪分子逃避处罚罪，应当数罪并罚。

综上，被告人余茂某身为有查禁犯罪活动职责的国家机关工作人员，利用职务上的便利，索取他人财物共计人民币39000元，又向犯罪分子通风报信，帮助犯罪分子逃避处罚，其行为已构成受贿罪、帮助犯罪分子逃避处罚罪，应予以数罪并罚。

编写人：福建省莆田市荔城区人民法院　曾荣汉

75

事业单位内设机构收受贿赂行为的认定

——淮安市洪泽区人民医院麻醉科、鲁朝某、李某单位受贿案

【案件基本信息】

1. 裁判书字号

江苏省淮安市洪泽区人民法院（2017）苏0813刑初2号刑事判决书

2. 案由：单位受贿罪

【基本案情】

2012年6月至2016年1月间，被告单位淮安市洪泽区人民医院麻醉科在负责麻醉类药品、耗材使用及新的药品、耗材使用建议权等工作过程中，经时任麻醉科

主任的被告人鲁朝某决定，以部门名义收取药品销售公司业务员所送的回扣款，其中被告人鲁朝某安排担任麻醉科医生的被告人李某负责收取、保管、发放等回扣款收支事项。至2016年1月，被告单位淮安市洪泽区人民医院麻醉科由被告人鲁朝某、李某经手，先后收取江苏甲医药经营有限公司等药品销售公司业务员张俊某、颜某、顾某、陈某等人所送药品和耗材回扣款共计人民币590726元，其中部分回扣款用于科室人员聚餐等开支，其余款项按照麻醉科医生所用药量予以分配。

案发后，被告人鲁朝某、李某主动到检察机关投案，如实供述自己及单位的犯罪事实。被告人鲁朝某、李某及被告单位淮安市洪泽区人民医院麻醉科相关人员已退出全部赃款。

【案件焦点】

1. 被告单位洪泽区人民医院麻醉科作为内设机构能否构成单位犯罪；2. 被告人鲁朝某、李某的犯罪行为如何认定。

【法院裁判要旨】

江苏省淮安市洪泽区人民法院经审理认为：被告单位淮安市洪泽区人民医院麻醉科作为国有事业单位内设机构，以单位名义非法收受回扣，归部门所有，并为他人谋取利益，情节严重；被告人鲁朝某系直接负责的主管人员；被告人李某系其他责任人员，其行为均已构成单位受贿罪。公诉机关指控的罪名成立，本院予以支持。被告人鲁朝某、李某共同实施犯罪行为，系共同犯罪。被告单位淮安市洪泽区人民医院麻醉科及被告人鲁朝某、李某犯罪后自首，可以从轻处罚。被告单位及两被告人已退出全部赃款，均可酌情从轻处罚。辩护人的相关辩护意见成立，予以采纳。对于被告人李某的辩护人提出的被告人李某系从犯的辩护意见，经审查认为，对单位犯罪中的直接负责的主管人员和其他责任人员，可不区分主从犯，按照其在单位犯罪中所起的作用判处刑罚，故对该辩护意见，不予采纳。江苏省淮安市洪泽区人民法院依照《中华人民共和国刑法》第三百八十七条、第二十五条第一款、第六十七条第一款、第七十二条第一款、第七十三条第二款及第三款、第三十七条、第五十二条、第五十三条之规定，作出如下判决：

一、被告淮安市洪泽区人民医院麻醉科犯单位受贿罪，判处罚金人民币十万元；

二、被告人鲁朝某犯单位受贿罪，判处有期徒刑六个月，缓刑一年；

三、被告人李某犯单位受贿罪，免予刑事处罚。

【法官后语】

单位内设机构是一个单位根据职能分工而设置的无独立决策权和财产权的内部办事机构，由于其不具备法人资格，不能独立进行对外活动，一般而言其是以单位名义进行活动。对以单位名义实施的犯罪，在《刑法》第三十条有明确规定："公司、企业、事业单位、机关、团体实施的危害社会的行为，法律规定为单位犯罪的，应当负刑事责任。"单位不是法律意义上的专业用语，而我国在1997年《刑法》立法时，明确单位犯罪的罪状、构成要件及罪名，并将单位限定为公司、企业、事业单位、机关、团体五类犯罪主体，同时明确构成本罪必须在法律中予以明确规定为单位犯罪的才能构成，否则即使符合本罪的一般构成要件，也无法以本罪定罪处罚。

关于事业单位的内设机构是否构成单位犯罪问题。事业单位实施危害社会的行为的，是可以构成单位犯罪的，但并不是所有的犯罪类型都可以适用，必须有法律的明确规定才可以。而对于事业单位内设机构构成犯罪，虽然存在一定争议，但最高人民法院2001年1月21日下发的《全国法院审理金融犯罪案件工作座谈会纪要》明确，"以单位的分支机构或者内设机构、部门的名义实施犯罪，违法所得亦归分支机构或者内设机构、部门所有的，应认定为单位犯罪。不能因为单位的分支机构或者内设机构、部门没有可供执行罚金的财产，就不将其认定为单位犯罪，而按照个人犯罪处理。"据此，我们可以认定以事业单位内设机构名义实施犯罪，其违法所得归该内设机构所有的，应认定为单位犯罪；若其以该内设机构名义实施犯罪，却将违法所得收归个人所有，则应以个人犯罪定罪量刑。虽然其为针对金融犯罪案件中下发的参照意见，但笔者认为，其具有宣示功能，即其他被刑法所规定为单位犯罪且有内设机构、分支部门、内设部门等实施犯罪的，同样可以适用。

在最高人民法院下发《全国法院审理金融犯罪案件工作座谈会纪要》五年后，2006年9月12日，最高人民检察院以答复的形式发布《关于国有单位的内设机构能否构成单位犯罪主体问题的答复》，再次确定国有单位的内设机构可以构成单位受贿罪的犯罪主体，并明确了构成本罪的行为模式，即在国有单位内设机构利用其行使职权便利，索取、非法收受他人财物，并归该内设机构所有或支配，为他人谋取利益的行为。同时以提示性条款明确，在账外暗中收受各种名义的回扣、手续费的行为，就是受贿行为，其当然构成单位受贿罪。

本案中，作为洪泽区人民医院的内设机构的被告单位麻醉科，主要是通过其部门负责人鲁朝某的意志和行为实施犯罪的。经核查，作为部门负责人的鲁朝某涉案的一个职权就是“决定麻醉科麻醉药品或麻醉器械、耗材的采购申报工作”，采购哪些麻醉药品、器械及耗材（以下简称药器材）由麻醉科自行申报，其取得了对药器材采购的建议申报权。从洪泽区人民医院药器材采购流程来看，麻醉科由被告人鲁朝某签发包含药品名称、生产厂家、产品规模、用途等信息的申请单，报经该院药事委员会、医疗器械委员会审批通过，再由院里药材、设备科和相关药厂议价、招标、采购，药材科、设备科根据药器材使用量制定采购计划，然后麻醉科再从药材科、设备科领取药器材。在整个药品采购流程中，药器材采购是经过该院相关药事、医疗器械委员会审批、经药材科等采购，看似规范严谨，实则是被告人鲁朝某利用医院授予的决定申报药器材的职权，并在日常管理中管控掌握对药器材的使用量来影响医院的采购。2012 年 6 月至 2016 年 1 月，通过被告人鲁朝某供述及调取麻醉科来看，其决定申报并提交的药器材申请单，全部被医院药事等委员审批通过，并按照其提供的使用量进行采购。涉案的药商销售代表，正是看中了被告人鲁朝某享有的权力，才不惜以药品零售价 15% ~20% 的额度给予麻醉科，借机拉拢、收买。因而，可以认定被告单位麻醉科虽然是医院的内设机构，但其利用对药器材决定申报的职权，利用医院在药品器械等审批方面的漏洞，人为操控相关药品的使用量，进而影响医院对涉案药品的采购，为他人谋取利益。被告单位麻醉科利用其采购药器材的建议权，收受他人以赞助费、提成等名义支付的回扣 590726 元，属于受贿行为，将违法所得归该科室所有而不是归个人所有，依据《刑法》第三百八十七条的规定以单位受贿罪论。

编写人：江苏省淮安市洪泽区人民法院　鲁海军

76

利用影响力受贿罪的认定

——牛兴勇利用影响力受贿案

【案件基本信息】

1. 裁判书字号

云南省文山壮族苗族自治州中级人民法院（2017）云26刑终135号刑事裁定书

2. 案由：利用影响力受贿罪

【基本案情】

2008年至2015年，被告人牛兴勇在其大哥牛兴某在红河州金平县担任县委书记期间，利用牛兴某担任县委书记的影响力，为许从某谋取不正当利益，使其多次得到金平县相关单位的工程承建项目，牛兴勇多次收受许从某的贿赂，共计人民币120.9万元。

【案件焦点】

牛兴勇的行为是否构成利用影响力受贿罪。

【法院裁判要旨】

云南省文山壮族苗族自治州文山市人民法院经审理认为：被告人牛兴勇利用其大哥牛兴某担任金平县县委书记的影响力，为许从某获得不正当利益，牛兴勇多次收受许从某贿赂120.9万元，数额巨大的行为，构成利用影响力受贿罪。关于被告人牛兴勇的辩护人提出牛兴勇在罗加某担任水务局局长期间，没有专门为许从某做工程找过罗加某，故牛兴勇单纯收受许从某财物的行为，不构成利用影响力受贿罪的辩护意见，经查，罗加某证言证实，其于2009年到牛兴勇老家吃杀猪饭时认识牛兴勇，牛兴勇让罗加某多多关照许从某；2010年到文山市考察橡胶坝工程，许从某请客，牛兴勇再次让罗加某对许从某多关照。许从某的证言证实，牛兴勇要求许从某在金平县做的工程，牛兴勇本人要占一半的股份，且许从某从 2008 年至 2015 年，持续向牛兴勇赠送钱财。上述证据能证明被告人牛兴勇利用其大哥牛兴某担任金平县县委书记的影响力而受贿的客观行为，符合利用影响力受贿罪的犯罪构成要件，故对辩护人的辩论意见，法院不予采纳。依照《中华人民共和国刑法》第三百八十八条之一第一款、第六十四条之规定，判决：

一、被告人牛兴勇犯利用影响力受贿罪，判处有期徒刑三年六个月，并处罚金人民币 20 万元；

二、被告人牛兴勇违法所得人民币 120.9 万元，依法予以追缴。

一审宣判后，被告人牛兴勇不服，上诉至云南省文山壮族苗族自治州中级人民法院。

云南省文山壮族苗族自治州中级人民法院经审理认为：上诉人牛兴勇在其兄牛兴某担任金平县县委书记期间，利用其他国家工作人员的职务便利，为他人谋取利益并收受钱财共计 120.9 万元的事实清楚，证据确实、充分，构成利用影响力受贿罪。经查明，上诉人牛兴勇向相关领导打招呼要求关照许从某的事实，有时任金平县水务局局长曹福某、罗加某和金平县财政局局长舒春某等人的证言以及许从某、牛兴勇的供述笔录在卷，且证据间也能相互印证。据此，裁定：驳回上诉，维持原判。

【法官后语】

利用影响力受贿罪的犯罪主体不能直接为他人谋取不正当利益，而是利用影响力，通过其他国家工作人员的职务行为，为请托人谋取不正当利益。因此，利用影响力是构成本罪的本质所在。利用影响力受贿的案件，受贿人的供述、行贿人的证言、被利用国家工作人员的证言等言词证据是主要的定案证据，受贿人、被利用国家工作人员、行贿人出于各自的利益，翻供、翻证导致证据难以固定的情况经常发生。如何证明犯罪主体利用影响力，是审判实践中认定本罪的关键环节。

本案中，被告人牛兴勇利用其哥哥牛兴某担任金平县县委书记的影响力，通过金平县水务局局长曹福某、罗加某、金平县财政局长舒春某职务上的行为，使请托人许从某通过围标的方式，拿到金平县的相关工程项目，获取不正当利益，符合利用影响力受贿罪的犯罪构成要件，应以利用影响力受贿罪论处。

1. 被告人牛兴勇系时任金平县县委书记牛兴某的同胞弟，符合犯罪主体即国家工作人员的近亲属的构成要件。

2. 牛兴勇是否利用其兄牛兴某的影响力，通过时任金平县水务局局长曹福某、罗加某、金平县财政局长舒春某职务上的行为，为请托人谋取不正当利益。案内仅能依靠曹福某、罗加某、舒春某、请托人许从某的证言予以认定，辩护人提出罗加某第一次证言与第二次证言互相矛盾，该证言不能作为定案依据。经审查，罗加某第一次证言证明，其只在2009年有一次与担任县委书记的牛兴某一起吃饭时见过牛兴勇。罗加某当局长后河堤工程采用邀标形式，因参与的几个局长都知道许从某，就一直同意许从某承接河堤工程。补充侦查期间罗加某第二次证言证明，2009年左右牛兴勇到金平县看望担任县委书记的牛兴某时认识牛兴勇，吃杀猪饭时牛兴勇叫其多多关照许从某；2010年到文山市考察橡胶坝，许从某请客，牛兴勇说自己和许从某关系很好，叫其多多关照。罗加某来当局长时，许从某已经承担河堤工程，而且做得不错，加上罗加某认为许从某是牛兴某从文山带过来的人，牛兴勇也叫关照，故罗加某让许从某继续承接河堤工程。

3. 如何认定利用影响力。利用影响力受贿的案件，应查明利用人与被利用人之间具有亲属关系等基础事实，再查明关系人利用被利用人的影响力，通过其他国家工作人员来办理请托事项，且请托人已经获得不正当利益等基础事实，从而认定关系人实施了利用影响力的客观方面行为。结合全案证据，牛兴勇与牛兴某是近亲属，曹福某、舒春某的证言能证明牛兴勇让其二人关照许从某，罗加某的第二次证言与曹福某、舒春某证言证明的内容一致，且罗加某第二次证言与第一次证言并无矛盾，第二次证言是对第一次证言的补充，牛兴勇的上述行为，符合利用影响力受贿罪的犯罪构成要件，故认定被告人牛兴勇犯利用影响力受贿罪。

编写人：云南省文山壮族苗族自治州文山市人民法院　赵涌钦

77

行贿行为与介绍贿赂行为的界限

——夏某行贿案

【案件基本信息】

1. 裁判书字号

北京市朝阳区人民法院（2017）京0105刑初774号刑事判决书

2. 案由：行贿罪

【基本案情】

被告人夏某于2011年10月下旬，在北京市朝阳区“甲社区”北区×座303内，接受已被北京市公安局石景山分局“上网通缉”的犯罪嫌疑人翟光某的委托，向时任北京市公安局西城分局民警的唐飞某（已判决）提出请托，由唐飞某帮助翟光某办理“撤销网上追逃”或取保候审事项的事宜，后被告人夏某收取翟光某给付的人民币20万元，并将上述钱款转交唐飞某。2014年11月10日被告人夏某将人民币20万元退还翟光某。

2014年9月2日，被告人夏某因上述行为被北京市公安局朝阳分局以诈骗罪刑事拘留，2014年10月1日被取保候审，2015年10月21日经北京市朝阳区人民检察院决定，对被告人夏某不起诉。2016年9月23日，北京市朝阳区人民检察院以行贿罪对被告人夏某立案调查，2016年9月26日，被告人夏某经通知后主动到案。

【案件焦点】

被告人行为的定性是应认定为行贿行为还是介绍贿赂行为。辩护人认为被告人夏某是在翟光某与唐飞某直接沟通关系、撮合条件，不关心事情进展，所谋取的不正当利益也不归属被告人，其行为应为介绍贿赂罪。

【法院裁判要旨】

北京市朝阳区人民法院经审理认为：被告人夏某明知唐飞某身为国家工作人员，为谋取不正当利益，给予国家工作人员以财物，其行为触犯了刑法，已构成行贿罪，依法应予惩处。北京市朝阳区人民检察院指控被告人夏某犯行贿罪的事实清楚，证据确实、充分，指控罪名成立。关于被告人夏某辩护人提出的被告人夏某是为翟光某与唐飞某直接沟通关系、撮合条件，其不关心事情进展，所谋取的不正当利益也不归属被告人夏某所有，其行为应为介绍贿赂罪的辩护意见，本院认为，刑法的目的是保护法益，犯罪的本质是侵害法益，行为人主观上对利益的追求不是本质问题。在行为人没有获得利益的情况下，首先应当考虑的是法益受侵害的事实。此外，就行贿罪而言，“谋取不正当利益”既包括行为人为自己谋取而行贿也包括行为人为他人谋取而行贿。因此，被告人夏某是否为自己谋取不正当利益不是区分此罪与彼罪的关键。综合本案证据能够认定被告人夏某明知唐飞某系在职人民警察，属于国家工作人员，而请托唐飞某办理翟光某“撤销网上追逃”或取保候审一事，并给予唐飞某人民币 20 万元的事实。由此可见，被告人夏某为翟光某谋取不正当利益而行贿的目的明确。另，本案中翟光某不知道自己是向何人行贿，自始至终不认识唐飞某，翟光某本人并没有就请托事项、行贿款项的交付等与受贿人唐飞某进行沟通，具体的行、受贿行为发生在受贿人唐飞某与被告人夏某之间。故综上可见，被告人夏某主观上为谋取不正当利益，客观上实施了行贿行为，其行为性质符合《中华人民共和国刑法》第三百八十九条之规定，应以行贿罪论，辩护人的上述辩护意见本院不予采纳。

关于辩护人提出的被告人夏某具有自首的辩护意见，该院认为，被告人夏某曾因该行为涉嫌犯诈骗罪而被立案调查，后被决定不起诉，北京市朝阳区人民检察院的不起诉决定书表明了一个刑事程序的终结。2016 年，检察机关再次启动刑事程序对被告人夏某的行为是否涉嫌犯行贿罪立案调查，被告人夏某经电话传唤后主动到案，归案后能够如实供述基本犯罪事实，当庭自愿认罪，可以认定其具有自首情节，辩护人的该点辩护意见本院予以采纳。但辩护人提出的对被告人夏某免于刑事处罚的辩护意见，本院认为，综合考量被告人夏某请托的事项及行贿的数额，对其免于刑事处罚没有事实依据，故本院对该辩护意见不予采纳。鉴于被告人夏某具有自首情节，此次系初犯，本院对其依法从轻处罚并适用缓刑。

根据被告人犯罪的事实、犯罪的性质、情节以及对于社会的危害程度，本院依照1997年修订的《中华人民共和国刑法》第三百八十九条第一款、第三百九十条第二款、第六十七条第一款、第七十二条第一款、第七十三条第二款及第三款、第六十一条、第十二条及《最高人民法院、最高人民检察院关于办理贪污贿赂刑事案件适用法律若干问题的解释》第七条第一款的规定，判决如下：

被告人夏某犯行贿罪，判处有期徒刑八个月，缓刑一年。

【法官后语】

笔者认为本案应以行贿罪对被告人定罪量刑，理由如下：

1. 行贿行为主要是为一方服务，介绍贿赂行为是处于第三者的地位

行贿罪中“谋取不正当利益”的范围，在《最高人民法院、最高人民检察院关于在办理受贿犯罪大要案同时要严肃查处严重行贿犯罪分子的通知》中是指违反法律、法规、国家政策和国务院各部门规章的利益以及要求国家工作人员或者有关单位提供违反法律、法规、国家政策和国务院各部门规章规定的帮助或者方便条件。介绍贿赂罪是指向国家工作人员介绍贿赂，情节严重的行为。是指在行贿人与受贿人之间沟通关系、撮合条件，使贿赂行为得以实现的行为。[①] 介绍贿赂罪侵犯的客体是国家机关管理活动和国家工作人员职务的廉洁性。本罪在客观方面表现为行为人在行贿人和受贿人之间实施沟通、撮合，促使行贿与受贿得以实现的行为。

2. 介绍贿赂大多属于行贿的特殊表现形式，但两者并不等同

介绍贿赂罪的行为人需要在行贿人与受贿人之间起到桥梁与纽带的作用，通过其沟通关系、撮合条件的行为，使得行贿和受贿的行为最终实现。其行为核心在于使得行贿人与受贿人双方的联系得以建立，推动受贿行贿行为的完成。介绍行为使得受贿人与行贿人之间的联系从无到有地建立起来，可能起到如下作用：(1) 诱使或者促成行贿行为的实施和完成；(2) 诱发行贿人犯意；(3) 在行贿人已有犯意的情况下牵线搭桥。这些可能产生的情况符合教唆犯或者帮助犯的特征，不应当排除其行贿罪共犯的成立。出于严厉打击相关犯罪为目的的刑事政策的考虑，《刑法》分则中不乏将帮助行为实刑化的规定，如第三百五十八条第四款规定的协助组织卖淫罪。

---

① 参见张明楷：《刑法学》(下)，法律出版社2016年版，第930页。

然而，介绍贿赂罪并不完全被包含在行贿罪共犯之内，两者有交叉但绝不是包含与被包含的关系。介绍贿赂罪的成立并不以行贿人、受贿人双方或者一方成立行贿罪、受贿罪为前提。介绍贿赂罪并不必然构成受贿罪、行贿罪共犯。此外，《刑法修正案（九）》依旧保留了介绍贿赂罪，并且增加了并处罚金之规定。可见，介绍贿赂罪有独立存在的必要。

3. 行贿与介绍贿赂区分的关键在于是否转交贿赂财物

当行为人诱发行贿人产生行贿犯意时，这种情况属于教唆犯，成立行贿罪共犯，而不再认定为介绍贿赂罪，这是没有争议的。但是当行为人起到的不是“引起犯意”而是“促成”作用的时候，介绍贿赂人作为行贿人的共犯，此时是否有转交贿赂财物的行为成为了区分行贿罪和介绍贿赂罪的关键。① 换言之，如果行为人有代行贿人向受贿人转交贿赂财物的行为，即可认为行为人属于行贿的共犯，应认定为行贿罪。

介绍贿赂行为强调的应当是行为人对于有求于受贿人的行贿人没有途径接触到受贿人的时候，或者受贿人欲收受贿赂为人办事而找不到有求于自己的行贿人时，基于自己与受贿人和行贿人双方都直接或者间接熟识的便利条件，为受贿人与行贿人之间建立联系，使得行、受贿行为得以实现，使本不具有可交易性的国家工作人员的职务有机会进行交易，介绍贿赂是单纯的沟通与撮合，起到的只是桥梁的作用。

如果行为人进一步将贿赂财物代替行贿人转交给受贿人，转交行为本身已参与到行、受贿行为的具体内容之中，已经超越了介绍贿赂中“使双方相识或发生联系”所能解释的内涵，其行为从单纯的介绍贿赂变成行贿罪的共犯，极大地增加了社会危害性。②

行贿罪中“谋取不正当利益”既包括行为人为自己谋取（不正当利益）而行贿，也包括行为人为他人谋取（不正当利益）而行贿。行为人将贿赂财物代替行贿人转交给受贿人，其行为已经超越了介绍贿赂中“使双方相识或发生联系”所能解释的内涵，其行为从单纯的介绍贿赂变成行贿罪的共犯。

编写人：北京市朝阳区人民法院　王杨　刘菁菁

① 肖中华：《贪污贿赂罪疑难解析》，上海人民出版社2006年版，第241页。

② 徐鹏：《介绍贿赂罪行为的定性探析》，载《中共乐山市委党校学报（新论）》2015年第6期。

78

截贿行为的具体认定

——苏某单位行贿案

【案件基本信息】

1. 裁判书字号

广东省广州市天河区人民法院（2015）穗天法刑初第字603号刑事判决书

2. 案由：单位行贿罪

【基本案情】

深圳市甲软件有限公司（以下简称甲公司）于2003年1月6日登记成立，类型为有限责任公司，法定代表人为陈红某，经营范围包括通信产品的销售等。公司股东包括苏某（股份由苏晓某代为持有）、盛红某、陈红某等人。2005年至2012年，甲公司在与中国乙通信集团广东有限公司开展业务的过程中，为谋取不正当利益，由被告人苏某经手向时任中国乙通信集团广东有限公司总经理徐某（另案处理）行贿。具体事实如下：

1. 2005年至2006年，被告人苏某请求徐某对甲公司提供帮助，通过其哥哥苏占某为徐某的女儿徐瑛某支付购买杭州“丙”商品房的部分款项人民币520120元和购买车库的款项人民币25万元，共计人民币770120元。2012年11月28日，徐某妻子王健某因担心案发而向苏某妻子杨浩某的银行账户退回人民币580480元。

2. 2007年11月，甲公司为了尽快追回一笔业务款，决定由被告人苏某向徐某行贿人民币50万元，后甲公司将人民币50万元转账至被告人苏某指定的“浙江丁广告有限公司”账号内。事后被告人苏某没有向徐某贿送该笔款项。2012年9月，甲公司为了在乙公司MAS服务中保持或进一步扩大份额，决定由被告人苏某向徐某行贿人民币100万元，后甲公司将人民币100万元转账至被告人苏某指定的“杭州戊会务公司”账号内。事后被告人苏某没有向徐某贿送该笔款项。

2013年9月25日，被告人苏某到广州市人民检察院投案自首，并主动交代上述向徐某行贿人民币770120元的事实，并退出贿赂款人民币580480元（款项扣押于中共广东省纪委）。同日，广州市人民检察院决定对苏某涉嫌行贿犯罪立案侦查。

广东省广州市天河区人民检察院以被告人苏某犯行贿罪和诈骗罪提起公诉。被告人苏某对于指控其行贿徐某人民币770120元的事实不持异议，唯辩称其并没有虚构向徐某行贿而骗取公司人民币150万元，该款项系甲公司与其哥哥的两个公司之间的正常业务往来款。

【案件焦点】

公司为谋取不正当利益，股东会决定由股东向国家工作人员行贿，但股东并未将贿赂款送出去，该如何认定。

【法院裁判要旨】

广东省广州市天河区人民法院经审理认为：甲公司为谋取不正当利益，经公司决策并出资，由被告人苏某经手向徐某行贿人民币77.012万元，另将准备好的行贿款150万元转到被告人苏某控制之下，意图向徐某行贿，故应以单位行贿罪对被告人苏某定罪处罚。此外，甲公司出具《资金证明》明确被告人苏某不存在欺诈与骗取公司款项，亦未报案，公司股东陈红某、盛红某出庭作证称涉案款项用于为公司追回业务款或业务推广，并没有向被告人苏某主张款项。被告人苏某在行贿人民币227.012万元的犯罪中，其中有人民币150万元的行贿为犯罪准备工具制造条件，属犯罪预备，可以比照既遂犯从轻处罚。被告人苏某在被追诉前主动交待主要行贿行为，可以减轻处罚。追缴被告人的贿赂款上缴国库。依照1997年修订的《中华人民共和国刑法》第十二条、第三百九十三条、第三百九十条第二款、第二十三条、第六十四条的规定，判决如下：

一、被告人苏某犯单位行贿罪，判处有期徒刑一年六个月；

二、追缴被告人苏某的贿赂款人民币一百五十万元，上缴国库。

宣判后，被告人苏某没有提出上诉，公诉机关没有提出抗诉，判决已发生法律效力。

【法官后语】

1. 关于本案的定性。行贿罪与单位行贿罪的区别在于犯罪主体不同。行贿罪的主体是自然人，而单位行贿罪的主体是单位。不过单位是法律拟制主体，其自身所作出的任何行为都需要由个人之力而付诸实施，故个人实施的行为是个人行为还是单位行为会产生争议。在个人利益与单位利益重合或交叉的情况下，认定行贿犯罪是为了个人利益还是单位利益存在困难。在行贿罪与单位行贿罪界限认定上，关键要看两个方面：一是行贿意志。行贿罪中的行贿意志是个人意志，其出发点与归属点在于为个人谋取不正当利益，而单位行贿罪中的行贿意志是单位意志，其出发点与归属点在于为单位谋取不正当利益。二是利益归属。行贿罪的实质是为了个人谋取不正当利益而行贿，单位行贿罪是为了单位整体的利益而行贿，故不正当利益的归属是区分单位行贿和自然人行贿的关键所在。因此，在行贿案件中，判断行为人的行为是单位行为还是个人行为，应当以是否体现单位意志和不正当利益的最终归属作为判断依据。如果行贿行为体现了单位意志，所谋取的利益归单位所有，则应按单位犯罪来处理，反之则应按个人犯罪处罚。

本案中，被告人苏某向时任中国乙通信集团广东有限公司总经理徐某行贿人民币 227.012 万元，是为了帮助甲公司尽快追回业务款以及在 MAS 服务中保持或进一步扩大持有份额等，谋取的不正当利益归属公司，且经过甲公司股东会讨论决定，体现了单位意志，虽然被告人苏某出于其他原因没有将贿赂款中的人民币 150 万元贿送出去，但甲公司并未就被诈骗或者被侵占向公安机关报案，且在本案审理过程中还出具《资金证明》称涉案的人民币 150 万元用于公司市场推广，苏某是公司股东，不存在欺诈、骗取公司款项的行为，股东陈红某、盛红某也没有提出向苏某追偿涉案款项的问题。因此，被告人苏某的行为属于为公司谋取不正当利益而行贿，应以单位行贿罪定罪处罚。

2. 关于本案的犯罪形态。故意犯罪包含犯罪预备、未遂等未完成形态。单位行贿罪属于故意犯罪，当然可以存在犯罪未完成形态。其中犯罪预备是指为了实行犯罪，准备工具、制造条件，但由于意志以外的原因而未能着手实行犯罪。犯罪未遂是指已经着手实行犯罪，但由于意志以外的原因而未得逞。可见犯罪预备与犯罪未遂的关键区别就在于行为是否已经着手。

关于行为着手的具体判断标准，我国刑法理论界一直存在着形式的客观说与实质的客观说两种对立观点。形式的客观说认为开始实施刑法分则规定的具体犯罪构成客观要件时的行为即为着手；而实质的客观说认为开始实施引起侵害法益紧迫危险时的行为时即为着手。笔者认为，实质的客观说更符合我国立法现实，具有合理性。犯罪的本质是侵害法益，既然我国刑法总则规定了犯罪预备的定义与处罚原则，说明犯罪预备行为也具有侵害法益的危险，否则不可能构成犯罪。那么，犯罪未遂只能是具有侵害法益的现实紧迫危险。换言之，只有当行为人开始实施引起侵害法益的现实紧迫危险状态时才是行为的着手。具体到单位行贿罪而言，本罪所保护的法益是国家工作人员职务行为的廉洁性与不可收买性，只有当国家工作人员职务行为的廉洁性与不可收买性受侵害的危险性达到了紧迫程度才是本罪的实行行为，即具体的经手人向国家工作人员开始贿送财物时或者向国家工作人员许诺将要贿送财物时才是本罪的着手行为。

本案中，甲公司为谋取不正当利益，股东会决定由公司股东即被告人苏某作为经手人向国家工作人员行贿人民币227.012万元，但被告人苏某出于个人考虑因素并没有将贿赂款中的人民币150万元贿送出去。需要说明的是，虽然甲公司已将该贿赂款人民币150万元转账至被告人苏某指定的银行账户，但被告人苏某并没有向涉案国家工作人员贿送该笔贿赂款，亦未向涉案国家工作人员许诺或暗示将要向其贿送财物，就该笔贿赂款而言，被告人苏某的行为并没有造成侵害国家工作人员职务行为的廉洁性与不可收买性达到紧迫危险的程度。也就是说，被告人苏某针对该笔款项的行贿行为并没有实际着手。因此，被告人苏某作为甲公司直接负责的主管人员，在行贿人民币227.012万元的犯罪中，其中有人民币150万元并没有贿送出去，属于为了犯罪，准备工具、制造条件，是犯罪预备，就该笔款项而言，可以比照既遂犯从轻、减轻处罚。

编写人：广东省广州市天河区人民法院　曹之华　李凯

三、渎职罪

79

受委托行使国家行政管理职权的事业单位工作人员工作严重不负责任的行为如何定性

——周小宁玩忽职守案

【案件基本信息】

1. 裁判书字号

广西壮族自治区桂林市阳朔县人民法院（2017）桂0321刑初3号刑事判决书

2. 案由：玩忽职守罪

【基本案情】

全州县全州镇农业服务中心为全额拨款的事业单位，其业务范围包括农机技术推广和应用等，其举办单位及上级主管部门是全州县全州镇人民政府。被告人周小宁于2013年7月9日起任全州县全州镇农业服务中心副主任，负责农机管理业务工作。

2014年，全州县甲农机有限公司法定代表人文继某在全州县全州镇绕山村委、邓家埠村委、水南村委、集才村委、前进村委的周智某、唐明某、李万某等22名养鱼农户不知情的情况下，免费向22名农户发放渔网，虚构向22名农户共销售了830只××型网箱养殖设备（包括箱体、框架、浮筒装置等）的事实，虚开补贴农机具销售发票，伪造农户与网箱合影照片，假冒渔民签名，冒用22名农户的名义向全州县补贴办提出农机购置补贴申请，随后到全州县全州镇农业服务中心提出核机申请。被告人周小宁在购机者没有持本人身份证原件亲自去申请核机的情况下通过了核机申请，随后在政府委派其负责核实上述网箱养殖设备机具过程中，违反“见人、见机、见票”和“人机合影、签字确认”等相关规定，只清点了渔网数量，没有认真到人机合影的地点核实机具的型号及规格，就在22名农户的《农机购机核机证明书》上乡（镇）政府盖章一栏签名，并加盖全州县全州镇人民政府的公章，使核机得以通过，导致文继某骗取国家农机补贴款共计2490000元。

上述每台网箱养殖设备享受的国家补贴为3000元。2016年1月4日，全州县人民检察院办案人员在全州镇人民政府办公室将被告人周小宁带到全州县人民检察院接受调查。

【案件焦点】

1. 被告人周小宁是玩忽职守罪的适格主体；2. 被告人是否工作严重不负责任，其核机签字行为与造成的重大损失结果是否有因果关系。

【法院裁判要旨】

广西壮族自治区桂林市阳朔县人民法院经审理认为：1. 对于被告人周小宁的辩护人辩称，本案犯罪主体不适格的意见。经查，被告人周小宁任职的全州县全州镇农业服务中心为全额拨款的事业单位，其举办单位及主管部门是全州县全州镇人民政府。全州镇人民政府证明、全镇发〔2013〕34号中共全州镇委员会文件、事业单位工作人员编制证、在职人员名册等证据均证实被告人周小宁于2013年7月9日始任全州县全州镇农业服务中心副主任，负责农机管理业务工作。全州县人民政府在《全州县2014年农业机械购置补贴实施方案》中规定，核机由乡（镇）人民政府和财政所工作人员在5日内要会同村民委员会干部对申请补贴的机具进行现场核实，核机人员要在《农机购机核机证明书》上签字，乡（镇）人民政府、财政所、村委会要在《农机购机核机证明书》上盖章。被告人周小宁受政府委派在与财政所工作人员及村民委员会干部核机后在《农机购机核机证明书》上的乡（镇）政府盖章一栏签上自己的名字并加盖了全州县全州镇人民政府的公章。根据《最高人民法院、最高人民检察院关于办理渎职刑事案件适用法律若干问题的解释（一）》第七条：“依法或者受委托行使国家行政管理职权的公司、企业、事业单位的工作人员，在行使行政管理职权时滥用职权或者玩忽职守，构成犯罪的，应当依照《全国人民代表大会常务委员会关于〈中华人民共和国刑法〉第九章渎职罪主体适用问题的解释》的规定，适用渎职罪的规定追究刑事责任。”综上，被告人周小宁身为事业单位工作人员，受国家机关委托代表国家机关履行核机职责，符合渎职罪犯罪主体的相关规定。上述辩护意见不能成立，本院不予采纳。

2. 对被告人周小宁的辩护人辩称，公诉机关指控被告人周小宁违反工作规定、工作严重不负责任、不正确履行审核职责，与事实不符；核机不是被告人的工作，其是受乡政府委派去核机的，其核机签字行为与造成的重大损失结果无直接因果关系，不构成玩忽职守罪的意见。经查，被告人周小宁在购机者没有持本人身份证原件亲自去申请核机的情况下通过了核机申请，随后在政府委派其去负责核实上述网箱养殖设备机具过程中，违反“见人、见机、见票”和“人机合影、签字确认”等相关规定，只清点了渔网数量，没有认真到人机合影的地点核实机具的型号及规格，就在22名农户的《农机购机核机证明书》上的乡（镇）政府盖章一栏签名，并加盖全州县全州镇人民政府的公章，使核机得以通过，导致文继某骗取国家农机补贴款共计2490000元，其行为完全符合玩忽职守罪的构成要件。故对辩方所提的上述意见，本院不予采纳。被告人周小宁作为国家工作人员，在受国家机关委托从事农机购置补贴工作中，严重不负责任，不正确履行职责，致使国家遭受重大损失，情节特别严重，其行为已触犯《中华人民共和国刑法》第三百九十七条第一款的规定，构成玩忽职守罪，应判处三年以上七年以下有期徒刑。公诉机关指控的罪名成立，应依法追究其刑事责任。

广西壮族自治区桂林市阳朔县人民法院依照《中华人民共和国刑法》第三百九十七条第一款、《最高人民法院、最高人民检察院关于办理渎职刑事案件适用法律若干问题的解释（一）》第一条第二款第二项、第七条的规定，判决如下：

被告人周小宁犯玩忽职守罪，判处有期徒刑三年四个月。

【法官后语】

本案处理重点主要在于被告人周小宁是否具有国家工作人员身份；周小宁是否工作严重不负责任，其工作不负责任的行为是否和造成的损失结果有直接的因果关系。根据本案查明的事实和证据证实，被告人周小宁作为国家工作人员，在受国家机关委托从事农机购置补贴工作中，没有按照核机要求，违反“见人、见机、见票”和“人机合影、签字确认”的规定，造成国家农机补贴款2490000元被骗取，属于工作严重不负责任，不认真履行应尽的职责义务。

玩忽职守罪侵害的法益是国家机关的正常活动，侵害的对象是公共财产或者公民的人身、财产权益。在客观方面表现为国家工作人员违反工作纪律、规章制度，擅离职守，不尽职责义务或者不认真履行职责义务，致使公共财产、国家和人民利益遭受重大损失的行为。行为人在主观方面不是出于故意，而是由于过失造成的，该过失是针对造成重大损失的结果而言，但并不排斥行为人对违反工作纪律和规章制度或对自己的作为和不作为行为则可能是故意的情形。如果行为人在主观上对于危害结果的发生不是出于过失，而是出于故意，不仅预见到，而且希望或者放任它的发生，那就不属于玩忽职守的犯罪行为，而构成滥用职权罪。

工作失误往往也会给国家和人民的利益造成重大损失，在这一点上与玩忽职守罪有相同之处。但二者又有严格的区别，首先，二者的客观行为特征不同。工作失误表现为行为人是认真履行自己的职责义务；而玩忽职守罪则表现为行为人不履行或不正确履行自己的职责义务。其次，危害结果发生的原因不同。工作失误是由于制度不完善，一些具体政策界限不清，管理上存在弊端，以及由于国家工作人员文化水平不高，业务素质较差，缺乏工作经验，因而计划不周，措施不当，方法不对，以致在积极工作中发生错误，造成国家和人民利益遭受重大损失。而玩忽职守罪则是违反工作纪律和规章，严重官僚主义，对工作极端不负责任等行为造成国家和人民利益遭受重大损失。

在当前深化改革的实践过程中，出现一些失误，造成某些严重的损失是难免的，这主要是总结经验教训的问题，必须与玩忽职守罪严格区别开来。但对于那些在国家法律政策不允许的情况下，借口改革、盲目决策、管理混乱，给国家和人民的利益造成重大损失的，绝不能以工作失误来蒙混过关，逃避罪责。

滥用职权与玩忽职守的区别表现在：滥用职权是行为人意识到自己在行使权力，不该用而用，该用而不用，因而超越职权而滥用职权的行为；而玩忽职守则为行为人意识到自己是履行职责，由于各种原因而不履行职责或不认真履行职责。因此，二者区分的关键是行为人的主观态度。滥用职权对危害结果表现为主观上故意或者采取放任的间接故意；而玩忽职守对危害结果表现为主观上出于过失。

就本案来说，被告人周小宁作为国家工作人员，其在参与核机的过程中，购机者没有持本人身份证原件亲自去申请核机的情况下通过了核机申请，之后，周小宁在政府委派其负责核实上述网箱养殖设备机具过程中，违反“见人、见机、见票”

和“人机合影、签字确认”等相关规定，只清点了渔网数量，没有认真到人机合影的地点核实机具的型号及规格，就在22名农户的《农机购机核机证明书》上乡（镇）政府盖章一栏签名，并加盖全州县全州镇人民政府的公章，使核机得以通过，导致文继某骗取国家农机补贴款共计2490000元。本案查明的事实清楚，证据确实、充分，公诉机关提供的证据材料取证合法，内容真实客观，能相互印证，足以认定被告人周小宁构成玩忽职守罪。

编写人：广西壮族自治区桂林市阳朔县人民法院　龙昭昕

80

抽象行政行为中玩忽职守罪的认定

——刘某玩忽职守案

【案件基本信息】

1. 裁判书字号

北京市第一中级人民法院（2017）京01刑终62号刑事判决书

2. 案由：玩忽职守罪

【基本案情】

2007年11月，被告人刘某任延庆区张山营镇经济发展办公室（以下简称经发办）主任，2011年机构改革，张山营镇经发办改革为张山营镇村镇建设办公室，刘某任张山营镇村镇建设办公室主任。

2010年，北京市电力公司开始进行延庆区智能电网试点建设中的张山营生态智能发配用一体化示范项目建设。因该项目需占用延庆区张山营镇下营村的部分土地，同年，张山营镇下营村村民委员会、北京市电力公司、张山营镇人民政府分别作为甲方、乙方、丙方，签订了《延庆生态智能发配用一体化示范项目土地承包经营合同》，由国网北京市电力公司延庆供电公司将补偿款逐次拨付到张山营镇人民政府账内，由张山营镇人民政府对该合同项下土地承包事宜进行协调和监管，负责该项目在下营村地上物清点和补偿工作。为此，张山营镇政府成立地上物普查领导小组，刘某为副组长，全面负责该项工作。张山营镇政府将对智能电网项目中土地承包事宜的具体工作交由经发办履行。经发办根据工作需要制定了智能电网项目补偿款发放流程。

在2010年至2011年的智能电网项目地上物补偿工作中，经发办负责补偿物数量清点、统计、汇总，补偿协议签订及最终补偿款数额确定等工作，并通过以上工作，实现对智能电网项目补偿款的监管职责。智能电网项目补偿款发放流程中已经确定工作组成员中包括村干部、村民代表、林业站工作人员和企业相关人员，经发办作为具体履行地上物补偿工作的部门，应当在清点统计工作后，要求上述四类人员在统计底单上签字确认，但在实际操作中，刘某作为经发办的负责人并未要求上述人员签字确认，导致工作组成员之间缺乏相互的监督和制约；按照流程的规定，在对纸质底单与录入数据核对无误，且经过公示后，方可支付补偿款，但刘某疏于核查，怠于监督，致使张某某等人实施了十余起贪污、诈骗等犯罪行为，共计造成经济损失300余万元。

【案件焦点】

在实施抽象行政行为的过程中由于重大失误致使公共财产、国家和人民利益遭受重大损失的，能否认定为玩忽职守罪。

【法院裁判要旨】

北京市延庆区人民法院经审理认为：被告人刘某身为国家工作人员，不正确履行职责，致使公共财产遭受重大损失，情节特别严重，其行为已构成玩忽职守罪。上述贪污、诈骗等犯罪行为或非法行为案发前造成经济损失为3709345.50元。鉴于所涉土地补偿款大部分已经退赃或冻结，属于立案后挽回的损失，北京市延庆区人民法院决定对被告人刘某予以从轻处罚。

北京市延庆区人民法院依照《中华人民共和国刑法》第三百九十七条第一款、第六十四条，《最高人民法院、最高人民检察院关于办理渎职刑事案件适用法律若干问题的解释（一）》第一条、第八条之规定，作出如下判决：

一、被告人刘某犯玩忽职守罪，判处有期徒刑三年；

二、随案移送的人民币八万四千五百元，发还延庆区张山营镇人民政府。

刘某不服一审判决，提起上诉。其上诉理由为：其仅负责组织协调，上传下达，不具有监管职责，且其已将工作流程和交接程序向主管领导汇报。由于普查工作繁重，本人无法对全部工作组成员的工作进行监督。故地上物普查工作出现疏漏，是张山营镇政府的责任。其行为不构成玩忽职守罪。

北京市第一中级人民法院经审理认可一审法院的定罪量刑意见，但认为一审判决认定韩某、罗某案发后退缴非法所得或赃款有误，及对随案移送款项处置不当，予以纠正。

北京市第一中级人民法院依照《中华人民共和国刑事诉讼法》第二百二十五条第一款第二项①，《中华人民共和国刑法》第三百九十七条第一款、第六十一条，《最高人民法院、最高人民检察院关于办理渎职刑事案件适用法律若干问题的解释(一)》第一条、第八条之规定，作出如下判决：

一、维持北京市延庆区人民法院（2015）延刑初字第222号刑事判决主文第一项，即被告人刘某犯玩忽职守罪，判处有期徒刑三年；

二、撤销北京市延庆区人民法院（2015）延刑初字第222号刑事判决主文第二项，即随案移送的人民币八万四千五百元，发还延庆区张山营镇人民政府；

三、随案移送的人民币八万四千五百元，退回北京市延庆区人民检察院处理。

【法官后语】

从法理上看，刘某负责制定工作流程属于抽象行政行为。此类行政行为的特点是作用对象具有普遍性，且具有准立法性，多经集体讨论决定，在确定直接责任主体方面具有难度。鉴于此，立法上一直将大部分抽象行政行为排除在司法审查的受案范围之外，我国《刑法》规定的玩忽职守行为在传统上也多指具体行政行为。但是，抽象行政行为作为具体行政行为的依据和指导，一旦违法造成的损害后果要比具体行政行为更为严重，影响更深更广。因此，本案审理的一个重要意义就是确定实施抽象行政行为过程中的重大过失或不作为能够认定为玩忽职守罪。

本案中刘某作为下营村地上物清点补偿工作的具体负责人，主要承担着两项职责，一是制定地上物统计清查工作流程；二是监督工作小组遵照既定流程审核、发放补偿款。其中，第一项职责是开展、落实项目的必要前提及制度保障；第二项职

---

① 对应2018年《刑事诉讼法》第二百三十六条第一款第二项。

责系对流程执行情况的监督。上述职责从首尾两端对整个项目提供了监督与保障。

按照一般的工作规范，在土地补偿清点地上物的数量和种类时，现场参与的各方均应在清查底单上签字，互相监督制约，避免弄虚作假。而且，刘某作为张山营镇经发办的主要负责人，多次负责土地补偿工作，其在设计流程时应当综合考量各方面情况，确保清查结果的准确性。

从张某某等人实施贪污、诈骗行为的作案手段看，多起犯罪能够得以实施的主要原因在于刘某在设计流程时未综合考虑土地补偿工作的漏洞与风险，在清查底单的签字环节，仅规定农户对地上物的种类及数量确认无误后当场签字，未要求参与清查的工作人员及电力公司人员核实底单内容及在底单上签字确认，未能发挥清查人员、农户和电力公司人员互相监督的作用。上述签字环节的疏漏直接导致姚某、张某某等人利用流程漏洞，单独或伙同清查工作人员，使用制作虚假底单的手段骗取巨额公共财物。因此，刘某作为负责实施抽象行政行为的责任主体，未正确履行职责，制定的工作流程存在重大疏漏，进而造成公共财产遭受重大损失，其玩忽职守行为与损害后果之间具有直接的因果联系，应当承担"应履职而未履职"所造成的不利后果。

综上，根据刑事立法精神，在具体情况下只要查明责任主体，符合玩忽职守罪的构成要件，抽象行政行为亦可认定为渎职犯罪。

编写人：北京市第一中级人民法院　王岩

81

执行判决、裁定失职罪，受贿罪中牵连关系的处理

——王春某执行判决、裁定失职，受贿案

【案件基本信息】

1. 裁判书字号

安徽省马鞍山市中级人民法院（2017）皖05刑终34号刑事裁定书

2. 罪名：执行判决、裁定失职罪，受贿罪

【基本案情】

被告人王春某2006年至2016年担任马鞍山市雨山区人民法院执行局局长、院党组成员期间，在执行长兴租赁站负责人戴国某申请执行的马鞍山市中级人民法院（2010）马民三终字第0059号民事判决过程中先后多次从安徽四建公司账户划扣银行存款合计7490409元后转入戴国某账户，并在事后收受戴国某人民币100000元。执行依据马鞍山市中级人民法院（2010）马民三终字第0059号民事判决及雨山区法院（2008）雨民二初字第407－1号民事判决于2013年12月13日被马鞍山市中级人民法院再审判决撤销、戴国某的诉讼请求被驳回后，王春某对原被执行人安徽四建公司提出的执行回转申请以戴国某已向安徽省人民检察院提出抗诉为由拒不受理，直到2015年10月才安排人员对安徽四建公司的执行回转申请予以处理，以致再审判决生效后近二年时间执行回转程序一直未能启动，原申请执行人戴国某得以顺利转移其银行账户有数百万元资金。2015年年底应戴国某要求指令执行局内勤人员将戴国某的信息从“失信被执行人名单”系统予以屏蔽，安徽四建公司经济损失至案发时仍未能挽回。

王春某在担任马鞍山市雨山区人民法院执行局局长、院党组成员期间，利用其全面负责执行局工作及具体承办执行案件的职务便利收受相关案件当事人所送人民币合计93500元、购物卡价值人民币合计4000元、财物共计价值人民币97500元，并为他人谋取利益。

【案件焦点】

被告人王春某是否构成执行判决、裁定失职罪。

【法院裁判要旨】

安徽省马鞍山市博望区人民法院经审理认为：被告人王春某身为司法工作人员，在执行判决、裁定活动中，收受一方当事人贿赂款100000元后，严重不负责任，不履行法定执行职责，致使另一方当事人利益遭受重大损失，其行为已触犯刑律，同时构成受贿罪与执行判决、裁定失职罪，根据《中华人民共和国刑法》第三百九十九条第四款的规定，应当依照处罚较重的规定定罪处罚，故被告人王春某的行为构成执行判决、裁定失职罪。被告人王春某身为国家工作人员，利用职务便利，收受相关案件当事人及请托人所送财物，价值人民币共计97500元，并为他人

谋取利益，其行为已触犯刑律，构成受贿罪。安徽省马鞍山市博望区人民检察院指控罪名均成立。被告人王春某犯数罪，依法应予数罪并罚。

被告人王春某因涉嫌渎职、受贿犯罪被办案机关传唤到案后，如实供述主要受贿犯罪事实，其受贿犯罪具有坦白情节，依法可以从轻处罚。被告人王春某当庭对受贿犯罪供认不讳并主动退出受贿所得，悔罪表现较好，对其所犯受贿罪可以酌情从轻处罚。根据被告人王春某犯罪的事实、性质、情节、社会危害程度及认罪态度、悔罪表现等情况，案经本院审判委员会讨论决定，依照《中华人民共和国刑法》第三百九十九条第三款及第四款、第三百八十五条第一款、第三百八十八条、第三百八十六条、第三百八十三条第一款第一项及第二款、第九十四条、第九十三条第一款、第六十九条、第六十一条、第六十七条第三款、第五十二条、第五十三条第一款、第六十四条及《最高人民法院、最高人民检察院关于办理贪污贿赂刑事案件适用法律若干问题的解释》第一条、第十二条、第十三条、第十五条、第十八条、第十九条之规定，判决如下：

一、被告人王春某犯执行判决、裁定失职罪，判处有期徒刑一年零六个月；犯受贿罪，判处有期徒刑八个月，并处罚金人民币十万元，决定执行有期徒刑一年零十个月，并处罚金人民币十万元；

二、对被告人王春某退出的违法所得人民币九万八千元，依法予以追缴；对被告人王春某尚未退出的违法所得人民币九万九千五百元，依法继续追缴。

一审宣判后，王春某提出上诉，安徽省马鞍山市中级人民法院经审理认同一审法院裁判意见，作出裁定：驳回上诉，维持原判。

【法官后语】

王春某拖延执行回转案件立案行为与申请人的财产损失具有因果关系。由于王春某在近两年时间内拖延执行回转案件立案，不依职责及时启动执行回转程序，在此期间内原申请执行人戴国某顺利转移走其银行账户有数百万元资金，当执行回转案件立案后，原申请执行人戴国某已无财产可供执行，由于王春某在执行工作中严重不负责任，致使原被执行人安徽四建公司合法利益遭受重大损失，王春某应当承担执行判决、裁定失职罪的刑事责任。

王春某在之前的执行过程中收受了申请执行人戴国某贿赂10万元，该行为触犯《刑法》第三百八十五条的规定，构成受贿罪。戴国某行贿10万元既是感谢王春某之前帮助其执行错误判决、实现其不当利益，另从最终生效再审民事判决来看，戴国某对安徽四建公司的诉讼请求不能成立且被法院驳回，因此，其行贿也有预防通过执行所获财产利益之后被执行回转之目的；而王春某收受戴国某10万元贿赂后，因贪赃而枉法，拖延执行回转案件立案程序，使得戴国某在拖延期间顺利转移之前被执行到的财产，可见两人都有权钱交易的意思和行为，其受贿行为可根据《刑法》第三百九十九条第四款的规定，依照处罚较重的罪名定罪处罚；因执行判决、裁定失职罪比收受10万元的受贿罪处罚相对较重，所以应当依照执行判决、裁定失职罪对王春某定罪处罚，其收受10万元贿赂行为可作为量刑情节予以考虑。

编写人：安徽省马鞍山市中级人民法院　邓大健

82

环境监管失职主体要件、因果关系的认定

——王泽某受贿、环境监管失职案

【案件基本信息】

1. 裁判书字号

广西壮族自治区南宁市兴宁区人民法院（2017）桂0102刑初35号刑事判决书

2. 案由：受贿罪、环境监管失职罪

【基本案情】

1. 受贿。2013年，被告人王泽某在其担任南宁市兴宁区城市管理局副局长，兼南宁市兴宁区城市管理综合行政执法大队大队长期间，利用职务之便，分别对陈光某、陈仕某（另案处理）土方工程运输渣土和非法处置建筑渣土活动中给予关照，并分别收受陈光某、陈仕某给予的好处费人民币1万元和3万元。

2. 环境监管失职。2013年至2015年，被告人王泽某在担任南宁市兴宁区城市管理局（以下简称兴宁区城管局）副局长兼南宁市兴宁区城市管理综合行政执法大队大队长期间，分管城管执法大队、城市管理指挥中心、综合执法、规划监察、

国土监察等工作，负有领导兴宁区城市管理综合行政执法部门对辖区内的建筑垃圾非法处置等相关违法行为进行查处职责。在此期间，王泽某得知辖区内已规划的南宁市竹排冲上游植物园段（那考河）流域治理PPP项目地点没有合法的建筑垃圾消纳场，且有南宁市内多个建设工程施工单位在该处（即本案所指的大乌村泥口）非法运输及倾倒建筑渣土垃圾，其未尽分管查处非法倾倒建筑弃土及违规运输渣土车辆的监管职责，未对该行为进行及时制止及查处，造成该项目土地环境因倾倒建筑弃土和建筑垃圾遭受严重破坏，失去涵养水源、保持水土、净化大气、维护生态平衡等方面的功能，涉案林地与周边相近的林地比较，无法恢复到林相结构完整、林下层植物（草本和灌木植物）种类繁多、枝叶茂盛、植物交织覆盖等原貌，倾倒弃土的范围总面积达116.326亩，涉案林地难以自然恢复，致使南宁市兴宁区政府仅为清理其中广西甲运输有限公司的弃土就需花费人民币57265062.41元。

【案件焦点】

1. 被告人王泽某作为城区城管局副局长兼城市管理综合行政执法大队大队长，其是否属于负有一定环境保护监督管理职责的国家机关工作人员，其是否应负有监管失职的领导责任；2. 如何对环境监管失职罪的因果关系进行认定。

【法院裁判要旨】

广西壮族自治区南宁市兴宁区人民法院经审理认为：被告人王泽某身为国家工作人员利用职务上的便利，非法收受他人财物，数额较大，公诉机关指控被告人王泽某犯受贿罪成立。

被告人王泽某担任兴宁区城管局副局长兼南宁市兴宁区城市管理综合行政执法大队大队长期间，分管城管执法大队、城市管理指挥中心、综合执法、规划监察、国土监察等工作，其分管的工作和部门中，兴宁区城市管理综合行政执法大队等部门负有对辖区内的建筑垃圾处置、倾倒等相关违法行为进行查处、监管的职责，其是负有一定环境保护监督管理职责的国家机关工作人员。在任职期间，得知一些工程项目在本辖区内的南宁市竹排冲上游植物园段（那考河）流域PPP项目土地存在非法运输、处置建筑渣土的行为，其未能认真履行要求所分管的职能部门加强监管、查处、打击力度的职责，未能及时有效地制止、消除非法运输、倾倒建筑垃圾的现象，造成该项目土地因作为非法泥口被倾倒大量的建筑弃土和建筑垃圾，环境遭受严重破坏，兴宁区政府为恢复该地的生态环境已支出超过5000万元的巨额费用，国家财产因此遭受巨大损失。王泽某对此负有监管失职的领导责任。被告人王泽某的行为符合环境监管失职罪的构成要件，构成环境监管失职罪。王泽某一人犯数罪，依法应予数罪并罚。

广西壮族自治区南宁市兴宁区人民法院依照《中华人民共和国刑法》第三百八十五条第一款、第三百八十六条、第三百八十三条、第四百零八条、第六十九条第一款及第三款、第五十三条，《最高人民法院、最高人民检察院关于办理贪污贿赂刑事案件适用法律若干问题的解释》第一条第二款及第三款、第十九条第一款，作出如下判决：

一、被告人王泽某犯受贿罪，判处有期徒刑十个月，并处罚金人民币十万元，犯环境监管失职罪，判处有期徒刑一年六个月；决定执行有期徒刑二年二个月，并处罚金十万元；

二、被告人王泽某退缴到南宁市兴宁区检察院的违法所得人民币四万元依法没收。

宣判后，被告人王泽某未提出上诉，该判决已生效执行。

【法官后语】

环境监管失职罪，是指负有环境保护监督管理职责的国家机关工作人员严重不负责任、导致发生重大环境污染事故，致使公私财产遭受重大损失或者造成人身伤亡的严重后果的行为。本案需要处理三个关键问题。

1. 主体要件——被告人王泽某主体是否适格。本罪主体为特殊主体，即是负有环境保护监督管理职责的国家机关工作人员，是指在国务院环境保护行政主管部门、县级以上地方人民政府环境保护行政主管部门从事环境保护工作的人员，以及在国家海洋行政主管部门、交通、铁路等部门中，依照有关法律的规定对环境污染防治实施监督管理的人员，还包括县级以上依照有关法律、法规对资源的保护实施监督管理的人员。由此可见，凡对环境保护实行监督管理职责的工作人员，以及法律规定有权对环境进行监管的部门的工作人员，都可以构成本罪。本案中，被告人王泽某分管的部门具有对辖区内的建筑垃圾处置、倾倒等相关违法行为进行查处、监管，以及对市容市貌、城市环境进行监管的职责，因此认定被告人王泽某在本案中是负有环境保护监督管理职责的国家机关工作人员，符合本罪构成的主体要件。

2. 被告人王泽某是否应负有监管失职的领导责任。本案中，王泽某在得知涉案流域PPP项目土地存在非法运输、处置建筑渣土的行为，未能认真履行职责，未能及时有效地制止、消除非法运输、倾倒建筑垃圾的现象，主观上表现为严重不负责任，不采取相关措施予以制止，而是采取放任的态度，致使环境遭受严重破坏，国家财产因此遭受重大损失。王泽某作为环境保护监督管理的分管领导，主观上属于放任的间接故意，对此后果的产生负有不可推卸的监管失职的领导责任。

3. 如何对环境监管失职罪的因果关系进行认定，即监管的失职行为与造成的严重危害后果之间是否存在刑法意义上的因果关系？这可以从以下三个方面分析认定：

第一，行为人负有环境监管的职责作为前提条件。本罪中行为人都是负有环境监管的职责，应该作为而不作为，能作为而怠于作为，或者放任违法行为发生，具体来说就是不履行或不认真履行其职责，最终导致危害结果的发生。

第二，危害结果系多因一果的间接性产生。本罪的危害结果的发生是监管者与被监管者共同作用的结果，并非失职行为直接造成。如本案的发生主要原因是被监管对象在涉案地点非法倾倒建筑垃圾造成。因此，行为与结果之间不是一对一的关系，而是属于多因一果的关系。所以本罪行为人的行为与危害结果之间的因果关系具有间接性。

第三，危害后果产生的偶然性。环境监管人员的失职行为并不一定能引起本罪危害结果的发生，若没有危害结果的发生，也就不存在本罪，所以其失职行为与危害结果之间具有偶然性。

因此，认定本罪的失职行为与危害结果之间是否具有刑法意义上的因果关系，要以行为人负有环境监督管理的特定职责为前提，综合失职行为与危害结果是否存在多因一果的间接性和偶然性因素综合进行辨析。

编写人：广西壮族自治区南宁市兴宁区人民法院　李到福

图书在版编目（CIP）数据

中国法院2019年度案例．刑事案例．四，妨害社会管理秩序罪、贪污贿赂罪、渎职罪／国家法官学院案例开发研究中心编．—北京：中国法制出版社，2019.4

ISBN 978-7-5216-0161-9

Ⅰ．①中… Ⅱ．①国… Ⅲ．①刑事犯罪-案例-汇编-中国 Ⅳ．①D920.5

中国版本图书馆CIP数据核字（2019）第069629号

策划编辑：李小草（lixiaocao2008@sina.cn）
责任编辑：王　熹（wx2015hi@sina.com）　　封面设计：温培英　李　宁

中国法院2019年度案例·刑事案例四

ZHONGGUO FAYUAN 2019 NIANDU ANLI · XINGSHI ANLI SI

编者/国家法官学院案例开发研究中心
经销/新华书店
印刷/三河市紫恒印装有限公司
开本/730毫米×1030毫米　16开　　印张/18　字数/241千
版次/2019年4月第1版　　2019年4月第1次印刷

中国法制出版社出版
书号ISBN 978-7-5216-0161-9　　定价：56.00元

北京西单横二条2号
邮政编码100031　　传真：66031119
网址：http：//www.zgfzs.com　　**编辑部电话：010-66010493**
市场营销部电话：010-66033393　　**邮购部电话：010-66033288**

（如有印装质量问题，请与本社印务部联系调换。电话：010-66032926）